La

MW00717412

Fernando Savater

La vida eterna

Ariel

1.ª edición: marzo de 2007

© 2007: Fernando Savater

Derechos exclusivos de edición en español:
© 2007: Editorial Ariel, S. A.
Avda. Diagonal, 662-664 - 08034 Barcelona

ISBN 978-84-344-5319-7

Depósito legal: M. 6.358 - 2007

Impreso en España por
Mateu Cromo
(Madrid)

Estas reflexiones perplejas acerca de la vida eterna van dedicadas fraternalmente a todos los que no creen en ella.

En recuerdo de Antonia Marrero, brujilla buena a quien debo el regalo más dulce.

Y también de Inés, que se fue como una dama.

«¿Qué idea tengo de las cosas?
¿Qué opinión tengo sobre las causas y los efectos?
¿Qué he meditado sobre Dios y el alma
y sobre la creación del mundo?
No sé. Para mí pensar en esto es cerrar los ojos
y no pensar. Es correr las cortinas
de mi ventana (que no tiene cortinas)…»

Alberto CAEIRO, *Metafísica*

Introducción

«No son los argumentos racionales sino
las emociones las que hacen creer en la vida
futura.»

Bertrand RUSSELL, *Por qué no soy cristiano*

Para reflexionar acerca del plan de este libro –del que
entonces no tenía más que el título y algo así como la sombra
de su argumento, una forma vaga y oscilante proyectada pla-
tónicamente sobre el fondo oscuro de mi caverna interior– fui
aquella mañana cálida de octubre a mi rincón favorito de
Londres, el jardincillo de Red Lyon Square y me senté en el
banco más alejado de la entrada, junto a la imagen tutelar del
busto de Bertrand Russell. A mi derecha entreveía el edificio
donde tiene su docta sede la South Place Ethical Society, un
club de debate escéptico y racionalista. De inmediato acudie-
ron docenas de palomas, convencidas de que a esa hora y en
tal lugar un amable viejecito no podía traer otro designio que
echarles migas de pan. ¡La fuerza de la ilusión, el exhorto de
la creencia! Pero en este caso la ilusión no tenía porvenir y
pronto se fueron, rumorosas y gremiales, hacia una señora
aún más prometedora que acababa de sentarse en otro banco.
También apareció una ardilla, pero que no esperaba nada de
mí: atareada, segura de sí misma, atendía sus mínimos negocios bajo el pedestal recoleto del filósofo. Me gusta mucho esa
efigie de Russell, que le presenta con un aire juvenil y una

9

mueca de gnomo travieso. Fue precisamente un libro suyo, *Religión y ciencia*, el primero que articuló teóricamente los planteamientos escépticos de mi temprana incredulidad juvenil. Lo guardo entre los incunables más sobados de mi biblioteca, junto a *Por qué no soy cristiano* del mismo autor... Supongo que aún sin sus argumentos la fe religiosa me hubiera resultado igualmente imposible. Cuestión de carácter, quizá.

Y así llego a la pregunta inicial a partir de la cual se ha orientado –con mayor o menor propiedad– el vagabundeo de las páginas que siguen. Me la hice por primera vez hace más de cuarenta años, cuando yo tenía en torno a los catorce. La reafirmé luego a los dieciséis o diecisiete, alentado por la lectura de los libros de Bertrand Russell.[1] Me la reitero ahora, retrocediendo la moviola del tiempo, en esta mañanita insólitamente primaveral del otoño londinense, mientras mi vecina de banco alimenta con profesionalidad a las insaciables palomas. ¿Cómo puede ser que alguien crea de veras en Dios, en el más allá, en todo el circo de lo sobrenatural? Me refiero naturalmente a personas inteligentes, sinceras, de cuya capacidad y coraje mental no tengo ningún derecho de dudar. Hablo sobre todo de contemporáneos, de quienes comparten conmigo la realidad tecnológica y virtual del siglo XXI. Hubo otros hombres creyentes, pero fue en el pasado (estación propicia a la fe, si se me permite parafrasear a Borges): Agustín de Hipona, Tomás de Aquino, Descartes, Isaac Newton, Kant... son pensadores de un talento que ni sueño con igualar y creyeron en las cosas más estupendamente inverificables. Sin embargo, quizá les condicionó el clima cultural abrumadoramente religioso en que vivieron (¿o no lo era ya tanto, en el caso de los últimos citados?). Puede que sometieran su expresión intelectual al lenguaje de la época, puesto que nadie ni entonces ni ahora es totalmente capaz de saltar por encima de

1. Como sin duda compartimos lecturas favoritas, al poco tiempo de comenzar yo este libro José Antonio Marina publicó otro titulado *Por qué soy cristiano*, en alusión al ensayo de Russell. Tendré ocasión de referirme a él más adelante. También hay paráfrasis del título de Russell en obras sobre otras religiones, como la interesante *Why I Am Not A Muslim*, de I. Warraq, ed. Prometheus, Nueva York, 1995.

ella hacia la plataforma de lo desconocido... Pero ya en el siglo XX o en los albores del XXI, tras Darwin, Nietzsche y Freud, después del espectacular despliegue científico y técnico de los últimos ciento cincuenta años, ahora, hoy... ¿sigue habiendo creyentes en el Super Padre justiciero e infinito, en la resurrección de los muertos y en la vida perdurable, amén? Así nos lo dicen, así parece. En 1916, a comienzos del siglo más pródigo en descubrimientos que ha conocido la humanidad, se hizo una encuesta entre los más destacados científicos del mundo, centrada en la pregunta: «¿cree usted en Dios?». Aproximadamente el 40 % respondió afirmativamente. En 1996, dos profesores americanos –el historiador Edward Larson, de la Universidad de Georgia y Larry Williams, de la Universidad de Maryland– repitieron el sondeo, prolongando la encuesta a lo largo de todo un año. El resultado fue el mismo: 40 % de creyentes, 45 % de ateos y un 15 % de agnósticos, el equivalente al «no sabe, no contesta» de otros casos.[2] De modo que a finales del gran siglo de la ciencia contemporánea los propios científicos siguen siendo más o menos tan «religiosos» como ochenta años y miles de descubrimientos cruciales antes.

Y no sólo los científicos, desde luego. En el terreno de la agitación política, la situación es mucho más alarmante. Hace quince años, Gilles Kepel publicó *La revancha de Dios*, un libro en aquel momento polémico y considerado casi provocativo que alertaba sobre el regreso de los radicalismos religiosos a la liza de las transformaciones políticas y sociales en todo el mundo. Hoy, tras las llamadas a la *yihad* de ciertos líderes musulmanes, el auge de los *teocons* en la Administración americana, el terrorismo de Al Qaeda, la guerra de Afganistán, la invasión de Irak, el agravamiento del enfrentamiento entre monoteísmos en Oriente Medio, el *revival* de la ortodoxia católica por la influencia mediática de Juan Pablo II, las manifestaciones dogmáticas en España contra la ley del matrimonio de homosexuales y la escuela laica, la crisis internacional por las

---

2. Tomo estos datos de Humberto Veronesi, en su contribución titulada «Scienza e laicismo» al libro *La ragioni dei laici*, ed. Laterza, Roma, 2005.

caricaturas de Mahoma aparecidas en una revista danesa, etc., podemos asegurar que los pronósticos de Kepel han triunfado en toda la línea e incluso en bastantes casos se han quedado cortos. Para confirmarlo basta echar un vistazo al número 16 de la edición española de la revista *Foreign Policy* (agosto-septiembre de 2006) que publica en su portada el titular «Dios vuelve a la política» y en páginas interiores un reportaje significativamente titulado «Por qué Dios está ganando». Puede que sea exagerado augurar tal victoria, pero desde luego Dios –es decir, los dioses y sobre todo los creyentes– sigue (o siguen) ocupando la palestra, frente a la ilustración racionalista en todas sus formas y terrenos. La religión continúa presente y a veces agresivamente presente, quizá no más que antaño pero desde luego no menos que casi siempre. La cuestión es: ¿por qué?

Es posible que esta mía sea una inquietud cándida, adolescente. Según parece es la primera que suele asaltar a quien se acerca a las creencias religiosas digamos desde «fuera». ¿Por qué tantos creen vigorosamente en lo invisible y lo improbable? Una primera respuesta tentativa, a mi entender poco convincente, es la que dan algunos pensadores llamados «posmodernos». Según ellos, lo que ha cambiado decisivamente es la propia cualidad de la fe. La noción misma de «verdad» se ha hecho relativa, ha perdido fuerza decisoria y absoluta: actualmente la verdad depende de la interpretación o la tradición cultural a partir de la cual se juzgan los acontecimientos de lo que antes se llamó con excesivo énfasis la «realidad». Hoy sabemos ya que, en cierta manera relevante, cada uno «crea aquello en lo que cree» (como en su día, por cierto y desde una orilla distinta, apuntó Miguel de Unamuno). De modo que tan anticuado es tratar de verificar los contenidos de la creencia como pretender intransigentemente refutarlos... Una cosa es «creer» en la electricidad o la energía nuclear y otra muy distinta «creer» en la Virgen María. Pertenecen a registros distintos en el campo de la fe y exigen apoyos diferentes para sustentarse, unos tomados del campo de la experiencia y el análisis racional, los otros de emociones o querencias sentimentales. La explicación no me convence. Desde luego, estoy seguro de que existen campos semánticos distintos y aún distantes en la aplicación del término «verdad» (me he ocupado del asunto en el capítulo «Elegir la verdad» de mi libro *El valor de elegir*), pero no creo que encontremos en tal dirección la solución de la perplejidad que aquí nos ocupa. Para empezar, descarto que la noción de «verdad» carezca en todos los casos de un referente directo y estable en la realidad: cierta forma primordial de verdad como adecuación de lo que percibimos y concebimos con lo que existe independientemente de nosotros está vinculada a la posibilidad misma de supervivencia de la especie humana. Hemos desarrollado capacidades sensoriales a lo largo de la evolución y nuestros sentidos no sirven para «inventarnos» culturalmente realidades alternativas sino ante todo para captar con la mayor exactitud posible la que hay. Si no me equivoco, la mayoría de los creyentes religiosos no consideran su fe como una forma poética o metafórica de dar cuenta de sus emociones ante el misterioso universo y ante la vida (lo que podría ser aceptado por cualquier persona intelectualmente sensible) sino como explicaciones efectivas y eficaces de lo que somos y de lo que podemos esperar. Cuando Juan Pablo II en su lecho de muerte dijo a los médicos que le rodeaban: «dejadme ir a la casa del Padre», quiero pensar que no pedía simplemente que le dejasen morir en paz sino que expresaba su creencia en que –más allá de la muerte– recuperaría alguna forma de consciencia de sí mismo en una dimensión distinta pero también real y probablemente más placentera que sus dolores de agonizante. Del mismo modo, quienes creen en Dios y en lo sobrenatural sostienen visiones del mundo que aceptan como verdaderas en el sentido fuerte del término: piensan que Dios es Alguien y hace cosas, no que se trata sólo de una forma tradicional de suspirar y exclamar humanamente por las tribulaciones de este mundo.

De modo que debemos aceptar la creencia en Dios y el más allá de otros aunque no la compartamos, y hay que tomarla en serio no como un residuo del pasado sino como algo estable y fiable que llega desde nuestros orígenes culturales (sea cual fuere nuestra cultura) hasta hoy mismo. Las razones antropológicas, psicológicas e incluso ontológicas de esta fe serán la primera pregunta en torno a la que merodeará este libro que aquí se inicia. Tendremos también que preguntarnos por la estructura intelectual de las creencias religiosas y sus mecanismos (sociológicos, psicológicos) de fabricación. ¿Qué garantías de veracidad ofrecen las religiones y cómo pueden justificarse? Algunos cínicos coincidirán en que el único secreto que sirve de peana a las creencias sobrenaturales es su utilidad social como calmante de las iras y desasosiegos populares. Famosamente, Marx dijo que «la religión es el opio del pueblo» y este dictamen ha sido repetido con populosa indignación por muchos revolucionarios; pero tampoco han faltado ilustrados de ayer y conservadores de hoy (Voltaire puede ser a veces un ejemplo de los primeros, numerosos *teocons* actuales de los segundos) que comparten la opinión de Marx con alivio, aunque no la voceen por prudente miramiento y que sin duda estiman socialmente importante la religión por su carácter de insustituible estupefaciente. Sin abandonar el registro de la utilidad sociológica, destacados teóricos siguen considerando a las religiones como el mejor fundamento para los valores morales (pese a que las iglesias que las organizan conceden a veces más peso a cuestiones rituales que a la justicia o la libertad) y también como el mejor «suplemento de alma» aunador capaz de aglutinar a los miembros de una colectividad (aunque en las naciones democráticas actuales, pluralistas y multiétnicas, más bien operen a veces como estímulo de enfrentamientos o banderías). En cualquier caso, oímos ahora con frecuencia recomendaciones discretas –casi me atrevería a decir *tongue in cheek*– de las versiones moderadas de las creencias tradicionales y de la piedad establecida como paliativos a la desestructuración social y a la llamada «crisis de valores». Algo intentaré decir acerca de tan intrincadas cuestiones en páginas venideras...

Pero hay otro aspecto del asunto que me interesa especialmente. Algunas de las cuestiones de las que se ocupan las doctrinas religiosas –el universo, el sentido de la vida, la muerte, la libertad, los valores morales, etc.– son también los temas tradicionales de la reflexión filosófica. Por ejemplo, el filósofo francés Luc Ferry establece: «A la pregunta ritual "¿qué es la filosofía?", desearía responder sencillamente así: un intento de asumir las cuestiones religiosas de un modo no religioso, o incluso antirreligioso».

Y concreta un poco más su postura: «La filosofía siempre se concibe como una *ruptura* con la actitud religiosa, en la forma de abordar y tratar las cuestiones que se plantea; pero al mismo tiempo conserva una *continuidad* menos visible, aunque también crucial, con la religión en el sentido de que recibe de ella interrogantes que *sólo asume cuando ya han sido forjados en el espacio religioso*».[3] Algo no muy diferente me parece que sostiene Maximo Cacciari, cuando en una entrevista periodística, aún reconociendo que no es creyente («no creo en ese acto de fe que resuena en el evangelio o en el judaísmo o en el islam... yo no puedo creer que el logos se haya hecho carne, que el crucifijo sea Dios, en eso no creo»), afirma que la figura que más detesta es la del ateo, porque vive como si no hubiera Dios: «Lo detesto porque creo que en este ejercicio mental yo no puedo dejar de pensar en lo último, en la cosa última, que el creyente, y nuestra tradición metafísica, filosófica, teológica ha llamado Dios. Es lo que decía Heidegger: "ateo es el que no piensa". El que hace algo y punto, termina su tarea sin interrogarse sobre lo último. Pueden ser muy inteligentes, pero pensar es a fin de cuentas pensar en lo último».[4] No me parece demasiado justificada la santa cólera de Cacciari contra los ateos, porque al menos algunos de éstos también se dedican a pensar en lo último aunque no lo llamen Dios sino cualquier otro nombre no menos propio de nuestra tradición filosófica, como pudiera ser «Naturaleza». Me refiero por ejemplo a filósofos como Marcel Conche (y Heidegger, ya que estamos, tampoco habla de Dios como lo último, sino del Ser). Pero la vehemente opinión de Cacciari reivindicando la reflexión sobre lo último interesa al tema de este libro porque señala la vinculación entre el campo especulativo de la filosofía y aquello a lo que se refieren las doctrinas religiosas. Y desde luego el modesto

3. *¿Qué es una vida realizada?*, ed. Paidós, Barcelona, 2003, pp. 169-170.
4. Entrevista publicada por *El País*, 30 de octubre de 2005.

ateo que firma estas páginas no quisiera dejar en modo alguno y sobre todo *a priori* de pensar sobre lo «último», aunque
opine que intentar acotar intelectualmente qué es lo último y
por qué lo calificamos así sea un empeño enorme que gana
cuando se libera de prótesis teológicas. Tal será –Dios mediante– otro de los objetivos centrales de este libro...

Es indudable que los filósofos, en el mejor de los casos,
tratan de ocuparse de manera laica de lo mismo que preocupa a sacerdotes y teólogos. Unos y otros se plantean preguntas
no instrumentales, que no pueden ser zanjadas por ninguna
respuesta que nos permita despreocuparnos de ellas y pasar a
otra cosa (como ocurre en el caso de la ciencia) y que no se
refieren a cómo podemos «arreglarnos» con las cosas del
mundo, sino a lo que somos y a lo que significa ser como
somos. Las respuestas de la ciencia cancelan la pregunta a la
que responden y nos permiten preguntarnos cosas nuevas; las
respuestas de la filosofía y de la teología abren y ahondan aún
más la pregunta a la que se refieren, nos conceden plantearla
de una forma nueva o más compleja pero no la cancelan jamás
totalmente: sólo nos ayudan a convivir con la pregunta, a cal-
mar en parte nuestra impaciencia o nuestra angustia ante ella.
Al menos así ocurre cuando filosofía y teología escapan a la
tentación *dogmática* (propia de las iglesias y de académicos
fatuos), que consiste en ofrecer respuestas «canceladoras»
como las de la ciencia a preguntas que no son científicas. Por
eso la ciencia progresa, mientras que filosofía y teología –¡en
el mejor de los casos!– deben contentarse con *ahondar*. Pero
en un aspecto fundamental se parecen la ciencia y la religión,
difiriendo en cambio de la filosofía: las dos primeras prometen resultados, herramientas o conjuros para salvarnos de los
males que nos aquejan (gracias a desentrañar los mecanismos
de la Naturaleza o a la fe en Dios); la filosofía en cambio sólo
puede ayudar a vivir con mayor entereza en la insuficiente
comprensión de lo irremediable. Ciencia y religión *resuelven*
cada cual a su modo las cosas, la filosofía a lo más que llega es
a curarnos en parte del afán de resolver a toda costa lo que
quizá es (y no tiene por qué dejar de ser) irresoluble. De ahí
que el propio Bertrand Russell escribió en alguna parte que

los filósofos se instalan como pueden en la incómoda zona mental que separa el firme suelo de la ciencia del etéreo y enigmático cielo de la religión...

De todas esas cosas habrá que hablar, pienso ahora con súbita pereza aquí –en Red Lyon Square– mientras ya se alejan codiciosas las palomas rezagadas (la ardilla sigue a lo suyo, analítica y escéptica). También de los temas adyacentes que se enreden al paso. Más que en cualquier otro de mis libros, en éste necesitaré la colaboración de lectores dispuestos a suplir con su curiosidad y agudeza razonante las deficiencias de quien va a plantearles todos estos temas. Se trata de apostar por la duda y el tanteo, no por las creencias que dispensan de seguir pensando. Pero ¿y si, a fin de cuentas...? Se lo preguntaron a Bertrand Russell: ¿y si, después de morir, despertase ante la Presencia definitiva, absoluta y resolutoria que siempre negó? Entonces ¿qué? Russell contestó: «Entonces diría: Señor, no nos diste suficientes pruebas» (cuando se le planteó recientemente la misma pregunta al novelista Francisco Ayala, días antes de cumplir cien años, repuso: «Le estrecharía cortésmente la mano, porque soy una persona educada, pero francamente quedaría muy sorprendido»). Situados nosotros mismos en ese momento imaginario –es decir, ya eterno– habría poco más que añadir por nuestra parte: de modo que aprovechemos en cambio para argumentar cuanto podamos antes, mientras dura el tiempo. He añadido a esta obra, como apéndices, un par de conferencias y varios artículos (por lo general aparecidos en *El País*), anteriores a la redacción del libro pero que anuncian los temas tratados en él. En ocasiones se repiten, como es lógico, algunas expresiones y argumentos.

Mi editor y amigo José Luis Castillejo echaba a faltar en *Las preguntas de la vida* la cuestión de Dios: supongo que ahora se dará por razonablemente satisfecho. María Ruiz ha leído varios capítulos del *work in progress* para vigilar y en su caso castigar tratamientos frívolos de cuestiones serias. Elisenda Julibert me ha enviado puntualmente cuantas obras de su sello consideraba interesantes para la redacción de ésta, editada en otro que le hace competencia. Gracias les sean dadas.

Capítulo primero

La ilusión de creer

> La duda absoluta que pide Descartes es tan
> imposible de obtener en el cerebro del hombre
> como el vacío en la naturaleza, y la operación
> intelectual por la cual podría conseguirse sería,
> como el efecto de la máquina neumática, una
> situación excepcional y monstruosa. Sea en la
> materia que sea, siempre se cree en algo.
>
> Honoré de BALZAC, *Une ténébreuse affaire*

El avión de Air France había despegado del aeropuerto
parisino Charles de Gaulle con mucho retraso y pocas pero
confusas explicaciones para justificarlo. Me dispuse a conso-
larme de esta habitual contrariedad con el método no menos
consabido que mejor resultado suele ofrecerme: dar una larga
cabezada en las alturas, soñando que estoy en la cama de mi
casa y allí sueño que voy en avión... Pero no hubo manera. Del
asiento de mi izquierda, separado del mío sólo por el estrecho
pasillo central, brotaba un géiser elocuente y persistente de
teología aérea, una ducha oracular capaz de plantear y sol-
ventar todos los enigmas de nuestra amarga condición, la lección sin desfallecimientos que planea sobre nuestras dudas y
afanes triviales con su mensaje trascendente, la visión del tercer ojo que no deja pegar ojo, la voz del más allá que despier-

ta las conciencias o al menos no deja dormir tranquilo... vaya, un pelmazo en acción.

Era un tipo de mi edad –cuyos peligros conozco especialmente bien– y sermoneaba a una mujer más joven, menos de cuarenta, convencionalmente atractiva y al parecer resignada a prestarle una cierta atención (su paracaídas seguía, por el momento, debajo del asiento). El orador conocía todos los trucos del oficio, así que le reputé de inmediato un pasado –o un disimulado presente– clerical: carraspeaba de vez en cuando para subrayar algo especialmente fuerte y atrevido, incluía alguna risita (como consciente de que sus afirmaciones contradecían ciertas vulgaridades del sentido común de cuya bajeza suponía naturalmente dispensada a su oyente) y nunca perdía el afán de rotundidad aunque lo compatibilizaba con la mayor de las simpatías por la persistencia de lo misterioso. Perfecta complementariedad de lo inapelable y lo enigmático. Sabía del todo lo que sabía pero también sabía lo que nadie sabía del todo. ¡Menudo pájaro! La bazofia que retransmitía (desde el principio le noté un parentesco innegablemente *radiofónico*) era del género ecléctico, como suele ser lo más habitual en estos tiempos de sincretismo y cultura de internet, con especial hincapié en la vertiente hinduista del zafarrancho cosmológico. Junto a las noticias de psicología trascendental («el cerebro lo graba todo, todo, a lo largo de la vida... ¡y en el último instante pasa la película al revés!») otras sobre anatomía angélica («el cuerpo es nuestro mejor amigo, pero no hay que olvidar que sólo es un caparazón»). Después, mirando al caparazón apetitoso de su vecina, suspiraba seductor: «¿qué otro cuerpo elegiremos a continuación de éste?». Se permite retozonas heterodoxias: «ni los papas del pasado ni el actual conocen el aspecto de Dios, por tanto se lo imaginan como un anciano de larga barba blanca, je, je, una especie de abuelo. Pero sería más exacto (¿) imaginarlo como un chico de dieciséis o diciesiete años, guapo y travieso». Qué pícaro, en busca de exactitud. Luego se pone más pedagógico, describe las funciones y rangos de la jerarquía celestial hindú: Mani es el Poder, Parvati es el Espíritu Superior (él dice siempre «chuperior»), el cuerpo por aquí, la mente por allá...

Concluye (sólo porque vamos a aterrizar, no porque se le haya acabado la cuerda): «es que nada es material. Y no se dan cuenta. Nada, nada es material». Bang, tomamos tierra. El piloto, chuperior.

Casi me sonrojo por sentir tanta animosidad contra este embaucador, probablemente ni peor ni mejor que muchos otros en numerosos y diversos campos. Pero debo admitir que las engañifas sobrenaturales me fastidian casi como ofensas personales. De mi predicador aéreo me subleva especialmente el tono de seguridad sin vacilaciones ni dudas que emplea, con toques hasta irónicos, como diciendo «¡pobres, los demás, creen saber pero no ven la luz, con lo fácil que es cuando se mira desde el punto adecuado...!». Ningún científico honrado hablaría con tal desparpajo prepotente de lo inverificable... ¡ni siquiera de lo verificable, si fuese auténtica y escrupulosamente honrado! El gran físico Richard Feyman dejó dicho: «Lo que no está rodeado de incertidumbre, no puede ser verdad». Y las preguntas que le arañan a uno la garganta al oírle a este embaucador aéreo despachar lo material como inexistente y dar todo lujo de detalles sobre lo «otro» de lo material, sea lo que fuere, son éstas: «Y usted ¿cómo diablos –o dioses– lo sabe? ¿Quién se lo ha dicho? ¿Qué pruebas tiene? ¿De dónde saca, pa'tanto como destaca?». Etc.

Quizá mi indignación soterrada proviene del asco ante la mentira, que siento con anticuada intensidad. Por supuesto, no ignoro lo endémico de esta dolencia ni estoy por desgracia libre de recaídas en ella. «Los seres humanos mentimos con la misma naturalidad con que respiramos. Mentimos para ocultar nuestras inseguridades, para hacer que otros se sientan mejor, para sentirnos mejor nosotros mismos, para que nos quiera la gente, para proteger a los niños, para librarnos del peligro, para encubrir nuestras fechorías o por pura diversión. La mentira es un auténtico universal: se practica con destreza en el mundo entero».[1] Aún así, la mentira no sólo me repug-

1. *La importancia de la verdad*, de Michael P. Lynch, trad. Pablo Hermida Lazcano, ed. Paidós, 2005, p. 181. Para más documentación sobre este vasto asunto, puede consultarse *Antropología de la mentira*, de Miguel Catalán. Taller de Mario Muchnick, 2005. También *Breve historia de la mentira*, de María Bettetini,

na sino que también me asusta: comparto la opinión de Marlow, el protagonista de *El corazón de las tinieblas*, tal como he explicado en otra parte (*vid.* «Buscar la verdad», en los apéndices de este libro). Mi oposición no es tan extrema e indiscriminada como la de Kant, para quien la mentira constituye la mayor violación que un ser humano –en cuanto ser moral– puede cometer contra sí mismo... Sí, contra sí mismo y no contra otro, porque el embustero utiliza su cuerpo físico como mero instrumento (una máquina de hablar) en contra de su fin interno propio, como capaz de comunicar pensamientos y razones. De modo que para Kant ninguna falsedad intencionada es disculpable, lo cual me parece una exageración un tanto histérica... aunque le gana en el fondo y casi a regañadientes mi mejor simpatía humana. A mi más modesto y cauto entender, en cambio, no todo lo que se llama mentira resulta efectivamente igual ni mucho menos. Según creo sólo mentimos de verdad –si se me disculpa el oxímoron– cuando negamos voluntariamente la verdad a quien tiene derecho a esperarla de nosotros en un terreno determinado. Por ejemplo, no creo que el presidente Clinton estuviera obligado a discutir *coram populo* sus relaciones sexuales –adultas y consentidas– frente a todos los ciudadanos norteamericanos: preguntado inquisitorialmente por ellas, tenía perfecto derecho a decirles a los inquisidores y a los cotillas lo primero que se le pasara por la cabeza, es decir a intentar engañarles. Sus obligaciones

---

ed. Cátedra, 2002 y *Elogio de la mentira*, de Ignacio Mendiola, ed. Lengua de Trapo, 2006. Desde luego, detestar la mentira no quiere decir en modo alguno desear la *imposición* de la verdad. Como bien dice Raoul Vaneigem, «una verdad impuesta se veta a sí misma la posibilidad de ser humanamente verdad. Toda idea aceptada como eterna e incorruptible exhala el olor fétido de Dios y de la tiranía». Con simpático aunque discutible optimismo (valga el pleonasmo, porque todos los optimismos comparten los mismos vicios y virtudes), Vaneigem incluso no descarta beneficios intelectuales que puedan venirnos de las peores falsedades: «Las especulaciones más disparatadas, los asertos más delirantes fertilizan a su manera el campo de las verdades futuras e impiden erigir en autoridad absoluta las verdades de una época. Hay en la ficción más desenfrenada, en la mentira más desvergonzada, una chispa de vida que puede reavivar todos los fuegos de lo posible» (en *Nada es sagrado, todo se puede decir*, trad. Thomas Kauf, ed. Melusina, 2006, pp. 29-30).

con los votantes le vinculaban a la sinceridad en los asuntos públicos, no en los privados. Quizá con Hillary, en cambio, tuviese otro tipo de compromisos... aunque eso era algo entre ellos, no de un comité del Congreso.

De todas las mentiras, las que más me escandalizan son las que dan explicaciones fraudulentas sobre procesos naturales o acontecimientos históricos. Quizá sea por mi vocación de educador, pero considero un auténtico agravio contra el espíritu aprovecharse del deseo de saber de alguien –uno de los más nobles y humanos– para inculcarle falsedades. Sobre la mayoría de las cuestiones está justificada la ignorancia más o menos relativa y desde luego la duda, por lo que el engaño sólo puede brotar de la vanidad o la malicia. Pero probablemente, en gran parte de los casos, quien se pavonea como sabio en cuestiones que ignora no se dedica conscientemente a mentir sino más bien a decir paparruchas. La mentira está en su actitud convencida y segura de sí misma más que en los contenidos concretos que transmite. En una palabra, no es tanto un mentiroso sino un charlatán. A este perfil respondía sin duda mi compañero disertante en el vuelo de Air France, así como charlatanería y pamplinas son lo que oímos un día sí y otro también en boca de políticos, profetas de toda laya, teólogos y... ¡ay, sí, desde luego también filósofos!

El mejor estudio actual, ya clásico, sobre esta cuestión es sin duda *On Bullshit*, de Harry G. Frankfurt. Según este autor, «la charlatanería *(bullshit)* es inevitable siempre que las circunstancias exigen de alguien que hable sin saber de qué está hablando».[2] Supongo que tal comportamiento puede ser disculpable si uno está sometido a graves amenazas o padece tortura, pero la mayoría de los charlatanes que conozco lo son por vocación, por ganas de presumir o por afanes monetarios. Es preciso distinguir bien al charlatán del embustero. Este último conoce la verdad, la valora pero la oculta y la desfigura para obtener algún tipo de ventaja: a fin de cuentas miente por aprecio por la verdad, que considera un arma valiosa cuyo

2. *On Bullshit*, de Harry G. Frankfurt, trad. Miguel Candel, ed. Paidós, 2006, p. 76. Todas las citas siguientes provienen del mismo breve ensayo.

conocimiento concede poder sobre los engañados. Confirma aquel epigrama cínico del gran Ambrose Bierce: «La verdad es algo tan bueno que la mentira no puede permitirse el lujo de estar sin ella». Es decir, reconoce la autoridad de la verdad y juntamente la desacata en beneficio de sus propios fines. Como dice Frankfurt: «El charlatán ignora por completo esas exigencias. No rechaza la autoridad de la verdad, como hace el embustero, ni se opone a ella. No le presta ninguna atención en absoluto. Por ello la charlatanería es peor enemiga de la verdad que la mentira». El mentiroso conoce o cree conocer la verdad y a partir de tal conocimiento falsea lo que tiene por verdadero. En cambio, el charlatán se despreocupa totalmente de cuál sea la verdad sobre el asunto del que habla; es más, profiere sus pamplinas preocupado sólo por el efecto que causa en los oyentes o por la idea que éstos pueden hacerse de él (quiere pasar por piadoso, elevado, sensible, un iniciado en los misterios del universo... ¡un amigo de la verdad!). En su foro más íntimo, en el caso dudoso de que sea capaz de sinceridad al menos consigo mismo, debería admitir que la veracidad le parece inalcanzable o irrelevante; todo lo más, suscribirá la cuarteta de Campoamor:

«En este mundo traidor
nada es verdad ni mentira,
todo es según el color
del cristal con que se mira.»

Claro que también los peores charlatanes pueden tener su corazoncito y hasta pretenden ser políticamente correctos, según las exigencias de la época. Como señala Frankfurt, el charlatán navega con sus velas hinchadas por el escepticismo posmoderno reinante, que niega la posibilidad de alcanzar el conocimiento de ninguna realidad objetiva y descarta la posibilidad de saber cómo son auténticamente las cosas. Puesto que no hay hechos, sino interpretaciones (según el repetido y repetidamente malinterpretado dictamen de Nietzsche en *La voluntad de poder*), está justificado renunciar a pretender alcanzar una descripción válida e intersubjetiva de la realidad. «En lugar de tratar primordialmente de lograr representaciones precisas de un mundo común a todos, el individuo se dedica a tratar de obtener representaciones sinceras de sí mismo.» La veracidad ha muerto, viva la sinceridad: o la «autenticidad», sobre cuya jerga heideggeriana –aún más o menos vigente en bastantes autores que ya no suelen nombrarla– escribió Adorno un ensayo clarividente. El charlatán desnuda su alma, escribe en un idiolecto sentimental y preferentemente enigmático sin otro sustento objetivo que la subjetividad hipertrofiada de lo que promueve como su personalidad más radical, sin dejar de mirar por encima del hombro con desdén el discurso trabajoso y plano de quienes acuciosamente tantean para dar cuenta de aquello de lo que se dan cuenta. Pero resulta, dice Frankfurt, que «como seres conscientes, existimos sólo en respuesta a otras cosas y no podemos conocernos en absoluto a nosotros mismos sin conocer aquéllas. [...]. Nuestras naturalezas son, en realidad, huidizas e insustanciales (notablemente menos estables y menos inherentes que la naturaleza de otras cosas). Y siendo ése el caso, la sinceridad misma es charlatanería».

Ahora bien, ¿no será este planteamiento de Frankfurt deudor en demasía de un concepto excesivamente nítido e incontrovertible de la verdad? Aceptar dicho concepto hoy es visto por muchos (genéricamente englobados bajo el generoso rótulo de «posmodernos») con tan irónica condescendencia como indignación despertaba en los siglos XVIII y XIX ponerlo en entredicho. Por supuesto, quienes desdeñan o minusvaloran seriamente la importancia de la atribución de verdad y falsedad en nuestros debates sobre cómo son realmente las cosas (mencionemos para abreviar el nombre de Richard Rorty) no deben ser confundidos con los escépticos que desconfían seriamente de que lleguemos a tener algún día conocimientos relevantes incontrovertiblemente verdaderos. Los primeros no dan más importancia a la verdad que a los mitos, las leyendas, las tradiciones, las imposiciones del poder político o las ventajas prácticas que acompañan a ciertas opiniones: en el mejor de los casos, llamaremos «verdad» a aquello que un número suficiente de participantes en un debate hemos aceptado finalmente como punto de acuerdo. Los segundos piensan que la verdad es algo objetivo, independiente de nuestro gusto y que sería valioso conocer... pero que se nos escapa y escapará siempre por culpa de la dificultad del asunto, lo limitado de nuestras posibilidades cognoscitivas y las muchas pasiones que nos enturbian el intelecto.

Francamente, no me parece provechoso en el plano reflexivo perder mucho tiempo defendiendo el concepto de verdad. Es un universal normativo que existe en todos los lenguajes por la sencilla razón de que sin él no seríamos capaces de hablar ni tendría demasiado sentido hacerlo. Cuando encontramos un interlocutor, le aplicamos para empezar y necesariamente lo que Donald Davidson llamó «el principio de caridad», es decir que le consideramos capaz de utilizar el lenguaje de manera conveniente y de expresar con él proposiciones verdaderas. Y esperamos que nos aprecie del mismo modo, claro está... ¡incluso para engañarle nos resulta imprescindible que antes nos considere capaces de decir la verdad y favorables a ella! Sin duda «verdad» no es un término unívoco y funciona de modo análogo pero distinto según el tipo de «juego lingüístico» –por emplear la terminología de Wittgenstein– en que nos ejercemos cada vez. Subsiste un elemento común: siempre quienes hablamos compartimos un mundo objetivo y siempre el lenguaje pretende dar cuenta apropiada de lo que ocurre en el mundo que compartimos. Pero ocurre que la perspectiva apropiada en ciertas ocasiones responde a pautas de relevancia distintas a otras. Pueden compararse a este respecto las diferentes modalidades de verdad a la variedad de tipos y escalas de mapas existentes, cada uno de los cuales es útil según lo que se requiere de él.[3]

Cualquier mapa o plano, para funcionar como tal, debe corresponderse de modo explícito e inteligible a la disposición espacial que representa... aunque su detalle y puntos de referencia sean muy diversos según se trate del mapa catastral, el GPS, la guía Michelín de restaurantes recomendados o las indicaciones que dibujamos en una servilleta para que un

---

3. *Vid. La importancia de la verdad*, p. 60 y otras.

amigo encuentre nuestro despacho en el laberinto de la oficina. A lo que ningún mapa actual aspira sin duda es a lo que pretendieron aquellos sabios de un país inventado por la imaginación de Borges, que compusieron uno idéntico en todos sus detalles, proporciones y relieve al país mismo que representaba, de modo que se superponía a él por completo. Su veracidad era tanta que resultó inutilizable y por tanto fue abandonado: años más tarde, entre sus ruinas enormes, habitaban los vagabundos y se refugiaban las fieras. A mi modo de ver, muchos de los posmodernos que rechazan el concepto de verdad lo entienden de un modo tan hipernaturalista e inmanejable como el mapa inventado por los sabios de Borges. Se trata de un abuso grotesco, de una hipérbole en cuyo nombre descartan el resto de las modalidades utilizables e imprescindibles de la cartografía veritativa. Es evidente que el tipo de adecuación a la realidad de cada mapa depende de las intenciones prácticas de quien lo maneja (en esto tienen razón los pragmatistas posmodernos) pero esa adecuación –lo que llamamos «verdad»– es indudablemente necesaria en todos ellos... y responde a algo que está *fuera* de los propósitos de quien utiliza el mapa. Aconsejo no desperdiciar esfuerzos argumentativos con las filosofías que descreen de esta evidencia o minimizan su importancia.

Caso diferente es el de quienes son escépticos respecto a nuestras posibilidades de conocer alguna vez la verdad. A diferencia de los anteriores, que la descartan o menosprecian, éstos la valoran de modo tan alto que la sitúan fuera de nuestro alcance por exceso de escrúpulos. En ocasiones, como señala Bernard Williams, «el anhelo de veracidad pone en marcha un proceso de crítica que debilita la convicción de que haya alguna verdad segura o expresable en su totalidad».[4] Uno puede simpatizar intelectualmente con la honradez acuciosa, pero no cuando tanto escrúpulo desemboca en la parálisis. Quizá sea imposible levantar mapas fiables de ciertos territorios particularmente ignotos (por seguir con la compa-

4. *Verdad y veracidad*, de Bernard Williams, trad. Alberto Enrique Álvarez y Raquel Orsi, ed. Tusquets, 2006, p. 13.

ración anterior) pero resulta obvio que nuestras representaciones funcionan suficientemente bien en otros muchos casos… ¡mal podríamos sobrevivir si no fuera así! Llevado a sus consecuencias más extremas, el escepticismo y el relativismo cultural –según el cual no podemos encontrar ninguna verdad fuera de la tradición que le da sentido ni por tanto decidir cuál es más «verdadera» entre las muchas que se nos ofrecen– desemboca en una posición artificiosa, sostenible solamente en el gabinete del investigador o en la sala de conferencias pero incompatible con el ejercicio de la existencia cotidiana. Decía Ángel Ganivet que él no creería en la sinceridad de ningún escéptico radical dispuesto a no dar nada por seguro hasta que le viera sentarse en la vía del tren y esperar allí impávido la llegada del quizá ilusorio expreso. Y en una obra reciente *River Out of Eden*, Richard Dawkins mantiene que cuando vuela a treinta mil pies de altura todo relativista cultural es culpable de hipocresía. En efecto, los aviones están fabricados gracias a unos conocimientos científicos a los que confiamos nuestra seguridad y gracias a los cuales el aparato es capaz de trasladarse por las alturas hasta su destino. Cosa que no son capaces de hacer, en cambio, los aviones de pega fabricados para los *cargo-cults* indígenas o las alas de cera de Ícaro… por culturalmente respetables que resulten. Tampoco nuestro don Quijote voló de verdad en «Clavileño», añado yo, y quienes se burlaron de él eran sin duda capaces de distinguir entre su travesía celestial de mentirijillas y lo que puede hacer cualquier pájaro. Es más que probable que haya numerosísimas verdades que están fuera de nuestro alcance (sin dejar por ello de ser verdades) pero resulta grotesco negar que conocemos suficientemente muchas otras. Y quizá no de las menos importantes… al menos para desempeñarnos en el día a día.

Vuelvo al principio, al charlatán que me amargó el vuelo París-Madrid y sus desvergonzadas paparruchas. Admito que demasiadas veces he sentido igual repudio escuchando discursos eclesiales o sencillamente «religiosos» en el sentido más amplio del término, lo cual probablemente es injusto con la buena fe de muchos creyentes. Cualquiera de ellos podría decirme ahora que él no niega en modo alguno la deplorable abundancia de charlatanes indiferentes a la verdad y que los repudia tanto como yo. Y que él, en tanto creyente, abomina de la mentira no menos que Kant –que también era creyente, por cierto– y admite sin remilgos la efectividad de los conocimientos científicos y las verdades que experimentalmente establecen. Este creyente, persona ilustrada, no pretende en modo alguno que las verdades de la fe compitan con las de la ciencia... ¡por favor, no es partidario del «diseño inteligente» antidarwinista ni de otros oscurantismos propios del presidente Bush! Pero sostiene que la religión se ocupa de cuestiones de un orden distinto a las de la ciencia. Es decir, no sólo cree que la religión se dedica a otros temas de los que trata la ciencia sino también que su verdad no responde al paradigma científico, el cual es en su terreno inapelablemente adecuado pero burdo o grosero cuando se aplica a creencias religiosas. Ya en su dia Wittgenstein se adelantó a la posmodernidad diciendo que el discurso científico no puede dar cuenta del religioso, porque cada uno de ellos pertenece a juegos de lenguaje diferentes. El valor veritativo de las doctrinas religiosas no es meramente fáctico, ni mucho menos experimental, sino más bien simbólico, alegórico quizá y siempre lleno de implicaciones morales. Rechazar las creencias religiosas como «falsas» es una actitud de un positivismo decimonónico, carente de sensibilidad hermenéutica y hasta de gusto estético...

Reconozco que no me resulta fácil comprender este planteamiento... ¡y mira que lo he oído veces! Para tratar de entenderlo, volveré por última vez a la comparación cartográfica con la que hemos intentado antes ilustrar las diversas clases de verdad sin renunciar en ningún momento en ninguno de los casos a la importancia de ese concepto como tal. Al comienzo de mi novela favorita, *La isla del tesoro* de Robert Louis Stevenson, suele verse siempre el dibujo sencillo y hasta un poco rústico de un mapa: representa la isla hacia la que viaja la goleta *Hispaniola,* con sus ensenadas, su fortín, sus cuevas, sus colinas... y naturalmente el emplazamiento del tesoro. Se supone que es un facsímil del que encuentra Jim Hawkins en el cofre del viejo pirata Billy Bones, hallazgo que da origen a la gran aventura. Y ello es cierto en más de un sentido porque, si los biógrafos no se equivocan, fue ese mapa –dibujado por RLS con el propósito de entretener a su ahijado adolescente– lo que le inspiró más tarde para escribir la novela que tanto nos ha hecho disfrutar. Pues bien, también podemos preguntarnos ante este mapa entrañable –como ante cualquier atlas o guía de carreteras– en qué espacio geográfico puede orientarnos. La respuesta es evidente: en ninguno. Sirve para comprender y gozar mejor del relato donde se incluye, pero no nos servirá como referencia en ningún país ni en ninguna isla reales. Pertenece a la deliciosa cartografía de la imaginación, no a la representación física de nuestro planeta Tierra. Me pregunto si quienes nos amonestan contra la verificación de las creencias religiosas según los habituales parámetros experimentales de lo cierto y lo falso quieren decir que nuestra actitud es tan filistea como la de los que protestaran decepcionados por no hallar en los mares la isla a la que responde el mapa de RLS. Francamente, creo que no es así. Es decir, me parece insostenible mantener que, para los creyentes, la autenticidad de los contenidos religiosos es semejante a la que conceden los aficionados a la literatura a sus personajes favoritos. Sin duda Hamlet o don Quijote son «reales y verdaderos» en cierto sentido, o sea que cuentan para nosotros, para nuestra reflexión sobre la vida y para nuestra autocomprensión como humanos. A este respecto, es probable que tengan más importancia para nosotros que muchas personas de carne y hueso que conocemos... pero aún así no les confundiremos nunca con ellas. Sabemos que el mapa de *La isla del tesoro* es verdadero en tanto en cuanto leemos la novela, pero no fuera de ella. Por expresarlo con la perspicaz y algo melancólica formulación de Bernard Williams: «Respecto a Sherlock Holmes, sabemos que es verdad que vivía en Baker Street, y diciéndolo podemos ganar en algún concurso sencillo, pero también sabemos con exactitud que respecto a Baker Street no es verdad que Sherlock Holmes viviera allí».[5]

Nadie –por ateo que sea– niega la relevancia cultural, antropológica o incluso política de las diversas doctrinas reli-

5. Ibídem, p. 169.

giosas. Pero esa relevancia proviene, precisamente, de que miles y miles de personas creen en los dogmas religiosos de un modo no meramente cultural, antropológico o político. Aquí está el intríngulis del debate. Con aquéllos que se interesan por la belleza y pertinencia de las leyendas religiosas tal como lo hacen por las creaciones de Stevenson, Conan Doyle o Cervantes, nada tengo desde luego que discutir. Tampoco con los que estudian los efectos sociales de creencias religiosas que ellos no comparten, como me parece que es el caso de Régis Debray. Pero en cambio me cuesta comprender a quienes se dicen creyentes, aunque afirman serlo de un modo simbólico o alegórico. Y aún más si sostienen que tal es la forma mayoritaria de la creencia religiosa. Símbolos... ¿de qué? Alegorías... ¿de qué? ¿Debo entender que podría prescindirse de tales símbolos y alegorías sin mayor pérdida que el cambio poético de metáforas? Este repliegue minimalista no me resulta ni mínimamente fiable. En su debate con Régis Debray, recogido en un libro intenso y apasionante, el científico Jean Bricmont –quien con Alan Sokal publicó una obra controvertida pero estimulante, *Imposturas intelectuales*– mantiene que la principal argucia del discurso religioso contemporáneo es la idea de que la religión se ocupa de un orden de verdades distinto al de la ciencia. Y polemiza contra ella: «La existencia de Dios, de los ángeles, del cielo y del infierno, o la eficacia de la oración son aserciones de hecho; y si las retiramos de veras, es decir, si admitimos que son falsas, entonces no sé lo que queda del discurso religioso: ¿cómo crear, por ejemplo, sentido o valores diferentes a los de los ateos partiendo de la misma base factual? [...]. Supongamos que retiramos de la religión la literalidad de la Biblia, la eficacia de la oración y las demás cosas de las que podría surgir el conflicto con la ciencia (en la esfera de los hechos) ¿qué nos queda? O bien aserciones puramente metafísicas (un dios completamente desgajado de nuestro mundo) que no interesan a casi nadie, o bien aserciones puramente morales. Pero ¿en qué diferirá esta moral de una moral no religiosa si abandonamos todos las aserciones de hecho, los castigos divinos aquí y en el más allá, el interés de Dios por sus criaturas y demás?».[6] ¿Simplifica el problema indebidamente Bricmont desde su perspectiva científica? A mi juicio, más bien desafía la equívoca complejidad de planteamientos conscientemente ambiguos que cambian sin cesar el terreno del debate para evitar la crítica...

A lo largo de los últimos doscientos años, muchos escépticos y anticlericales han sostenido con fervor polémico que las doctrinas religiosas son meros inventos de los clérigos –*bullshit*, en la terminología de Frankfurt– para embaucar a los incautos y mantener un indebido ascendiente sobre ellos. Se trata sin duda –esta vez sí– de una simplificación engañosa e injusta en su generalidad, aunque no cabe duda de que desde la fraudulenta donación de Constantino hasta la Sábana Santa turinesa abundan los ejemplos probatorios de que estos malpensados incrédulos no siempre andan desencaminados. Recuerdo ahora una novela francesa de ciencia ficción que leí en mi mocedad, titulada *El signo del perro*. Su autor era el hoy olvidado Jean Hougron, que escribió también *Volveré a Kandara*, una novela muy estimada en su día. En ella se presenta a un investigador intergaláctico enviado a un planeta remoto en el que ocurren extraños sucesos. Los habitantes viven en una ciudad amurallada, bajo el acoso permanente de unos gigantescos y terribles monstruos que asaltan periódicamente la villa, descendiendo desde las montañas circundantes. Ningún arma es capaz de detenerles. Sólo pueden conjurar el peligro los ascetas de una extraña secta, que frenan a los monstruos cuando ya la destrucción de la ciudad parece inevitable, gracias a sus puros poderes mentales y a sus rezos. El asalto ocurre una y otra vez, así como la defensa mágica, de modo que los ascetas imprescindibles son venerados y obedecidos por todos los ciudadanos. Finalmente el investigador descubre que los monstruos son una creación de los propios ascetas para asegurar y perpetuar su poder. Esta fábula –que con la distancia de tantos años recuerdo poderosamente narrada y que me encantaría releer– podría ejemplificar la visión tópica

6. *A la sombra de la Ilustración*», de Régis Debray y Jean Bricmont, trad. Pablo Hermida Lazcano, ed. Paidós, 2004, pp. 102-104.

que muchos volterianos sin tanto ingenio como su maestro han cultivado sobre las religiones. En realidad, el problema es mucho más interesante y más rico en preguntas sobre la condición humana. Los engaños y charlatanerías de unos cuantos no bastan para explicar la persistencia de las creencias religiosas ni su influencia en la forma de pensar o comportarse de muchas personas perfectamente sinceras.

Lo primero es reconocer que tales creencias realmente existen (admito que me son tan ajenas que durante bastante tiempo siempre me ha quedado una pequeña duda sobre si los devotos *fingían*).[7] En último extremo, podemos decir que muchas personas cultas –y racionalistas en el resto de casi todo lo cotidiano– al menos «creen que creen», según la expresión que da título a un significativo libro de Gianni Vattimo. Por supuesto, «creer» no significa solamente aceptar la validez cultural o poética de ciertas doctrinas; ni siquiera someterse por conformismo social a ciertos rituales tradicionales. Los creyentes que aquí nos interesan están íntimamente convencidos –quizá con dudas, desde luego, pero toda persona racional tiene dudas respecto a sus más caras convicciones– de que la descripción del mundo y de nuestro destino brindada por su religión es más verdadera que la visión simplemente científica o naturalista. Por decirlo con las palabras de William James, a cuyas reflexiones vamos a acudir profusamente a continuación, «estimo que la hipótesis religiosa da al universo una expresión que determina en nosotros reacciones específicas, reacciones muy diferentes de las que serían provocadas por una creencia de forma puramente naturalista».[8] Creer significa asumir que algo es verdad, o sea que es el caso que un determinado estado de cosas se da en la realidad, frente a

7. Mucho después supe que alguien más piadoso que yo, Immanuel Kant, también compartió esta aprensión sobre hasta qué punto puede ser *sincera* la creencia en lo incomprensible. *Vid. La religión dentro de los límites de la mera razón*, trad. F. Martínez Marzoa, ed. Alianza, 2001, pp. 228-229, en especial la nota.

8. *La volonté de croire*, de William James, ed. Les Empêcheurs de Tourner en Rond, 2005, p. 63, nota 1. Como en el resto de los casos en que no se especifica traductor, la versión al castellano es responsabilidad mía.

otros posibles y descartándolos. Insisto: la creencia religiosa no es para quien tiene meramente otra forma de interpretar los datos y las teorías ofrecidos por las ciencias (física, psicología, sociología, etc.) sino una perspectiva privilegiada que revela el fundamento y la entraña de lo que las demás formas de conocimiento sólo vislumbran mecánica y superficialmente. Pero ¿en qué consisten básicamente las creencias religiosas, etnográficamente tan diversas? Desde luego no tengo la pretensión ni la mínima competencia para intentar una fenomenología de la religión a través de las culturas y los siglos. Para lo que pretendo en este ensayo, me basta con ocuparme de las religiones y sus más relevantes derivados tal como se dan ahora en las principales áreas culturales. Pues bien, volviendo un poco atrás y recurriendo al antes ya citado William James, «la creencia religosa de un hombre –sean cuales fueren los puntos especiales de doctrina que implica– representa esencialmente para mí la creencia en algún orden invisible en el cual los enigmas del orden natural encontrarían explicación».[9] Y James también especifica que junto a tal creencia se da además la convicción de que hay un interés efectivo (más allá de esta vida mundana pero incluso actual) en practicar esa fe. O sea que la creencia religiosa nos permite entender mejor nuestra vida en su contexto, vivirla mejor e incluso nos abre la posibilidad de algo mejor que la propia vida.

Volvamos otra vez a la pregunta esencial: ¿*por qué* hay quien cree en lo invisible como explicación final y orientación práctica para habérnoslas con lo visible? En la mayoría de los casos, todos nos esforzamos por tener creencias *justificadas*. Según explica Bernard Williams, «una creencia justificada es aquélla a la que se llega a través de un método, o que está respaldada por consideraciones que la favorecen no sólo porque la hagan más atractiva o algo por el estilo, sino en el sentido específico de que proporcionan razones para creer que es verdadera».[10] Desde luego, a veces el puro anhelo apoya de modo casi irresistible una creencia, hasta el punto de que estamos a

9. Ibídem, p. 81.
10. *Op. cit.*, p. 133.

medias dispuestos a aceptarla aún sabiendo en el fondo que no puede ser verdadera. Por ejemplo: hace muchos años, un pequeño grupo de turistas viajábamos en furgoneta por Egipto, deambulando a través del desierto abrasador en busca de ruinas ilustres. La sed y el calor nos agobiaban de modo casi insoportable. Cada vez que llegábamos a un yacimiento arqueológico, encontrábamos a la entrada un vendedor de refrescos que nos requería tentadoramente ofreciendo bebidas heladas. En efecto, a su lado tenía sobre la arena –bajo el sol implacable– una pequeña nevera de la que sacaba las botellas... una nevera que no estaba enchufada a ninguna toma eléctrica ni por tanto podía enfriar lo más mínimo su contenido. Aún a sabiendas de que todos los líquidos que nos vendían a exagerado precio estaban a una temperatura más próxima a la ebullición que a la congelación, todos acudíamos esperanzados al puestecillo y hasta le insistíamos al vendedor que nos diera botellas de las situadas más al fondo de la nevera inservible, como si así fueran a estar más fresquitas... Por una parte, sabíamos perfectamente que tal cosa era imposible; por otra, *queríamos creer* que por fin esta vez obtendríamos la refrigerada bendición que tanto apetecíamos. ¡En cuántas otras ocasiones me habré empeñado yo en cultivar creencias igualmente infundadas, falsamente esperanzadoras y a la postre decepcionantes!

En términos amplios, podemos considerar que los parámetros científicos son el método mejor para adquirir creencias justificadas. Sin embargo, una gran mayoría de nosotros tiene algún tipo de creencia *paranormal* –es decir, que viola alguna regla o principio científico– sea de tipo religioso o profano (y en muchos casos, de ambos). La extensión y mejora de la educación hace por lo general disminuir el influjo de las creencias religiosas tradicionales, pero no altera y a veces hasta parece estimular el número de creyentes en otros fenómenos paranormales de corte más «laico» como la parapsicología, los ovnis, los sistemas de sanación fantásticos, las hipótesis históricas descabelladas, etc. En el siglo XIX, tan cientifista, mentes irreligiosas, críticas y razonadoras como Schopenhauer creyeron firmemente en las mayores patrañas espiritistas (¡por no hablar más tarde del mucho más crédulo Conan Doyle y sus hadas fotogénicas!). No falta un científico premiado con el Nobel –Alexis Carrel– que viajó a Lourdes y se convirtió en un entusiasta de los milagros que allí ocurrían. Como observó irrefutablemente T. S. Eliot, la cantidad de realidad que los humanos podemos soportar parece notablemente inferior a la que nuestros conocimientos mejor contrastados nos permiten conocer.

En su obra ya clásica (*La voluntad de creer*, 1897) William James, quizá el principal inspirador del pragmatismo filosófico que décadas más tarde encabezaron sucesivamente John Dewey y Richard Rorty, abogó por la fe como una forma de fundar nuestras creencias adecuada en ciertos casos. A su entender, un empirista radical no puede negar que existe la «experiencia religiosa», cuyas peculiares características no se avienen al método científico –no es intersubjetiva ni reproducible a voluntad, por ejemplo– pero no por ello puede ser pasada por alto, dada su importancia virtual en nuestra comprensión de la vida humana. Según James, «una regla de pensamiento que me impidiera radicalmente reconocer cierto orden de verdades si esas verdades se encontrasen realmente presentes sería una regla irracional».[11] A fin de cuentas, el sentido de nuestras creencias es impulsar y orientar nuestra acción en el mundo, por tanto lo importante de ellas no es de dónde provienen –intelectualmente– sino a dónde llevan en la práctica. La fe que se funda en nuestro deseo de hacer o conseguir algo no sólo es legítima sino que puede ser indispensable («La única manera de escapar a la fe es la nulidad mental»). «A menudo –dice James– nuestra fe anticipada en un resultado incierto *es lo único que transforma ese resultado en verdadero*. Suponed por ejemplo que trepáis por una montaña y que en un momento dado os encontráis en una posición tan peligrosa que sólo un salto terrible puede salvaros: si creéis firmemente que sois capaces de efectuarlo con éxito, vuestros pies estarán armados para daros los medios; si carecéis por el contrario de confianza en vosotros mismos, pensáis en las

11. Ibídem, p. 62.

discrtaciones que habéis oído en boca de los sabios sobre lo posible y lo imposible, dudaréis un tiempo demasiado largo hasta que al fin, desmoralizados y temblorosos, os lancéis desesperadamente al vacío para precipitaros en el abismo.»[12] Un párrafo elocuente pero que suscita muchas dudas. Por ejemplo, las de Pío Baroja en *El árbol de la ciencia*, que quizá responde aquí directamente a James:

«—Habrá un punto en que estemos todos de acuerdo; por ejemplo, en la utilidad de la fe para una acción dada. La fe, dentro de lo natural, es indudable que tiene una gran fuerza. Si yo me creo capaz de dar un salto de un metro, lo daré; si me creo capaz de dar un salto de dos o tres metros, quizá lo dé también.

—Pero si se cree usted capaz de dar un salto de cincuenta metros, no lo dará usted, por mucha fe que tenga.

—Claro que no; pero eso no importa para que la fe sirva en el radio de acción de lo posible. Luego la fe es útil, biológica; luego hay que conservarla.

—No, no. Eso que usted llama fe no es más que la conciencia de nuestra fuerza. Ésa existe siempre, se quiera o no se quiera. La otra fe conviene destruirla, dejarla es un peligro; tras de esa puerta que abre hacia lo arbitrario una filosofía basada en la utilidad, en la comodidad o en la eficacia, entran todas las locuras humanas.»[13]

Cuando la diferencia entre lo posible y lo imposible depende de nuestra decisión, la fe puede ser muy útil; pero no transformará en posible lo que resulta imposible para nosotros, queramos o no. Creer otra cosa, como advierte Baroja, puede ser el comienzo de la locura… o el camino para enloquecer a los crédulos que nos escuchen.

En último término, la posición pragmática expresada briosamente por William James es una variante del *pari* de Pascal, porque en el terreno religioso la tierra firme hacia la que debemos saltar está al otro lado de la muerte. Diversos

12. Ibídem, p. 87.
13. «El árbol de la ciencia», de Pío Baroja. En *La raza*, Tusquets editores, 2006, pp. 477-478.

autores han mostrado la fragilidad de este tipo de argumentación, destacando entre los más recientes Donald Davidson.[14] Aunque ciertos acendrados deseos nos inclinen hacia determinadas creencias para cuya justificación no existe mejor comprobación que esos mismos deseos, existe la posibilidad de otro deseo no menos fuerte –el de veracidad y honradez en nuestras creencias– que puede actuar como salvaguardia crítica contra ellos. Manifestaciones como la del personaje dostoievskiano de *Los hermanos Karamazov* («Si Dios no existe, todo está permitido») o la también muy repetida de que sin Dios y lo sobrenatural la vida carece de sentido, no son argumentos probatorios de esas creencias sino más bien constataciones de una urgencia patética que debería hacernos dudar de ellas. Algo así quiso decir Nietzsche cuando estableció en *El Anticristo*: «La fe salva, *luego* es falsa». Lo único real e incontrovertible de tales planteamientos es nuestro *deseo*: quizá en lugar de tener la pretensión de comprender la entraña de la realidad a partir de lo que deseamos, debiéramos intentar comprender precisamente los mecanismos reales de nuestro furor deseante...

Una cosa son las funciones que cumplen las religiones en las sociedades, tareas en las que puede hallarse la razón de su origen (fundar la cohesión trascendente del grupo, explicar de dónde proviene el mundo y cada uno de sus fenómenos, sustentar tabúes y deberes, legitimar el orden social establecido o la rebelión contra él en nombre de una justicia superior, etc.) y otra las razones por las que muchas personas individualmente creen las doctrinas religiosas y –¡aún más asombroso!– respetan a los clérigos que las administran. Sin duda en gran parte de los casos la gente acata la religión mayoritaria por pura mimesis social: sabido es que, en circunstancias normales y libre de presiones excepcionales de cualquier tipo, la espontaneidad lleva al ser humano a hacer, pensar y venerar lo que

---

14. Sobre la opinión de Donald Davidson, con buenos comentarios que la prolongan y complementan, puede consultarse la conferencia «La voluntad de no creer», de Manuel Hernández Iglesias, Barcelona 28-1-2005. No sé si ha sido publicada, tengo el texto de esta intervención gracias a comunicación privada.

ve hacer, pensar y venerar a los demás. Pero actualmente las sociedades son heterogéneas, la religión ya no es tan unánime como antaño y la oferta de creencias o formas de piedad resulta cada vez más plural: de modo que los devotos y los creyentes bien pueden serlo por elección personal en su fuero más íntimo. Tanto William James como Rudolf Otto en otro ensayo clásico sobre el intríngulis de lo religioso, «Lo santo», parten de una experiencia o conmoción puramente religiosa que según ellos sienten las personas llamadas a dedicarse a estos temas elevados y desde la que guían a otros por este camino trascendental. Es a partir de esa experiencia cuando se despierta o aviva la voluntad de creer. Rudolf Otto llega incluso a desautorizar a quien no ha sentido esta peculiar conmoción para dedicarse al estudio de la psicología religiosa (de tal modo que estas páginas y probablemente todo este libro no tienen razón de ser, al carecer su autor por completo de tan esclarecedor retortijón). Sinceramente, desconfío de la originalidad radical de tal revelación: a mi juicio, no precede sino que procede de las creencias religiosas en vigor. Decía La Rochefoucauld que nadie se enamoraría si no hubiese oído hablar del amor y yo opino que nadie tendría experiencias religiosas si previamente no conociera que hay una religión que reclama fe y adhesión.

Vuelvo por tanto a los deseos humanos como fundamento personal de las creencias. Cada cual puede componer la lista de los suyos principales, como solía hacer Stendhal en sus apuntes (entre los que nunca olvidaba anotar una erección de razonable duración a voluntad, transporte garantizado sin retrasos ni impedimentos, algo de música de Cimarosa o Mozart cuando fuese conveniente, etc.). Ser beneficiario de milagros es cosa que a todos nos apetece y subrayo que el milagro es algo más que un simple ejercicio mágico. La magia funciona a fin de cuentas como un mecanismo más, es decir que realizados determinados gestos y conjuros ocurre de forma automática, impersonal. Es una variante insólita de la acostumbrada necesidad causal. Los milagros en cambio no provienen de la necesidad sino de una voluntad que nos distingue con su favor: vienen personalizados con nuestro nombre y satisfacen una apetencia privada. Entre los deseos más acendrados que las religiones pueden colmar yo señalaría por ejemplo el de venganza. La derrota y castigo de los enemigos, la humillación final de los malvados en apariencia triunfadores es un móvil piadoso que estimula sin duda muchas devociones. Su paradigma literario pudiera ser *Sredni Vashtar,* el espléndido y terrible cuento de *Saki* en el que un niño huérfano encuentra el dios adecuado para purgar su resentimiento contra quien abusa de su debilidad. Pero no basta con que se haga justicia a quien nos ofende o a los que desafían el orden que tenemos por respetable: buscamos además otra forma de amparo. Y así llegamos a la cuestión esencial, la conciencia irremediable de nuestra mortalidad.

La mayor parte de nuestros deseos más imperiosos están destinados a evitar, aplazar o conjurar la muerte (la nuestra o la de quienes nos son queridos). Visto desde nuestra actual condición, nos parece que si fuésemos inmortales no sabríamos ya qué más querer. Conocer nuestra mortalidad no consiste meramente en anticipar nuestro cese, así como el de todos y todo lo que apreciamos: sabernos mortales es ante todo sabernos *abocados a la perdición.* Lo más grave no es precisamente no durar, sino que todo se pierda como si jamás hubiera sido. Una vez nacidos, una vez roto el vínculo con nuestros padres que cuidaron de nosotros durante un período psicológicamente largo y decisivo (Freud lo describió muy bien, incluso en su vinculación neurótica con la religión), sólo el amor en lo personal y el reconocimiento público en lo social mantienen la ilusión de que no estamos perdidos del todo: más tarde llega la muerte e intuimos que nadie volverá a *recogernos* jamás. Por improbable, por inverosímil que sea, Dios aparece como una solución a lo insoluble. Para Él, seremos alguien y lo seguiremos siendo durante toda la eternidad, aún precipitados al fondo del infierno: no habremos *ocurrido* en vano. Decía Georges Bataille, en su *Teoría de la religión,* que los animales están en la naturaleza «como el agua en el agua». O sea sin extrañeza ni conciencia de distancia alguna respecto a lo que les constituye y a cuanto les rodea. Pero eso es porque ignoran la fatalidad de su muerte, fuente de toda extrañeza humana. La vida es «rara» porque nos morimos y no por ninguna otra cosa. Morirse es perderse: quien ha tenido conciencia de sí y nombre propio no puede ser ya resignadamente «como el agua en el agua». No queremos perdernos, en modo alguno y bajo ningún pretexto podemos morir sin más: no *creemos* merecerlo. Incluso si nos espera como final de nuestros agobios, la definitiva aniquilación debe ser una conquista personal, obtenida tras largo esfuerzo, una nada personalizada como es el «nirvana» de los budistas: una nada radiante, *conseguida*. Es decir, nuestro mayor y primordial deseo como mortales es evitar la perdición, seguir siendo significativos y relevantes para Alguien que comprenda lo que supone, lo que impone y hasta la humillación que implica –encarnación mediante, el gran éxito teológico del cristianismo– saberse «alguien». Que no se nos pierda de vista, que no se nos confunda, que una atención eterna nos distinga aunque sea con su reprobación.

A esta preocupación definitiva por cada uno, por cada cual, por mí mismo, irrepetible y frágil, llamamos: *salvación*. Y las religiones, hoy, mayoritariamente, dejando entre paréntesis sutilezas antropológicas, las creencias religiosas de los humanos modernos... son *tecnologías de salvación*, por emplear la expresión de Hans Albert.[15] Tal es el deseo que satisfacen esos trucos mitológicos y por ello exigen creer en alguna verdad sobrenatural que los garantice, sin que nunca puedan resignarse las doctrinas religiosas a ser una «forma de hablar» entre otras, un vacuo consuelo poético. Todo lo más, si nos permitimos ser un poco cínicos, la eficacia de estas tecnologías de salvación es más o menos semejante al llamado «efecto placebo». Acabo de leer que ciertos investigadores norteamericanos han descubierto que el simple anuncio del propósito de ir a tomar un analgésico hace que el paciente produzca endorfinas que comienzan a disminuir el dolor que padece. Pues bien, aún creída sólo a medias la promesa religiosa sirve a muchos de lenitivo para el padecimiento anticipado de nues-

---

15. *Racionalismo crítico*, de Hans Albert, trad. Berta Pérez, ed. Síntesis, 2002, pp. 163 y ss.

tra perdición mortal. En vista del beneficio anestésico que aporta, los creyentes pasan por alto su inverosimilitud y negocian como pueden su conducta cotidiana frente a las prohibiciones y mandatos que promulgan los clérigos, autoproclamados administradores del remedio teológico.

Quienes nos iniciamos en la filosofía hace más de treinta años, a finales de los sesenta, difícilmente hubiéramos podido creer que el debate reflexivo sobre la cuestión religiosa habría de conservar su vigencia hasta el día de hoy e incluso reavivarse al calor de varios atentados fanáticos. Lo teníamos ya por una cuestión resuelta. Ignorábamos otra vez (como los ilustrados del siglo XVIII y XIX) que la creencia religiosa no depende de lo que sabemos ni de lo que pensamos sino de lo que irremediablemente apetecemos. Y de lo que tememos, claro está, sobre todo de lo que tememos como ya hace tanto señaló Lucrecio. Lo que sin embargo sigue sorprendiendo es el permanente respeto reverencial que continúa siendo la actitud mayoritaria de los incrédulos respecto a las creencias religiosas. Insisto: no hacia los creyentes mismos, que por supuesto merecen todo respeto mientras a su vez se sometan y no violen las leyes del país, sino hacia las propias doctrinas y dogmas. Hace poco oí a un líder socialista en un debate sobre el laicismo reconocer que «desdichadamente» él no tenía fe; y en las recientes glosas sobre el pensamiento de José Ortega y Gasset en su aniversario, no han faltado comentaristas que han «deplorado» su ceguera laica ante la trascendencia como una limitación intelectual de su filosofía. En cambio leo en el periódico de hoy, día de Jueves Santo según la liturgia católica, un artículo del cardenal arzobispo de Sevilla titulado «El coro de las tinieblas» en el que condena a los «demonios racionales» que son como «apagaluces de pensamientos de amplios horizontes» y a los que define con desparpajo como «avalistas de todos esos submundos pseudointelectuales de la autosuficiencia, el egocentrismo y la cerrazón» que, según él, pueden vencerse «con el estudio, la investigación, el diálogo, la honestidad intelectual y la esperanza».[16] Hay mucho de indecente

16. Carlos Amigo Vallejo, «El coro de las tinieblas», *ABC*, 13-IV-2006.

en esta arrogancia que invoca la «honestidad intelectual» de quien no se somete a ninguno de sus controles, pero también en que quienes no comparten la ceguera voluntaria que asciende lo invisible a explicación de lo que vemos lamenten como una deficiencia su actitud coherente con el «demonio racionalista». La «voluntad de creer» surge de flaquezas y angustias humanas sobradamente comprensibles, que nadie puede ni debe condenar con insípida arrogancia; pero la incredulidad proviene de un esfuerzo por conseguir una veracidad sin engaños y una fraternidad humana sin remiendos trascendentes que en conjunto me parece aún más digna de respeto. Lo cual por lo visto no siempre resulta evidente y ello me confirma que ensayos «anticuados» como éste que escribo siguen siendo inaplazablemente pertinentes...

Capítulo segundo

Autopsia de la inmortalidad

«Mes jours s'en sont allés bien vite»

François VILLON

«Hoy sé que no eres tú quien yo creía;
mas te quiero mirar y agradecerte
lo mucho que me hiciste compañía
con tu frío desdén.
Quiso la muerte
sonreír a Martín y no sabía.»

Antonio MACHADO, *La muerte de Abel Martín*

Muchos autores se refieren a determinados «problemas» de los que se ocupa la filosofía. Bertrand Russell escribió un libro justamente celebrado que se titulaba precisamente así, *Los problemas de la filosofía.* Pero quizá esa denominación sea inexacta o engañosa. Como señala Leszek Kolakowski,[1] la palabra «problema» implica por lo general que existe una técnica para resolver la perplejidad en cuestión y que con mayor o menor dificultad puede llegar a ser encontrada. En tal punto, el susodicho problema dejará de serlo. Pero las vicisitudes his-

---

1. *Metaphysical Horror*, ed. Basil Blackwell, Oxford, 1988, p. 8.

tóricas de la filosofía no abonan esta esperanza de solución: los «problemas» verdaderamente filosóficos son abordados una y otra vez, reciben esclarecimientos parciales y sucesivos, contradictorios, pero siguen ofreciéndose a quien quiera volver a planteárselos. Se niegan a dejar de ser problemáticos, son problemas *para siempre*. Las soluciones que se les brindan pueden interesarnos mucho pero no pueden satisfacernos del todo jamás. Por tanto, señala sensatamente Kolakowski, «quizá no son "problemas" en ese sentido, sino sólo preocupaciones, y puesto que las preocupaciones son reales cabe preguntarse: ¿de dónde vienen?». He ahí la verdadera cuestión, el intríngulis de la filosofía, el problema de los problemas filosóficos: ¿por qué nos preocupan con tanta insistencia, de dónde nos vienen esas inquietudes? Lo malo es que este problema también es filosófico y tan tenazmente insoluble como los demás de su género...

Pero no todas las preocupaciones filosóficas producen idéntica zozobra: algunas parecen preocupar solamente a los filósofos mismos, otras en cambio convierten en filósofos improvisados incluso a quienes ni siquiera saben en qué consiste eso de la filosofía. Entre estas últimas, la muerte ocupa un lugar particularmente destacado. Es la preocupación por excelencia, no sólo desde un punto de vista práctico (casi todo lo que hacemos está destinado directa o indirectamente a evitarla) sino también como desafío intelectual. En presencia de la muerte, a todo el mundo le entra una cierta inspiración filosófica aunque sea de tercera mano: «le llegó su hora, es ley de vida, no somos nadie...». Ante el cadáver se reza, se implora, se cuentan leyendas, se realizan sortilegios funerarios. Nadie parece pensar en la muerte –sobre todo en la suya propia– con perfecta *naturalidad*. En eso la muerte difiere radicalmente del nacimiento, que plantea muchos menos problemas e inquietudes aunque bien mirado debería resultarnos aproximadamente igual de misterioso. Según parece, venimos al mundo de modo armónico y natural pero salimos de él con escándalo y protesta, como víctimas de algún tipo indebido de agresión. Damos por hecho que nos corresponde vivir pero nos cuesta mucho esfuerzo mítico reconciliarnos con la muerte...

y siempre se trata de una reconciliación relativa, un mero apaño. Hace poco ocurrió un grave accidente de metro en Valencia, en el cual perdieron la vida docenas de personas. En las exequias de las víctimas, el arzobispo de la ciudad se preguntó dramáticamente «dónde estaba Dios en el momento trágico en que descarriló el vagón». Como si la gente hubiera perecido por una negligencia de la divinidad, entre cuyas obligaciones debería estar ahorrarnos tales fatalidades. El señor arzobispo podría repetir la misma queja ante cada lecho mortuorio, en cada tanatorio de su diócesis. Sorprendente descontento en alguien que, por razones profesionales, debería tener una actitud más ecuánime y esperanzada ante un desenlace tan común...

El cadáver del prójimo (sobre todo cuando se trata de alguien realmente «próximo» a nosotros, un pariente o amigo) es una presencia embarazosa en grado sumo, desconsoladora y repelente a la par, que siempre parece incluir algo *acusatorio*, incluso un punto de amenaza. De ahí que históricamente se hayan intentado todo tipo de estrategias para desembarazarnos de ese enigmático residuo, mostrándole respeto y afecto pero también asegurándonos de su desaparición de escena y conjurando la posibilidad de su indeseable retorno. Unamuno caracterizaba al hombre como «el animal guardamuertos» y el antropólogo Pascal Boyer, con cierto humor, levanta así acta de esta afición: «Los muertos, como las legumbres, pueden ser conservados en salmuera o en vinagre. También se les puede abandonar a las bestias feroces, quemarlos como a basuras o enterrarlos como un tesoro. Del embalsamamiento a la cremación, toda suerte de técnicas son utilizadas, pero lo esencial es que es preciso *hacer algo* con los cadáveres».[2] Por supuesto, el asunto no consiste solamente en disponer de la parte orgánica del difunto antes de que ésta padezca las desagradables transformaciones habituales de la corrupción sino también –y quizá sobre todo– arreglar cuentas con su dimensión personal, con la intención y voluntad que animaban ese cuerpo. Es relativamente fácil hacer de-

2. *Et l'homme créa les dieux*, ed. Gallimard-Folio, 2004, p. 292.

saparecer los restos materiales, ocultarlos o volatilizarlos, pero su dimensión digamos «espiritual» ofrece otro tipo de engorros. Como el espíritu del fallecido consistía en el conjunto de relaciones simbólicas que mantenía con nosotros y con la comunidad, no puede ser enterrado o quemado con el cuerpo ajeno, porque en parte está dentro de quienes nos relacionábamos con él. Un extremo de la relación se pierde pero el otro sigue en nosotros, como si conservásemos en las manos el cabo de una cuerda de cuya otra punta ya no tira ni cuelga nadie. Damos tirones pero no hay respuesta: la cuerda vuelve poco a poco en toda su longitud vacía a nuestras manos y ya no ofrece resistencia, aunque la niebla oculta ese otro extremo desocupado, ingrávido. Y no sabemos qué hacer ni cómo desprendernos de nuestra parte de soga, la que permanece queramos o no en nuestras manos. Lo peor de los muertos es que, aún ya muertos... ¡siguen pareciéndose tanto a los vivos! Nos duelen después de la muerte, como el miembro amputado sigue molestando tras su ausencia a quien lo perdió.

Como en otros casos, podemos acudir a lo que intuimos de la evolución de nuestra especie para situar los orígenes naturales de los acendrados sentimientos que despiertan los muertos humanos en sus congéneres. Valgan lo que valgan estas explicaciones, contribuyen a aligerar de tremendismos sobrenaturales y sobreactuaciones patéticas una dimensión de nuestra cotidianidad que rebosa de tales excesos. La psicología evolutiva suele funcionar a este respecto, sirve para tales menesteres como el dinero para Mistinguette: aunque no da la felicidad calma los nervios. Comenzando por lo que compartimos con otros animales filogenéticamente cercanos, discernir entre vivos y muertos (o que fingen estarlo) debe de haber sido una de nuestras ciencias iniciales. Según aseguran Boncinelli y Sciarretta, «distinguir si otro animal está *vivo* o *muerto* es una capacidad demasiado importante para los fines de la supervivencia como para no haberse desarrollado en estadios precoces del desarollo evolutivo. [...] Distinguir a los vivientes, sea como alimento potencial o como posible amenaza, ha sido una de las necesidades primarias para el éxito evolutivo de las especies animales».[3] En relación con un ser cuya existencia implica dimensiones deliberadas como la huida, el ataque y la cooperación, saber si está en disposición de ejercerlas –es decir, vivo– o ya no sirve para tales menesteres es la noticia más importante que otro ser semejante necesita conocer. Los autores mencionados incluso admiten que los animales de cerebro más desarrollado, como por ejemplo los elefantes, experimentan ante la muerte de sus congéneres una cierta frustración dolorosa que puede indicar alguna comprensión de la irreversibilidad de la pérdida o hasta un atisbo de las consecuencias negativas que ésta puede tener para la vida posterior del superviviente.

Esta dimensión se acentúa en grado máximo en el caso de los seres humanos, porque no se limitan a convivir entre sí sino que también *comparten* lo esencial de su vida: «puesto que somos una especie profundamente social y puesto que hemos vivido en grupos pequeños durante tanto tiempo, la muerte de todo miembro del grupo es una pérdida enorme en términos de información disponible y de cooperación potencial».[4] Cuando se trata de animales simbólicos como los humanos, cada uno de ellos lleva consigo (y se lleva consigo, cuando muere) parte del *significado* del resto de sus semejantes y del juego social que mantienen entre sí. La sociedad humana no sólo es cooperativa como cualquier otra de las agrupaciones zoológicas (remotamente) similares sino también *coloquial:* cada uno de nosotros crece alimentado por las aportaciones simbólicas que recibimos de los demás y por el reconocimiento que ellos tributan a nuestra integración en la común humanidad. El animal superior llega a ser lo que es desarrollando por sí mismo su programa genético: los congéneres le ayudan sin duda a vivir pero no a ser. El hombre en cambio no se hará humano si se le priva de ese segundo nacimiento simbólico que necesita de la matriz social para tener lugar: sin los semejantes de los que aprender el lenguaje y con los que compartirlo no alcanzará la humanidad *optimo iure*. De ahí lo irrever-

---

3. *Verso l'inmortalità?*, Rafaello Cortina, ed., Milán, 2005, pp. 17-80.
4. Ibídem, p. 324.

siblemente significativo de la pérdida de cualquiera de ellos y también, en cierto modo, el fundamento evolutivo de la *dignidad* que después se reconocerá institucionalmente a cada uno.

Los muertos guardan el suficiente parecido con los aún vivientes como para que sea difícil conservar frente a ellos una disposición neutral. Para el animal simbólico, los semejantes han significado siempre algo intenso, relevante: amor, rivalidad, cooperación, jerarquía, solidaridad, peligro... Nunca nos han sido meramente indiferentes y por eso la fundamental *indiferencia* de los muertos hacia nosotros resulta lo más difícil de soportar. Dejan de prestarnos atención: fin de los mensajes. Pero los supervivientes no podemos, al menos en principio, pagarles con la misma moneda. Seguimos teniéndoles en cuenta, pidiéndoles cuentas o rindiéndoselas. La comunicación se esfuerza por continuar, aunque los mensajes reboten en el silencio y no obtengan respuesta: «¡mírame, escúchame, protégeme, atrévete ahora, perdóname... acuérdate de mí!». Los muertos callan, nosotros les hablamos y hablamos por ellos, para paliar su insólito e irreversible retraimiento. En ese coloquio interrumpido y que ya es solamente un monólogo que se niega a aceptarse como tal, nuestros sentimientos hacia quienes compartieron la vida con nosotros se llenan de ambigüedad al combinarse con la terca indiferencia de la muerte. Sin dejar de amarles, nos sentimos también liberados de aquéllos a quienes amamos... porque en el amor hay siempre desvelo y un punto de opresión (como es bien sabido, Freud realza aún más en su análisis este aspecto negativo del más positivo de los afectos); sin abdicar de nuestra enemistad, sentimos gratitud hacia los enemigos que han tenido la cortesía de desaparecer y hasta revisamos la disensión con ellos como una forma incluso tierna de parentesco (Unamuno comprendió a veces con especial tino esta filiación por antagonismo). Por otra parte, los que fueron temidos y obedecidos durante su vida son luego públicamente ridiculizados por sus vasallos, que pisotean su legado; los artistas poco valorados se convierten en apreciadísimos «inmortales»... después de muertos; los miembros más rehuidos de cada familia o cada tertulia, una vez fallecidos, son añorados como parangones de la mejor compañía... Etc. En general, se habla bien de los muertos pero entre otras cosas para ocultar lo indeseable –¡lo insoportable!– de su regreso. Nadie está realmente dispuesto a celebrar ni siquiera a tolerar la proximidad de Lázaro redivivo, como mostró Leonidas Andreiev en un cuento magistral. Se fueron y nos quedamos hablando solos: con ellos, de ellos, en su nombre. Ahora ya no queremos que vuelvan para interrumpirnos (tal es el argumento de la *ghost story*, el escalofrío de la narración primordial). Y sonreímos cuando la ambigüedad sentimental ante el fallecimiento del ser querido alcanza la espectacularidad, como en el caso de aquella viuda para quien –según el humorista– «el pesar por la muerte de su marido fue tanto que de la noche a la mañana todo el pelo se le puso *rubio*».

En todos estos casos, se trata de la muerte de los otros, de la muerte ajena. Un acontecimiento doloroso, conflictivo, ambiguo, nada fácil de gestionar simbólicamente, que para ser digerido requiere ceremonias y expiaciones: pero en todo caso un episodio *indudable*. Que los demás se mueren, que todos los demás se han muerto siempre y siguen muriéndose a nuestro alrededor, es una evidencia. Por triste que resulte, nuestros semejantes más queridos no son incompatibles con la muerte: todo lo contrario. Por eso les amamos, porque son irrepetibles y fatalmente vulnerables; el amor es la inquietud por lo que podemos perder, el ciego deseo incondicional de que siga existiendo lo que puede dejar de existir. En el «Banquete» platónico (207*a*), la experta Diotima dice que el amor es *azanasías eros,* deseo de inmortalidad: pero ante todo deseo de inmortalidad de quien amamos, afán que hace olvidar la muerte propia a quien ama. Es psicológicamente imposible amar lo indestructible, lo imperecedero, lo eterno: podemos necesitar a Dios (o necesitar que Dios nos ame y nos rescate) pero no podemos estrictamente «amarle», del mismo modo que no podemos amar al universo. De ahí la genialidad de la idea cristiana de promover un Dios o una persona divina que se hizo hombre, mortal y torturado, a fin de que nos pudiésemos *enamorar* de él. Por tanto durante la vida de cada uno de nosotros la muerte es una rutina que afecta a quienes nos rodean, como ha afectado hasta la fecha a todos los humanos de quienes tenemos noticia. En este caso la estadística no podría sernos más adversa... Es inevitable por lo tanto sacar la consecuencia que directamente nos afecta, porque para eso somos racionales. El silogismo fundacional de la lógica de nuestra existencia no es el tan repetido de «todos los hombres son mortales / Sócrates es hombre / luego Sócrates es mortal» sino como bien sabemos este otro: «todos los hombres mueren / yo soy hombre / luego *yo debo morir*». Y por supuesto así lo asumimos aparentemente a todos los efectos: con resignada desenvoltura damos a entender que la certidumbre de nuestra desaparición no nos escandaliza especialmente. Sin embargo... ¡ah, sin embargo!

«Otros hombres murieron, pero fue en el pasado / que es estación propicia a la muerte...» dice Jorge Luis Borges, al comienzo de un breve y notable poema apócrifo. «¿Será posible que yo, súbdito de Yacub Almansur, muera también / como murieron las rosas y Aristóteles?» Por mucho que la estadística sea concluyente y nuestro propio cuerpo no cese de darnos avisos inequívocos, la muerte propia nos parece a cada uno no mucho más que una conjetura, íntimamente poco verosímil. Si se quiere, *sabemos* que vamos a morir, pero no nos lo *creemos*. Sigmund Freud es contundente a este respecto: «La muerte propia es, desde luego, inimaginable y cuantas veces lo intentamos podemos comprobar que seguimos siendo en ello meros espectadores. Así, la escuela psicoanalítica ha podido arriesgar el aserto de que, en el fondo, nadie cree en su propia muerte o, lo que es lo mismo, que en lo inconsciente todos nosotros estamos convencidos de nuestra inmortalidad».[5] En lo inconsciente: es decir, en ese fondo que nosotros no reconocemos ni frecuentamos con los ojos abiertos, pero desde donde nos llega la fuerza que sostiene buena parte de nuestras más imprescindibles convicciones (un eco irónico y provocativo del dictamen freudiano resuena en el título de la pieza más conocida del artista británico Damien Hirst: se trata del cuerpo de un tiburón de cinco metros de largo conservado –más o menos– en un tanque de

---

5. Freud, tomo II, p. 1102.

se mezcla la protesta indignada contra la suprema injusticia («si lo sé, no nazco») y la constatación de lo increíble…

A favor de que la vida no va a faltarme todavía, de que sigo y seguiré férreamente vivo por mucho que la muerte impere a mi alrededor, siempre puedo encontrar pruebas… aunque sean «circunstanciales», como diría un leguleyo. Pero los argumentos que confirman mi mortalidad son aún más abrumadores, incluso si dejamos de lado el agobiante peso de la estadística (a fin de cuentas, todo el mundo sabe lo engañosas que son las estadísticas en apariencia más concluyentes…). Para empezar, el *habeas corpus*. No hay peor síntoma que tener un cuerpo y recibir sus constantes señales perecederas. Incluso al más optimista o al menos observador, nuestros órganos han de parecerle cualquier cosa menos indestructibles. Sin llegar al despojo definitivo de la tumba, el simple e inevitable paso del tiempo nos va robando agudeza visual o auditiva, agilidad en los miembros, capacidad digestiva o pulmonar, potencia sexual… en una palabra, *funcionamos* cada vez peor. Para ser piadosos, más vale abstenerse de mencionar las correspondientes transformaciones estéticas que sufre nuestra apariencia: hay toda una literatura terrible sobre la repugnancia y el repudio moral que inspiran los viejos y las viejas que cometen el atrevimiento de no renunciar a *gustar*… ¿Diremos como compensación que en cambio perduran nuestras dotes más espirituales? Si por tales entendemos la memoria o la viveza para comprender y exponer argumentos, difícilmente el paso del tiempo las mejora o tan siquiera las respeta. ¿Cómo podría ser de otro modo, cuando el resto de nuestros recursos biológicos se debilita? Nada augura, por tanto, que algo sutil o «inmaterial» sobreviva al deterioro de nuestros mecanismos corpóreos que les sirven de fundamento real. Así lo precisa Voltaire con su nitidez habitual: «La razón me ha enseñado que todas las ideas les vienen a los hombres y a los animales por los sentidos; y no puedo impedir reírme cuando oigo que me dicen que los hombres aún tendrán ideas cuando ya no tengan sentidos. Cuando un hombre ha perdido su nariz, esa nariz perdida forma parte de él en tan escasa medida como la estrella polar. Si pierde todas sus restantes partes y ya no es un hombre, ¿no resulta un poco raro decir entonces que aún le queda el resultado de todo lo que ha perecido? No estoy más dispuesto a decir que tiene ideas después de su muerte que a decir que come y bebe después de su muerte; lo uno no es más inconsecuente que lo otro y ciertamente ha hecho falta el paso de muchos siglos para que alguien se atreviera a una suposición tan asombrosa».[7]

Respecto a esto último, quizá Voltaire se equivoca. Puede que desde muy pronto, desde el comienzo mismo de lo que llamamos «humanidad», los hombres hayan abrigado la esperanza de que la extinción física del cuerpo no acaba con nuestras ideas y emociones, con nuestra autoconciencia, o en una palabra: con lo que realmente somos *hacia adentro*. Incluso se mantuvo desde el principio la creencia en alguna forma estilizada y simbólica de alimentación o actividad social, como demuestran los más primitivos rituales funerarios. Si no me equivoco del todo, esta ilusión insólita nos viene de los sueños. La disposición de soñar cada noche nos familiariza con otra vida semejante a la de la vigilia pero que tiene lugar cuando aparentemente nuestro cuerpo y sus sentidos están en reposo. Creo firmemente que si no soñásemos al dormir jamás hubiéramos imaginado la posibilidad de una vida perdurable posterior al profundísimo sueño de la muerte. Ser o no ser, dormir... tal vez soñar. Nuestro deambular nocturno, en el que frecuentamos lugares conocidos y fantásticos, así como tratamos familiarmente con los muertos, convenció a nuestros antepasados de que incluso cuando parecemos fuera de los afanes compartidos de la vida, otro vivir íntimo e inaccesible puede continuar, quizá para siempre. Su principal atractivo no sería sencillamente prolongar sin fin nuestra existencia, sino permitirnos reencontrar a quienes fueron esenciales en ella y ya hemos perdido: no sólo que en algún lugar fantástico la vida dure y dure, sino que allí *reviva* y nos traiga de nuevo a aquéllos a los que quisimos tanto o más que a la vida misma.

En cualquier caso, tratamos de sobreponernos a las funciones y necesidades fisiológicas que avisan de nuestra finitud. La

7. Voltaire, Mel, 184.

nutrición, la excreción, el coito, la menstruación, el parto, etc., resultan tareas especialmente ligadas a nuestra condición corpórea (más que el habla, por ejemplo, o la danza o la investigación científica) y por tanto suelen acompañarse de rituales y fórmulas apotropaicas que certifiquen nuestro control «espiritual» sobre su desempeño. Por lo común se rodean de secreto o al menos reserva –no se realizan en cualquier parte ni de cualquier modo, a diferencia de cómo suele ocurrir entre los animales– y se someten a la estricta disciplina de prohibiciones o restricciones higiénicas. Debe quedar claro que las controlamos (que somos los «amos» de nuestros esfínteres o nuestros genitales), que no estamos sometidos o arrastrados por ellas como las bestias *mortales*, que nos sentimos capaces de desafiar su imperio. En especial el sexo nos ocupa a este respecto con preocupación predominante: a fin de cuentas, nada denuncia tan claramente lo irrevocable de nuestro destino mortal como la reproducción sexuada. Quien mira el rostro de su hijo ve en él la réplica de sí mismo que le desplazará y ocupará su puesto, como ocurre alegóricamente en esas películas de ciencia ficción en que invasores del espacio roban nuestro cuerpo para sustituirnos en el panorama cotidiano. En cierto sentido fundamental es la reproducción lo que nos perpetúa más allá de nuestra muerte: pero en cualquier caso, como supresión individual, también la requiere y la exige. Por tanto es lógico que el comercio sexual esté rodeado de tabúes y ceremonias propiciatorias en casi todas las culturas, así como que dé lugar a todo tipo de «perversiones». Tanto el erotismo heterosexual como el homosexual son esfuerzos individuales por desviarse de la obligación reproductora de la sexualidad –mortífera para el sujeto aunque perpetúe sus genes– y por sobreponerse a su función biológica, convirtiéndola en una estrategia lúdica que reafirme el entusiasmo vital por la vía del placer personalizado. Así cobra todo su sentido el dictamen de Georges Bataille cuando definió el erotismo como «la afirmación de la vida hasta en la muerte», es decir: asentimiento hedonista y corporal al afán de vivir individual en el acto mismo precisamente que sentencia de forma irrevocable nuestra necesaria *prescindibilidad* según la especie.

En teoría psicoanalítica se llama «analidad» o carácter anal al conjunto de comportamientos, fetichismos y fobias que pretenden acorazarnos contra la amenaza siempre inminente de la mortalidad que pesa sobre nosotros como consecuencia de nuestra condición biológica y zoológica. Según Ernest Becker, que dedicó un apreciable ensayo al tema que nos ocupa, «decir que alguien es "anal" significa que es alguien que intenta con especial empeño protegerse contra los accidentes de la vida y el peligro de muerte, intentando usar símbolos culturales como medios seguros de triunfar sobre el misterio natural, intentando presentarse como cualquier cosa salvo un animal».[8] Ser sencillamente un animal significa proseguir la línea irremediable de la especie, asumirse como hijo de unos padres mortales a quienes nuestro nacimiento primero y crecimiento después desalojará fatídicamente del mundo, para ejercer luego nuestra capacidad genésica y procrear descendientes que ejercerán con nosotros la misma abolición. En cambio el énfasis anal en las creaciones culturales aspira a identificarnos según lo sublime, o sea según lo que no padece contingencia corporal ni se somete a los mecanismos de transmisión genética de la especie. La cultura se reclama como *mejor* que la vida y por tanto como relativamente invulnerable ante la muerte: es el mensaje que formula entre esperanzado y orgulloso el «*non omnis moriar*» (no moriré del todo) del poeta latino Horacio. Los logros artísticos (artificiales, no naturales) transcurren históricamente navegando por el tiempo pero no fallecen ni perecen... al menos con la fatalidad rutinaria de los cuerpos. El objetivo de la cultura (como a su modo el de la «perversión» erótica que desvía al sexo de la función reproductora) es ascendernos a padres de nosotros mismos, autoengendrados por nuestro espíritu y no fabricados en serie por la naturaleza: llegar a ser –como el Dios de Spinoza– «causa de nosotros mismos», originarios y originales sin sumisión al diseño biológico previo... invulnerables a la asechanza programada del desgaste físico. Pero a su vez la cultura misma, una de cuyas funciones es reflexionar sobre su capacidad emancipa-

---

8. *The Denial of Death*, The Free Press, Nueva York, 1973, p. 32.

dora, acaba ironizando acerca del programa de lo sublime, como en este poema meta-anal de Jorge Luis Borges que describe al hombre encerrado en su retrete y cuyo significativo título es *La prueba*:

«Del otro lado de la puerta un hombre
deja caer su corrupción. En vano
elevará esta noche una plegaria
a su curioso dios, que es tres, dos, uno,
y se dirá que es inmortal. Ahora
oye la profecía de su muerte
y sabe que es un animal sentado.
Eres, hermano, ese hombre. Agradezcamos
los vermes y el olvido.»

De acuerdo: pese a momentáneas intuiciones esperanzadas, el peso de la fatalidad estadística y los avisos de nuestra decadencia fisiológica nos conceden derecho a pocas dudas sobre la certeza de la muerte. ¿Por qué no aceptarla de una buena vez, dado que se trata de la común condición que compartimos con nuestros semejantes y con todo el resto de los seres vivos? Puesto que todos mueren, puesto que *todo* muere... ¿por qué no voy a morir yo también como los demás? Considerar que precisamente yo debo ser la excepción a esta regla general, que *merezco* serlo... ¿no supone algo así como un supremo pecado de vanidad, un narcisismo ontológico desmesurado? Así lo han reconocido todos los sabios de la antigüedad clásica, que han enseñado a sus discípulos la inevitabilidad de la muerte y también que no hay nada que temer en ella, que no se trata realmente de un mal. ¿Cómo va a ser un mal, si es necesaria e inevitable? Los «males» necesarios e inevitables son precisamente lo que debemos racionalmente considerar *bienes*. Sólo es verdadero mal el torcido capricho de la voluntad humana que se opone a la armonía ordenada del universo. Por tanto, la muerte será en realidad un bien o como mucho algo neutral desde el punto de vista de la virtud y la excelencia (Marco Aurelio dice que deberíamos estar dispuestos a abandonar este mundo cuando su atmósfera se vuelva irrespirable por ambiciones e injusticias, como quien sale de una estancia asfixiante por los efluvios de una chimenea que tira mal, diciendo: «Hay humo, me voy»). Incluso puede que «muerte» sea el nombre de un fantasma que nunca es capaz de afligirnos más que por desvarío de la imaginación: según enseña Epicuro y remacha Lucrecio, la muerte jamás nos alcanzará porque mientras nosotros estamos ella no está y cuando llega nosotros ya no estamos. ¿Por qué angustiarnos fanteseando qué será de nosotros durante la eternidad que seguirá a nuestra desaparición, si se nos da una higa respecto a dónde estuvimos en los eones que precedieron a nuestra aparición en el mundo? Tanto los estoicos como los epicúreos y demás maestros del buen vivir desaconsejan firmemente preocuparse por ese incidente inevitable, la muerte, por muy personalmente que creamos que va a afectarnos. El más sereno de los sabios, Spinoza, afirma sin temblar que el hombre libre en nada piensa menos que en la muerte y que toda su sabiduría es solamente sabiduría de la vida mejor...

Pero los ignorantes –quizá también usted o yo, que ni somos sabios ni siempre deseamos verdaderamente serlo– siguen sublevándose íntimamente, aunque a menudo no lo reconozcan ante los demás, contra este destino letal que nos espera. En nuestro fuero más recóndito, nos escandaliza que tantos a nuestro alrededor acepten sin patalear la horrorosa aniquilación sin retorno de cuanto somos, sentimos y apetecemos. Y compartimos el grito de protesta que le brota de la entraña misma a Miguel de Unamuno, uno de los pocos autores «cultos» que no temen llegado el caso perder la compostura académica e incluso hacer un cierto ridículo frente al *self-control* profesional de los sabios: «No quiero morirme, no; no quiero, ni quiero quererlo; quiero vivir siempre, siempre, siempre, y vivir yo, este pobre yo que me soy y me siento ser ahora y aquí, y por esto me tortura el problema de la duración de mi alma, de la mía propia».[9] El sabio, que comprende lo irremediable de la necesidad y sabe que frente a ella no caben caprichosas reivindicaciones individuales como la unamunia-

9. «Del sentimiento trágico de la vida», en *Ensayos*, t. II, ed. Aguilar, Madrid, 1967, p. 770.

na, centra su enseñanza frente a la muerte en un mensaje de sosiego y resignación: lo malo no es morir, eso es algo natural y por naturaleza conveniente, lo realmente malo es vivir de cualquier modo, no practicar las virtudes, etc. Pero el pueblo ignorante (con unos pocos aliados «cultos» como Unamuno o Elías Canetti, quien se llamó a sí mismo «enemigo de la muerte») grita y alborota reclamando vivir para siempre, bien o mal, como sea con tal de no morir nunca. Exigen estos indocumentados caprichosos que la muerte sea abolida como un impuesto injusto o que al menos admita una excepción en su caso personal. Pese a lo contundente e incontrovertible de los argumentos que confirman la fatalidad de nuestro destino como miembros de la especie, el repudio popular de la muerte es aún más incontrovertible y contundente: nuestra sección racional y consciente acata la lógica biológica que nos suprime, pero la ciudadela inconsciente (Freud *dixit*) donde se refugian nuestros deseos más intransigentes sigue sublevada y proclamando: ¡no, no quiero... ni quiero quererlo!

No todas las negaciones de la muerte son idénticas: las hay de diversas modalidades, calibres y formulaciones demostrativas. Para empezar por la dicotomía más sencilla, es preciso distinguir entre supervivencia o prolongación de la vida y la inmortalidad propiamente dicha. Estirar hasta el máximo la duración de la existencia por medio de pócimas o prácticas de magia higiénica es uno de los empeños más antiguos de la humanidad. Y desde sus inicios ha chocado con una dificultad elemental: para que sea realmente atractiva y deseable, la longevidad tiene que evitar no sólo la muerte sino también los peores deterioros del envejecimiento. Algunas leyendas clásicas grecorromanas advierten del peligro atroz de olvidar este fundamental requisito: así por ejemplo el caso de la imprudente y lasciva Eos, la Aurora, que pidió a Zeus la inmortalidad para su amante, el bello príncipe troyano Titón... sólo para verle envejecer y resecarse siglo tras siglo hasta la insignificancia más repugnante, mientras ella conservaba la lozanía imperecedera de los dioses. O la sibila de Delfos, a la que Apolo había prometido el obsequio de cumplir su mayor deseo: ella solicitó no morir nunca y también padeció los horrores de una senectud interminable, hasta que convertida en una suerte de grillo amojamado acabó como juguete de los niños. Los chavales la tenían encerrada en una jaulita, que zarandeaban gritando entre carcajadas: «Sibila… ¿qué quieres?», y acercando el oído podían escuchar un chirrido estridente y agónico: «¡quiero morir, quiero morir!».

Bien consideradas las cosas, como señaló con su ácida lucidez habitual Giacomo Leopardi, deberíamos temer más a la vejez que a la muerte: porque la muerte suprime todos los males que nos afligen, así como el deseo o la conciencia de bienes y placeres de los que ya no podremos gozar; en cambio la vejez se lleva los placeres pero deja intacto el apetito insatisfecho de ellos, además de aportar dolores y humillaciones inéditos. Sin embargo por lo común tememos a la muerte y deseamos la vejez, se asombra el autor del *Zibaldone*… Para ser exactos, empero, habría que precisar que la senectud sólo nos parece deseable comparada con la muerte. Cuando alguien preguntó a Maurice Chevalier si sobrellevaba bien la ancianidad, el *chansonnier* repuso: «bueno, en vista de las alternativas…». Por mucho que los apólogos nos prevengan en contra, es posible que haya quien prefiera ser una momia reumática o incluso una especie de grillo que ramonea con su boca desdentada una hojita de morera antes que dejar de existir del todo, es decir caer en la perdición absoluta. No es que apetezcamos vivir porque consideremos las incidencias de la vida invariablemente gratas sino porque aborrecemos la perspectiva de cesar definitivamente, para bien y para mal. En la peor de las vidas quizá haya míseros placeres o minúsculas gratificaciones rutinarias y siempre la inverosímil esperanza de alguna forma de *regreso*. De la nada en cambio sólo cabe esperar eso: nada. Por cierto, es curioso que –junto a la reivindicación de juventud duradera– la mayoría de quienes buscan inmortalidad olviden otra reivindicación primordial: *compañía*. Tendrían que preocuparse de asegurar al menos una docena de contemporáneos tan perdurables como ellos mismos. Sólo un egocentrismo demente puede olvidar que la vida humana, para serlo realmente, supone la presencia próxima de personas que nos amen, nos aprecien o valoren, al menos que nos conozcan suficientemente bien. ¿Cómo sería una existencia eterna absolutamente «monoplaza», en la que no podríamos comentar con nadie las incidencias vividas en el pasado, sin testigos de nuestra infancia o juventud ni de los avatares de nuestra personalidad? Por no mencionar otra cosa, ninguno de nuestros coetáneos sucesivos podría entender nuestros chistes de mayor calado... Claro que la ambición de inmortalidad no suele denotar excesivo sentido del humor.

En todo caso, los menos incautos han buscado con ahínco no sólo la supervivencia sino también la permanente lozanía. Así lo hicieron los alquimistas obsesionados por encontrar el elixir de la eterna juventud (la mítica *Fonte de Jouvence*, el manantial legendario que no sólo renueva la vida sino también devuelve la juventud, reaparece una y otra vez en acuñaciones de la imaginación más generosamente popular, desde la *ambrosía* mitológica hasta las novelas de Rider Haggard y Pierre Benoit, para concluir por el momento en las aventuras cinematográficas de Indiana Jones), sin olvidar después métodos propiciatorios más crueles como los baños en sangre de vírgenes de la condesa Bathory. De nuestra época podría decirse que tributa un culto idólatra a la juventud e incluso hace creer a través de sus múltiples medios de propaganda que lo contrario de ser joven es estar enfermo. Prolongar la vida es prolongar la juventud y a ello se orienta el consumo, sobre todo el que vende primavera vital a quienes ya están en el trance de perderla y avanzan por el otoño (que además son los más pudientes): Viagra para la potencia sexual, cremas revitalizantes, cirugía estética, ropa deportiva y desenfadada, viajes con aventura garantizada... Y por supuesto los laboratorios farmacéuticos buscan con más ahínco pócimas vigorizantes para esta clientela que remedios contra la malaria o el sida para adolescentes tercermundistas e indigentes. De modo que hoy las perspectivas de inmortalidad adoptan un formato caro aunque bien mirado a fin de cuentas modesto. Como dicen Edoardo Boncinelli y Galeazzo Sciarretta, que han dedicado un ensayo de divulgación científica al tema: «De hecho, una solución en grado de multiplicar dos o tres veces, en aceptable estado de eficiencia física y psíquica, el ya halagüeño valor de expectativa de vida alcanzado hoy por los ciudadanos de los países industrializados podría satisfacer a cualquiera, más allá de las más optimistas previsiones. Desde el punto de vista filosófico, frente a la eternidad mil años no son nada, pero desde el punto de vista práctico serían... ¡la inmortalidad!».[10] La mención final al punto de vista filosófico me recuerda la parábola que cuenta Gracián en *El criticón*: un rey planea construirse un palacio suntuoso pero antes de emprender la magna obra consulta a los arúspices para saber cuánto tiempo va a vivir y calcular si merece la pena su costoso empeño; los adivinos le garantizan una existencia de mil años y el rey renuncia al palacio, porque para tan breve tránsito basta una choza o una cueva...

En efecto, para quien considera el asunto con una perspectiva más ambiciosa que la del cliente de los grandes almacenes, vivir *más* tiempo no es equivalente ni mucho menos a no morir. Quien consigue arrebatar tiempo a la muerte, la aplaza pero no la derrota. Sigue amenazado por ella, tanto si le queda una hora de vida como un siglo o un milenio: mueran cuanto mueran, los mortales –es decir, los que se saben tales– siempre están *a punto de morir*. Prolongando algo más de lo habitual la duración de su existencia, lo más a que pueden aspirar los beneficiarios de este progreso es a que se amortigüe su afán de vivir por el cumplimiento de objetivos y la reiteración de los goces, o sea que se les vayan poco a poco pasando las ganas de seguir en el juego y por tanto disminuya su miedo al inevitable cese postrero... Pero si, como pretende la ciencia geriátrica, se mantienen durante ese aplazamiento de lo inevitable activos, lúcidos y capaces de disfrutar de placeres habitualmente reservados a la primera juventud, es perfectamente probable que incluso aumente su apego a la dulzura de la vida y por tanto se hagan más y más temerosos de la muerte, soportando cada día con mayor zozobra y angustia su creciente proximidad. En líneas generales, así ocurre entre las clases pudientes de los países desarrollados, la avanzadilla de ese futuro artificialmente revitalizado de supervivientes: los

10. Ibídem, p. 5.

que viven mejor y más tiempo se aferran a la existencia con determinación más feroz que los jóvenes desesperados de tantas zonas deprimidas de nuestro planeta, dispuestos a jugarse el mañana que no tienen en una explosión vengativa contra los potentados que desprecian su suerte. Cierto: si en un mundo más justo todos pudiésemos vivir más tiempo y en mejores condiciones, aumentaría la seguridad global porque habría menos despechados capaces de renunciar a su vida con tal de castigar a quienes egoístamente disfrutan la suya de forma más duradera y privilegiada. Así mejoraría sin duda la convivencia social –logro nada desdeñable, desde luego– pero no cambiaría esencialmente el enfrentamiento de cada cual con la fatalidad de su muerte y la de quienes le son más queridos. Nuestra condición mortal no se habría modificado ni un ápice.

Otra cosa sería un tipo de existencia del que desapareciese la sombra de un acabamiento más o menos lejano. En tal supuesto, habría un cambio radical no en la *cantidad* sino en la misma *calidad* de lo vivido. Y quizá no precisamente para mejor... Así lo expuso José Ferrater Mora en *El ser y la muerte*, una obra fallida, hoy muy olvidada, pero que no carece de pasajes sugestivos: «Hay, pues, diferencia esencial entre una vida de continuo amenazada y limitada por la muerte y una hipotética vida susceptible de continuación indefinida. En esta última, los contenidos no le serían específicos, porque le serían indiferentes. No –precisemos– *absolutamente* indiferentes. Esto ocurriría únicamente en una vida que imagináramos no sólo inmortal, mas también irreversible. Pero sí lo suficientemente indiferentes para que tal vida sintiera los contenidos como ajenos. En efecto, ningún acontecimiento podría afectar radicalmente a tal vida. Habría siempre tiempo para llevar a cabo cualquier proyecto, para desdecirse de cualquier intento, hasta para borrar, con la acumulación de hechos en el tiempo, lo que acabarían por ser las huellas levísimas, casi imperceptibles del pasado. Los hechos de la vida acabarían por no significar nada para ella».[11] En una palabra: la vida per-

11. *El ser y la muerte*, ed. Aguilar, Madrid, 1962, p. 194.

dería cualquier sentido –no ya intrínseco, que dudo que tenga en ningún caso, sino ante nuestros propios ojos– porque nos *sobraría tiempo* para emprenderlo todo, conseguirlo todo y renunciar a todo. La única interpretación inteligible de lo que llamamos «dar sentido a la vida» es la administración orientada hacia esto o aquello de la *escasez* del tiempo de que disponemos. La falta de tiempo –argumento central de nuestra contingencia– es el auténtico significado existencial de la vida, como afirmó a su modo enrevesado pero consistente el Heidegger de *Ser y tiempo*. Si sobra el tiempo, perdemos cualquier atisbo de sentido y autenticidad en una vida que ya nos sería imposible seguir llamando «humana». Tal es la condena a la perpetua frustración que expresa la leyenda del Judío Errante (de sus numerosos avatares literarios yo me quedaría con el fragmento novelado por Leo Perutz en *El marqués de Bolíbar*) o, aún mejor, el retrato de los inmortales degradados a lo largo de los eones a una insignificante bestialidad en el relato *El inmortal* de Jorge Luis Borges.

Para intentar resolver la contradicción entre una vida dotada de sentido y una vida eterna, el instinto metafísico de numerosas culturas ha recurrido a la distinción entre cuerpo y alma. Al cuerpo le están destinados la contingencia, la escasez del tiempo y sus agobios, la necesidad de elegir de modo irrevocable en el presente así como los padecimientos, gozos, méritos y culpas de tal opción o suma de opciones. Al alma pertenece la vida imperecedera que perpetuará ya sin final en otro plano de la existencia el perfil eventual que nos hemos configurado con nuestras obras en este mundo. Mientras ambas partes del hombre están unidas, vivimos en el tiempo, para el tiempo y contra el tiempo: es decir, la transitoriedad biológica impone el marco de juego aunque sea el alma quien con sus ideales o desfallecimientos orienta nuestras acciones. Después, el alma continúa en solitario una existencia inacabable cuya calidad bienaventurada o punitiva se ha establecido para siempre durante el breve período de su coalición con el organismo físico. Si no pasase una temporada ligada al cuerpo y padeciendo sus urgencias, no tendría sentido decir que el alma es «inmortal»: lo que la inmortaliza es la mortalidad del cuerpo y su capacidad de sobreponerse a ella, de echar a volar cuando éste toma definitivamente tierra. *Psijé* es la mariposa inacabable que brota del capullo roto y abandonado, efímero, según la metáfora pregnante cuyos innumerables meandros estudió Erwin Rhode en su célebre libro. Casi podríamos decir que el alma brota del temor a la muerte del cuerpo, o sea que no es precisamente sino el deseo mismo de inmortalidad de éste.

De las tres funciones clásicas que los estudiosos confieren a la religión (explicar el origen del universo y de lo que somos, confortarnos ante la muerte y brindar un vínculo moral para la comunidad a que pertenecemos) sólo la segunda sigue sin encontrar hoy alternativa aceptable ni siquiera en los contextos culturales donde mayor aceptación ha logrado la ilustración científica y sociopolítica. Sin demasiado temor a ser desmentidos, podríamos afirmar que si no fuese porque somos mortales no existirían creencias religiosas; pero esta aparentemente enorme proclama aminora su contundencia explicativa cuando recordamos que si no fuésemos mortales tampoco existirían casi ninguna de nuestras instituciones, ciencias o pautas de conducta. En cualquier caso creo que puede mantenerse que el ansia de inmortalidad (sobre todo si aceptamos que la inmortalidad es la única verdadera *idea* que ha tenido la humanidad, según sostiene Dostoievski en su *Diario de un escritor*) constituye el motivo esencial de la fe en los dogmas religiosos, al menos en los monoteísmos que prometen al creyente una salvación personal. Quizá el autor que, antes de los demás y con mayor elocuencia, ha sostenido este planteamiento sea Ludwig Feuerbach, considerado el «padre» intelectual del humanismo ateo contemporáneo.

Ya su primera obra fueron unos *Pensamientos sobre la muerte y la inmortalidad* en la que mantiene una visión naturalista y casi diríamos que «ecologista» de la muerte del individuo, que hay que aceptar como una realidad definitiva y no como «apariencia» (según hacen las creencias religiosas) para poder disfrutar plenamente de la existencia terrenal y comprender nuestra continuidad impersonal con el resto de las realidades materiales del universo. El verdadero defecto del cristianismo, señala con agudeza heredada de Hegel, es haber acentuado hasta lo omnicomprensivo la *individualidad* humana. Si el individuo personal lo es todo, como es la individualidad lo que acaba cuando perecemos, bien podemos afirmar que después de la muerte no hay «nada»: «Entonces... ¿no hay nada después de la muerte? En efecto, exactamente: si tú eres todo, cuando mueres después de la muerte no hay nada; pero si tú no eres todo, después de la muerte permanece todo lo que no eres tú».[12] Sin embargo, esto último es más fácil de aceptar en las sociedades tradicionales que en las modernas, diga Hegel lo que quiera, porque todo progreso evoluciona hacia formas más acendradas de individualidad, como bien señaló el poco hegeliano Oscar Wilde. La modernidad se preocupa bastante menos por la perpetuación de lo impersonal que por la eventual inmortalidad de lo personal: de modo que la fe religiosa que corresponde a sus inquietudes será la que mejor satisfaga este deseo. Según la interpretación de Feuerbach, el fulcro de la creencia religiosa es el cumplimiento compensatorio de los deseos humanos. Ahora está de moda minimizar la contribución de Feuerbach, menospreciando sus teorías por decimonónicas o reduccionistas, como suele hacerse por cierto con las de Darwin en su área correspondiente. Pues bien, yo creo que en cierto modo Feuerbach es el Darwin de la antropología de la religión: limitado en algunos aspectos circunstanciales, pero genialmente acertado e insustituible en lo fundamental del problema. Escuchémosle: «Un dios es por tanto esencialmente un ser que satisface los deseos de los hombres. Pero a los deseos del hombre, de *ese* hombre, al menos, que no limita sus propios deseos a la necesidad natural, pertenece más que ningún otro el deseo de no morir, de vivir eternamente; este deseo es el último y sumo deseo del hombre, el deseo de todos los deseos, como la vida es el compendio de todos los bienes; porque un dios que no satisface este deseo, que no supera la muerte o al menos la compensa con otra vida, con una nueva vida, *no* es un dios, por lo menos no es un

12. *Thoughts on Death and Inmortality*, University of California Press, 1980, p. 113.

verdadero dios, que corresponde al concepto de dios». Y poco antes había establecido que «en la representación, en la *doctrina,* la teoría de la inmortalidad es sólo una consecuencia de la fe en Dios; pero en la *práctica,* o en la verdad, la fe en la inmortalidad es la base de la fe en Dios. El hombre no cree en la inmortalidad porque cree en Dios, sino que cree en Dios porque cree en la inmortalidad, porque sin la fe en Dios no puede aportar un fundamento a la fe en la inmortalidad. Aparentemente lo primero es la divinidad, lo segundo la inmortalidad; pero en verdad lo primero es la inmortalidad, lo segundo la divinidad».[13] O sea, es el deseo de inmortalidad humano el que manda y el que crea lo que le conviene creer para satisfacerse, para apaciguar trascendentalmente lo desmesurado y sobrenatural de su devoradora urgencia.

Aunque otras funciones de la religión vayan haciéndose superfluas o anticuadas, la oferta de inmortalidad sigue garantizándole una cuota importante de interés popular. Y lo saben muy bien los gestores menos escrupulosos de estas creencias, como el telepredicador Jim Bakker, que solía decir: «Tenemos un producto mejor que el detergente o los automóviles. Tenemos la vida eterna». Esta concepción tan descarnadamente comercial de la oferta religiosa terminó llevando a Bakker a la cárcel, pero otros líderes espirituales más respetables también confían –aunque sea de forma más sofisticada– en que el afán de encontrar curación sobrenatural para la muerte siempre será el más sólido fundamento pragmático de la fe. No hay más que recordar esos habituales pero algo indecentes comentarios sobre que nadie es ateo en su lecho de muerte, conversiones *in articulo mortis,* etc. Sin embargo, si se la analiza con cierto detenimiento, la vida perdurable de ultratumba resulta difícilmente concebible no ya en cuanto a sus condiciones de posibilidad sino en su condición misma de «vida». Llamamos vivir a la forma de existencia de nuestros cuerpos en el mundo: en el más allá no tendremos ni cuerpo ni mundo, por

---

13. «Lecciones sobre la esencia de la religión», *Gesammelte Werke, Akademie Verlag,* vol. 6. Berlín, 1967. Citado en el n.º 23 de «La società degli Individui», ed. Franco Angeli, Milán, 2005-6, pp. 61-63.

lo que difícilmente podremos considerarnos «vivos» en ningún sentido inteligible del término. Como oportunamente señala Santayana, «el universo sin duda contiene toda suerte de experiencias, mejores y peores que la humana; pero es ocioso atribuir a cualquier hombre en particular una vida divorciada de sus circunstancias y de su cuerpo».[14] De ahí la audacia del dogma cristiano que promete la resurrección de la carne, aunque su cumplimiento esté aplazado, eso sí, hasta el final de los tiempos... y quede poco claro de qué nos servirá un cuerpo que ya no necesitará ningún mecanismo orgánico ni seguirá los dictados del instinto de conservación. Incluso si alcanzásemos tan improbable reintegro cabe imaginar que los más exigentes echarían de menos bastantes cosas. Por tanto, no resulta difícil simpatizar con la protesta anticipada por Charles Lamb en esta deliciosa página: «No bastan las metáforas para endulzar el amargo trago de la muerte. Me niego a ser llevado por la marea que suavemente conduce la vida humana a la inmortalidad y me desagrada el inevitable curso del destino. Estoy enamorado de esta verde tierra; del rostro de la ciudad y del rostro de los campos; de las inefables soledades rurales y de la dulce protección de las calles. Levantaría aquí mi tabernáculo. Me gustaría detenerme en la edad que tengo; perpetuarnos, yo y mis amigos; no ser más jóvenes, ni más ricos, ni más apuestos. No quiero caer en la tumba, como un fruto maduro. Toda alteración en este mundo mío me desconcierta y me confunde. Mis dioses lares están terriblemente fijos y no se los desarraiga sin sangre. Toda situación nueva me asusta. El sol y el cielo y la brisa y las caminatas solitarias y las vacaciones veraniegas y el verdor de los campos y los deliciosos jugos de las carnes y de los pescados y los amigos y la copa cordial y la luz de las velas y las conversaciones junto al fuego y las inocentes vanidades y las bromas y la ironía misma, ¿todo eso se va con la vida? ¡Y vosotros, mis placeres de medianoche, mis infolios! ¿Habré de renunciar al intenso deleite de abrazaros? ¿Me llegará el conocimiento, si es que me llega, por un incómodo ejercicio de intuición y no ya por esta querida

14. Ibídem, p. 245.

costumbre de la lectura?».[15] Dentro del grato carácter conservador de la queja (no lamenta la pérdida de desbordamientos pasionales, sólo de amables rutinas), tan convincentemente antimilenarista (son poco fiables los que se proclaman nostálgicos del inconcebible paraíso), los amantes de los libros compartimos especialmente la mención final a lo desabrido que nos resultaría un cielo en el que ya no fuera preciso leer...

En ocasiones se asegura que las creencias religiosas responden al muy extendido y humano *miedo* a la muerte. Adversarios persuasivos de este planteamiento, desde Lucrecio a ciertos antropólogos como Pascal Boyer, han hecho notar que frecuentemente lo que las religiones cuentan del más allá contribuye más a aumentar nuestro pánico que a proporcionarnos serenidad. Es cierto: pero quizá olvidan que el individuo con conciencia de tal lo que teme tras la muerte no es el castigo sino la total perdición, o sea el que nadie –ni para bien ni para mal– vuelva a ocuparse ya jamás de nosotros. La atención punitiva de una divinidad revanchista, que anota y castiga puntillosamente nuestras innumerables faltas, puede tener aspectos muy inquietantes pero también una compensación honrosa: ¡por fin alguien realmente importante nos considera auténtica y eternamente en serio! No hay peor castigo para quien se toma en cuenta a sí mismo –el «animal simbólico» de Ernst Cassirer– que la pérdida definitiva de cualquier interlocutor capaz de comprenderlo al menos y valorarlo –¡aunque sea negativamente!– en el mejor de los casos. Por esta razón se hará deseable, incluso vagamente creíble, la existencia de un Dios personal... ¡que tantos inconvenientes, por no hablar de inverosimilitudes presenta! Pero de semejante cuestión hablaremos en el próximo capítulo.

Mientras tanto: ¿carece de cualquier atisbo de la universalmente apetecida inmortalidad quien no padece en algún grado de creencias religiosas? A finales de su *Ética,* Spinoza hace una enigmática mención a que el hombre libre –el ser racional– puede «saberse y experimentarse eterno» pese a su incontrovertible mortalidad, fruto como por él sabemos del

15. Lamb en Borges, p. 15.

inevitable «mal encuentro» con lo que nos elimina, que todos los seres antes o después debemos sufrir. Interpretando a mi modo este dictamen, que tanta tinta ilustre ha hecho correr, pienso que esa «eternidad» es la de quien ha existido una vez, por fugazmente que sea: el presente de su vida no lo podrá borrar ni la inexistencia pasada ni la aniquilación del porvenir... La vida es transitoria, pero quien ha vivido, vivió para siempre. Y por medio de nuestra comprensión intelectual de lo que no depende del tiempo, hemos atisbado una ráfaga de lo que puede llamarse «eternidad»: somos capaces de ideas que no padecen nuestras limitaciones, ni en cuanto a la necesidad ni en cuanto al tiempo. La cuestión queda abierta, pero ahora –después de reflexionar– podemos plantear mejor su sentido y así lo hace Santayana: «Ningún hombre es completamente inmortal, como ninguna filosofía es completamente verdad y ningún lenguaje completamente inteligible; pero solamente en tanto que es inteligible es el lenguaje un lenguaje y no meramente un ruido, solamente en tanto que es verdadera es una filosofía algo más que un viento de humores cerebrales, y solamente en tanto que un hombre es racional e inmortal es un hombre y no un simple sensorio».[16]

16. Ibídem, pp. 265-266.

Capítulo tercero

Dios frente a los filósofos

«En tanto exista la humanidad, no cesará la contienda entre el dogma y el libre examen, entre la religión y la filosofía, en una encarnizada lucha en la que –me temo– el triunfo no será para el libre pensamiento, porque la razón desagrada a las masas y porque sus enseñanzas no son comprendidas más que por ciertas inteligencias de las élites, a la vez que la ciencia, por hermosa que sea, no satisfará por entero a una humanidad sedienta de un ideal y a la que le gusta refugiarse en las oscuras y lejanas regiones que los filósofos y los sabios no pueden percibir ni explorar.»

Yamaleddin AL-AFGANI, *Carta a M. Renan*

Si preguntamos de qué va eso de la religión a gente sofisticada (¿como usted o como yo, hermano lector?) nos dirán que trata del sentido de la vida, del origen y causa del universo, del fundamento de la moralidad o de la vertebración simbólica de la sociedad; si preguntamos al peatón ingenuo e indocumentado de las aceras de este mundo, responderá sencillamente que trata de Dios. Uno a cero a favor del peatón. El sofisticado –que no tiene por qué ser también sofista– sonreirá con cierto embarazo, el embarazo que despierta el candor ilusionado pero insostenible de los parvulitos en el maestro y se acordará quizá de H. L. Mencken: «Para cada problema complejo hay una respuesta sencilla... y equivocada». Sabe que hay religiones sin Dios ni dioses, como el budismo, que Spinoza consideraba «Dios» como un sinónimo de la Naturaleza o la Sustancia, que ya ninguna persona espiritualmente elevada espera encontrar entre las nubes celestiales a un barbudo bonachón o justiciero, que es más bien la Energía Cósmica de la que formamos parte lo que... pero el peatón carente de la más elemental bibliografía se obstina, algo molesto, en que la religión sin Dios es como la tortilla sin huevo, la cerveza sin alcohol o el jardín sin flores: cosas que se nos ofrecen como alternativas de resignación pero que no satisfacen a quien de veras entiende del asunto. Vuelve a marcar: dos a cero. Debemos admitir, resignadamente, que cuando de religión se trata en nuestra latitud cultural, dejar a Dios en el desván es como sustituir en el sexo la pasión por la amistad: simplemente, un fraude. Decepcionante.

El estado de la cuestión, religiosamente hablando, lo detalla muy bien Daniel C. Dennett: «Mucha gente cree en Dios. Mucha gente cree en la *creencia en Dios*. ¿Cuál es la diferencia? La gente que cree en Dios está segura de que Dios existe, y eso le pone muy contenta, porque sostienen que Dios es la más maravillosa de las cosas. La gente que en cambio cree en la creencia en Dios está segura de que la *creencia en Dios* existe (¿y quién podría dudarlo?), y piensan que es algo muy afortunado, algo que debe ser vigorosamente reforzado y apoyado de todos los modos posibles: ¡ojalá la creencia en Dios estuviera más extendida! Uno *debe* creer en Dios. Uno se sentirá incómodo, pidiendo excusas, insatisfecho, uno se sentirá culpable, si descubre que sencillamente no cree en Dios. Es un fallo, pero a veces sucede».[1] Desde luego, no todo el mundo comparte este punto de vista... aunque buena parte de quienes lo rechazan tienen ciertos escrúpulos a la hora de manifestarlo abiertamente. No es de buen tono, resulta dema-

1. *Breaking the Spell*, ed. Allen Lane, Nueva York, 2006, p. 221.

siado agresivo. En líneas generales, los ateos suelen mostrar más remilgos para proclamarse tales y con ello quizá ofender (?) a los creyentes que viceversa: ninguno de éstos piensa ni por un momento al vocear su fe que puede herir la sensibilidad intelectual de quienes prefieren la evidencia de lo visible frente a lo invisible o las pautas morales frente a los dogmas religiosos. Al contrario, esperan más bien que los incrédulos confiesen nostalgia y hasta admiración romántica por la fe que no tienen... Quizá tanta prudencia y cortesía provenga de la época en que los dinosaurios dominaban la tierra, perdón, quiero decir de aquellos tiempos en que las iglesias gobernaban sobre las almas pero también con igual contundencia sobre los cuerpos, castigando la incredulidad como si fuera no sólo un pecado a sus ojos sino también un delito ante toda la sociedad.

Aunque hoy afortunadamente las posibilidades expresivas impunes de la libertad de conciencia sean mucho mayores (al menos y por el momento en las sociedades democráticas), todavía causa cierto escalofrío políticamente incorrecto escuchar declaraciones como las de Michel Onfray, autor de un militante *Tratado de ateología*, que en una entrevista periodística asegura que creer en Dios es como creer en Papá Noel o en los Reyes Magos. Desvanecido el breve escalofrío, no queda más remedio que admitir que ese exabrupto –por simpático que pueda resultarnos a algunos– no es del todo exacto. La idea de Dios puede ser sumamente vaga y refractaria a las comprobaciones racionales, pero el problema es que compromete significados o incluye demandas que desde luego no se presentan en otras supersticiones bonachonas, de índole meramente pueril o comercial. No hace falta estar adscrito a ninguna línea doctrinal religiosa entre las vigentes para interesarse por la cuestión que suscita el tema de Dios, mientras que es preciso guardar un punto de puerilidad o trabajar en unos grandes almacenes para emocionarse con Papá Noel. El asunto ha movilizado siglo tras siglo tantos intelectos humanos superiores a la media que sería insoportablemente pretencioso encogerse de hombros ante él o descartarlo con un exabrupto. Pero la dificultad para examinar convenientemente la cuestión estriba en el peso intimidatorio de los juicios morales que suelen viciarla: es decir, la calificación descalificatoria de groseros impíos para quienes pretenden someterla a examen racional o la de farsantes en el peor de los casos e ilusos en el mejor entre quienes la aceptan. Por no referirnos a la dolencia más reciente, posmoderna, que anula cualquier posibilidad de debate concediendo de entrada que todo el mundo tiene razón –los creyentes al creer y los escépticos al dudar– pero nadie está en posesión de la verdad... sencillamente porque no la hay.

Como en otros compromisos de semejante apuro, acudo para comenzar a pensar ordenadamente a los clásicos de la Ilustración. En este caso, por qué conformarse con menos, David Hume: «El único punto de la teología en el cual hallaremos un casi universal consenso entre los hombres es el que afirma la existencia de un poder invisible e inteligente en el mundo. Pero respecto de si este poder es supremo o subordinado, de si se limita a un ser o se reparte entre varios, de qué atributos, cualidades, conexiones o principios de acción deben atribuirse a estos seres, respecto de todos estos puntos hay la mayor discrepancia en los sistemas populares de teología».[2] Las dos características señaladas por Hume son efectivamente esenciales. En primer lugar, el dios es *invisible*. Lo que vemos –lugares, animales, objetos...– puede estar especialmente habitado o animado por el dios (y por ello lo consideramos *sagrado*), pero no es el dios. Porque la divinidad no es ninguna de las cosas perceptibles de este mundo sino su fundamento. Tener mentalidad religiosa –o, si se prefiere decir así, la disposición religiosa de la mente humana– consiste en sustentar lo que perciben nuestros sentidos en algo inverificable pero que intuimos como imprescindible para explicar la realidad. Lo divino se manifiesta en el mundo pero no responde a las coordenadas sensoriales: a veces se materializa pero nunca pertenece a la materia ni está obligado por sus pautas naturales. Precisamente por eso puede explicar y justi-

---

2. «Historia natural de la religión», en *Diálogos sobre la religión natural*, trad. Ángel J. Capelleti y Horacio López, ed. Sígueme, Salamanca, 1974, p. 48.

ficar lo que experimentamos, porque escapa a nuestra experiencia: si estuviera dentro de ella, caeríamos en el recurso a lo infinito (es algo semejante a la teoría de los tipos de lenguaje propuesta por Bertrand Russell, según la cual las paradojas del lenguaje nivel 1 sólo pueden solventarse desde un lenguaje nivel 2 que incluye al primero como miembro de su conjunto temático). De aquí también que los materialistas, o sea los negadores del «espiritualismo» sobrenatural, puedan ser muy bien *espiritistas*, es decir pretendan intentar forzar a lo imperceptible para que adopte imagen fotografiable, sonido registrable en magnetofón y textura ectoplásmica: pretenden «naturalizar» de algún modo lo divino, es decir, desdivinizarlo.

La otra condición señalada por Hume es, si cabe, aún más importante: el dios invisible es también *inteligente*. Es decir, intencional, dotado de voluntad y propósito. No es una simple concatenación mecánica de efectos y causas sino una subjetividad que proyecta y decide: el dios no es nunca *algo*, sino *alguien*. Los humanos pueden mantener una relación con los dioses, apelar a su misericordia, obedecerlos o desafiarlos. A la personalidad del hombre le corresponde la personalidad divina, se reconocen entre sí. Como observó Voltaire, si Dios nos hizo a su imagen y semejanza no hay duda de que le hemos devuelto cumplidamente el favor... De modo que tener mentalidad religiosa –o, si se prefiere, la disposición religiosa de la mente humana– consiste también en creer que el fundamento invisible de lo real es personal como nosotros, no inerte o dinámicamente ciego.

Desde el punto de vista de su génesis natural, hay razones que justifican la comprensión religiosa de la realidad como anterior a su comprensión científica. Volvamos a las intuiciones pioneras de Hume: «Existe entre los hombres una tendencia general a concebir a todos los seres según su propia imagen y a atribuir a todos los objetos aquellas cualidades que les son más familiares y de las que tienen más íntima conciencia. Descubrimos caras humanas en la luna, ejércitos en las nubes. Y por una natural inclinación, si ésta no es corregida por la experiencia o la reflexión, atribuimos malicia o bondad a todas las cosas que nos lastiman o nos agradan».[3] La psicología evolutiva actual confirma y aclara este punto de vista. Nuestra especie es depredadora y ha sobrevivido luchando contra depredadores que nos elegían como presas (al final de *Los trazos de la canción*, Bruce Chatwin propone la hipótesis de un felino prehistórico especializado en cazar humanos, cuya amenaza unió duraderamente a los hombres y les entrenó primero para la caza y luego para la guerra). De modo que ser capaces de identificar conductas intencionalmente dirigidas en cuanto se nos presentan es una habilidad imprescindible. Incluso es preferible para sobrevivir atribuir intencionalidad a lo que no la tiene que desconocerla allí donde se da... «Nuestra herencia es la de organismos que han tenido que tratar tanto con depredadores como con presas. Tanto en un caso como en otro, es mucho más beneficioso sobredetectar la presencia de agentes que subdetectarla. El coste del error (de ver agentes allí donde no los hay) es mínimo si se es capaz rápidamente de renunciar a las intuiciones erróneas. Por el contrario, el coste de la no detección de agentes efectivamente presentes (sean presas o depredadores) puede ser muy elevado.»[4] De modo que atribuir designio voluntario al rayo y al trueno, a las enfermedades, a las inundaciones e incluso al universo entero no es en principio una estrategia estúpidamente supersticiosa, sino una prudente precaución...

Que la divinidad invisible sea inteligente, es decir que obre con intención y motivos, nos ayuda sin duda a comprenderla (es decir, a comprender mejor el fundamento de lo real), porque discernir lo intencional es una de nuestras especialidades específicas; pero si su inteligencia no es meramente «animal», es decir como la de las presas que perseguimos y los depredadores que nos persiguen, sino antropomórfica –o sea, como la nuestra, capaz de juzgar según valores y de apreciar la reciprocidad en las conductas– podremos mantener además una relación privilegiada con ella. Con el dios antropomórfi-

3. Ibídem, p. 45.
4. *Et l'homme créa les dieux*, de Pascal Boyer, ed. Gallimard, París, 2003, p. 208.

camente inteligente, es decir *personal,* podemos establecer tratos, pactos, recibir favores y hacerle homenajes. En una palabra, viviremos *en sociedad* con él o con ellos, si hay más de uno. Éste es el beneficio más importante que se obtiene para empezar de la religión (lo señaló con agudeza Guyau en *La irreligión del porvenir*): la extensión de las pautas sociales, con más o menos modificaciones, al universo entero. La herramienta fundamental de los humanos para defender y mejorar su vida es la sociedad: la naturaleza es inhóspita y amenazadora porque no es sociable, porque está sometida a leyes de acción y reacción distintas a las pautas sociales de reciprocidad. Pero si el fundamento invisible de lo visible es una inteligencia como la nuestra (es decir, propia de un «animal político» según dijo Aristóteles) entonces el mundo entero se hace más acogedor y propicio para nosotros. Estemos donde estemos y vayamos donde vayamos, podremos mantener con nuestro entorno vínculos socialmente negociables y nunca nos veremos por completo sometidos al albur de elementos «intratables», es decir incapaces de establecer tratos recíprocos con nosotros y que ignoran plenamente el compromiso societario. La sociedad es la casa de los humanos, el hogar en que podemos encontrarnos razonablemente seguros: merced a la religión que reconoce y venera una divinidad o divinidades personales como fundamento de todo lo real, extendemos esta zona de seguridad al máximo y convertimos al mundo entero en nuestro hogar.

Desde luego, la divinidad no es una compañía social fácil de manejar, aunque siempre resulte menos impenetrable que la hosca e impersonal necesidad de la naturaleza. Para comprender, convencer, seducir o incluso «camelar» a nuestros semejantes, los humanos contamos con nuestra muy desarrollada penetración psicológica: la experiencia del trato con parientes y vecinos nos faculta desde muy pequeños (durante nuestra larga infancia, prefacio de la intensa vida social) para leer a través de los rostros y de los gestos los meandros intencionales que rigen el comportamiento de los demás. Así podemos influir en ellos, predisponerlos en nuestro favor, hasta manipularlos en bastantes ocasiones. Los dioses… vaya, eso ya es otro cantar. No es fácil adivinar ni prever los movimientos de ánimo de entidades invisibles, sin otro «rostro» que árboles, mares y montañas ni más «gestos» que sequías o huracanes. Por lo común, se les supone una psicología semejante a la de los poderosos humanos que en este mundo conocemos: son perentorios, arbitrarios y gustan de la obediencia y del halago. Establecer tratados con ellos es imprescindible pero problemático, porque pueden castigar con sumo rigor las infracciones humanas mientras que los hombres difícilmente pueden pedirles cuentas de las suyas. Hay quien lo ha intentado, sin embargo: pocos testimonios más emocionantes que el de Job, reivindicando tercamente frente a la divinidad su derecho conculcado. En su muladar, despojado de sus seres queridos y todos sus bienes, Job protesta por el trato que recibe de Jehová: él ha sido justo y recto, es decir ha cumplido su parte del trato, y a cambio no ha recibido más que desdichas en lugar de beneficios. A pesar de los amigos que le aconsejan prudencia y de su mujer que se burla de que persista en su fe, Job no se desespera pero tampoco se resigna: a pesar de todos sus pesares, presenta seriamente una reclamación. Jehová le responde truculentamente, recordándole la disparidad de sus condiciones respectivas, el poder colosal del Dios y la pequeñez insignificante del pobre mortal: ¿cómo sueña siquiera con *obligar* a la divinidad a cumplir su parte del contrato, como si se tratase de un acuerdo entre iguales? Job calla ante el desbordamiento tempestuoso de su incómodo «socio», pero no se rinde. Al final, enigmáticamente, será Jehová quien parezca ceder y le restituya sus bienes perdidos (algunos estudiosos piensan que es una interpolación posterior en la obra original, la imposición de un *happy end* como el que fuerzan a veces las productoras cinematográficas americanas a sus directores menos conformistas). Desde el punto de vista religioso puede que no haya obra más *inquietante* que el *Libro de Job*, porque plantea con crudeza la cuestión teológica por excelencia: la reciprocidad de la relación social entre el hombre y Dios.

Y es que una divinidad absolutamente imprevisible o maligna no sería preferible a la necesidad natural (que nos ignora pero al menos es calculable y puede ser relativamente «controlada» por medios racionales). La divinidad absolutamente malvada que por afán blasfemo propone en algunas páginas Sade o los dioses dementes de Lovecraft son monstruos teológicos perfectamente inasumibles. Porque ningún dios inteligente y personal en sentido análogo a nosotros puede ser totalmente ajeno al vínculo recíproco que une socialmente a los humanos. El problema es que, entre los hombres, este vínculo responde a una necesidad de mutuo apoyo mientras que no está claro en qué sentido el dios puede necesitar el «apoyo» humano. Y, sin embargo, puesto que es inteligente, habrá de algún modo menester de la aprobación y el reconocimiento de los mortales. Todas las religiones que ha habido y hay hacen esta apuesta: la fe no es sólo creencia en el dios que necesitamos sino en el dios que en parte nos necesita. Algunos de los cultos más primitivos intentan someter la voluntad de los dioses por métodos expeditivos y groseros: engañándoles con falsos sacrificios, encadenando a los ídolos, negándoles ofrendas... o por el contrario sobornándoles con sacrificios auténticos, rituales propiciatorios, halagos y homenajes de todo tipo. De cualquier modo se intenta conseguir de ellos una respuesta positiva, concesiones que nos beneficien, colaboración: es preciso convencerles de que, a pesar de su rango excepcional, pertenecen a la comunidad humana lo mismo que los humanos pertenecemos a la divina. La evolución histórica de las religiones va sofisticando gradualmente esas creencias, renuncia a los métodos burdamente coactivos (aunque todavía San Agustín asegura que el Reino de los Cielos puede ser «asaltado» como quien conquista una ciudad fortificada) y da preferencia a un compromiso de tipo ético, *legal*, entre la divinidad y los humanos: el dios se convierte en legislador y garante de la rectitud moral, los hombres acatan esas leyes –sobre las que se basa su comunidad terrenal de intereses compartidos– y esperan el correspondiente premio o sanción de acuerdo con su conducta en el más allá ultramundano que es pleno dominio divino.

Este convenio deja, sin embargo, presente y acuciante un escándalo: la inocultable persistencia de los males más atroces en este mundo. Un dios despreocupado en su feliz inmortalidad o caprichoso puede encoger sus celestiales hombros ante ellos pero... ¿cómo pueden ser tolerados por una divinidad moralmente responsable? Supongamos que ciertos «males» resultan tales solamente para nosotros, no intrínsecamente: el cáncer, la inundación o el incendio son fenómenos naturales éticamente neutros aunque supongan amenazas para los humanos y el tiburón que viene a por mí en la bahía no pretende más que alimentarse para sobrevivir, lo cual en sí mismo es cosa buena. El capitán Ahab comete una locura cuando confunde a *Moby Dick* con la esencia del Mal y su cacería es una aberrante blasfemia, como le reprocha Starbuck en un pasaje célebre de la inmensa novela de Melville. De acuerdo, admitamos que tales perjuicios no son más que aspectos dolorosos de nuestra pertenencia al mundo de los efectos y las causas naturales, por lo que no comprometen de ningún modo a la justicia divina. Más difícil todavía, extendamos este criterio incluso a las enfermedades y plagas que atacan sin misericordia a los más desvalidos: los niños que nacen con terribles malformaciones, la degeneración humillante que impone la vejez... Todo esto es natural y el decurso de la naturaleza no puede prescindir por lo visto de tantos horrores, Dios sabrá por qué. Pero en cambio hay otros males que responden inequívocamente a la perversidad intencionada: la tortura, la esclavitud, las matanzas constantes que ensangrientan las páginas de los libros de historia, la crueldad de los tiranos, el abuso de los explotadores, los campos de concentración, las minas que acechan escondidas para mutilar a cualquier inocente... ¿No debería una divinidad moralmente exigente sentir ante tales desafueros aún mayor repugnancia e indignación que la experimentada por cualquier ser humano decente? No basta argumentar que los culpables serán finalmente condenados en el otro mundo: castigado o impune, el mal sigue siendo execrable y el dolor que produce perfectamente real, por lo que debería ser evitado. Si Dios considera esos males tan aborrecibles como nosotros (y en eso consiste nuestro pacto moral con Él, ¿no?), tendría que impedirlos en lugar de limitarse a penalizarlos...

Mientras que las responsabilidades éticas de los hombres pueden delimitarse con cierta precisión, según sus culpables transgresiones de las pautas morales, las del Dios que garantiza y respalda la moral misma permanecen envueltas en una bruma sumamente espesa. Las reclamaciones de Job siguen vigentes, a pesar de que la divinidad actual ha pasado ya por trámites «civilizadores» que el Jehová del Antiguo Testamento estaba muy lejos de conocer. Los clérigos (uno de los mayores problemas de todo este asunto es que siempre la divinidad habla por boca de intermediarios, y ya sabemos qué fiabilidad merecen los intermediarios...) aportan diversas justificaciones. Una de ellas es que Dios, tras haber creado el mundo y todo lo que contiene según el reglamento de las leyes naturales, no puede –es decir, no quiere– estar interviniendo permanentemente con medidas correctoras en el rumbo que siguen las cosas. Pero los herederos de Job no se conforman con tal explicación: vamos a ver, ¿acaso no sabemos que se producen milagros, como en las bodas de Caná y ocasiones parecidas? «¿Por qué esos milagros y por qué precisamente entonces? No es lo que uno hubiera podido esperar. Un pequeño milagro o dos borrando del mapa a los Hitleres y Stalines parecería mucho más útil que el de cambiar el agua en vino en un particular festejo matrimonial.»[5] Ante tal objeción, los ortodoxos se refugian en el inescrutable misterio de la voluntad divina, «ese asilo de toda ignorancia» como dijo Spinoza. Los creyen-

---

5. *Think,* de Simon Blackburn, Oxford University Press, Oxford, 1999, p. 185. Claro que quizá Dios preserva a Stalin y Hitler para que no perdamos la referencia de lo que es el mal, según lo que podríamos llamar el argumento 007. En efecto, en la primera novela de James Bond –*Casino Royale*– el personaje creado por Ian Fleming lamenta haber acabado con su enemigo Le Chiffre porque así ha privado al diablo de uno de sus más distinguidos propagandistas. Dice Bond que al pobre diablo «no le damos ni una oportunidad. Hay un Libro de Dios sobre el bien y cómo ser bueno y todo eso, pero no hay un Libro del Mal sobre el mal y cómo ser malo. El diablo no tiene profetas que escriban sus diez mandamientos ni un equipo de autores para escribir su biografía, etc.». De modo que los malvados de este mundo son como apóstoles asilvestrados del Maligno, cuya función es no dejarnos olvidar en qué consiste el mal. Acabar con ellos nos hace perder referencias. Puede que Dios comparta este criterio de James Bond...

tes más ingenuos la aceptan sin especial dificultad: los supervivientes del atentado terrorista que ha producido mil muertos cantan loores a la bondad divina que les salvó, mientras que los familiares de los fallecidos no proclaman en base a su desgracia que vivamos bajo un cielo perverso. Sin arredrarse, los intermediarios oficiales u oficiosos nos aseguran que estas paradojas demuestran que Dios respeta la libertad humana, según el uso que hagamos de la cual seremos juzgados. Bueno, en tal caso, ¿por qué no respeta por completo nuestras elecciones y deja de inmiscuirse en nuestros asuntos? Castigar con penas eternas a los infractores no es precisamente respetar sus deseos y opciones, sobre todo después de haberles creado precisamente tal como son y haberles situado en las circunstancias en que deben desenvolver su vida. Se diría que el dios supuestamente justiciero ni evita el mal ni comprende al malo; es igualmente cruel con la víctima y con el verdugo. Sólo clérigos tan audaces como Lutero se atreven a proclamar el dogma subversivo consecuente con estas aparentes contradicciones: precisamente porque Dios no es explicable ni comprensible, hay que tener fe en Él. En *De Servo Arbitrio*, asume triunfalmente las protestas contra la divinidad y las convierte en base de su visión religiosa: «Éste es el grado más alto de la fe, el creerle clemente, a Él que salva a tan pocas almas y condena en cambio a tantas; creerle justo, a Él que por su voluntad nos hace necesariamente condenables, de tal suerte que parece –como dice Erasmo– alegrarse por las torturas de los desdichados y ser más digno de odio que de amor. Puesto que si yo pudiera comprender la razón por la que resulta que es misericordioso este Dios que muestra tanta cólera y tanta iniquidad… ya no haría falta la fe».

Puestas así las cosas, sin duda la fe –mucha fe– es necesaria. Sólo gracias a ella podemos acatar sin mayores averiguaciones las contradicciones y paradojas a que nos expone la relación social con este *partenaire* sobrenatural. En ciertas culturas les basta con practicar los ritos y cultos tradicionales y no se meten en más complejos estudios teológicos para justificar a la divinidad: si del legendario hombre feliz se dice que no tiene camisa, puede asegurarse que las comunidades religiosamente dichosas no tienen ni necesitan teodicea. Dicho sea de paso, las comunidades tradicionales (incluidas algunas de nuestras propias latitudes) tampoco tienen en sentido propio «religión» sino que viven prácticamente entre ritos y mitos religiosos que aceptan con naturalidad, como algo dado y tan indiscutiblemente real como cualquier otra de las certidumbres cotidianas de su vida. A los rituales que acompañan el nacimiento, la muerte, el matrimonio, la cosecha o lo que sea –apoyados en sus correspondientes leyendas y jaculatorias– no se les ocurriría sin duda llamarles «su religión» (término que sólo tiene sentido cuando hay otras varias entre las que elegir), de igual modo que cualquiera de nosotros a poner la leche en el fuego para hacerla hervir o coger el paraguas los días de lluvia no le llamamos «nuestra ciencia». Es curioso el momento en que un grupo humano deja de vivir *inocentemente* su religión y ya se la plantea como opción sometida a juicio, que puede ser aceptada, rechazada o sustituida por otra. A finales del siglo XIX el evangelista inglés George Borrow viajó por España tratando de distribuir al pueblo llano Biblias protestantes. La crónica de su viaje es un libro delicioso, *La Biblia en España* (que tradujo Manuel Azaña). Cuenta ahí que en cierta ocasión trató de vender su sagrada mercancía a un campesino andaluz; cuando éste supo a qué iglesia pertenecía, se negó a seguir escuchándole con el siguiente irrefutable argumento: «Mire, yo no creo en la religión católica, que es la verdadera, cuanto menos voy a creer en la suya, que es falsa...».

Pero en sociedades más sofisticadas, el debate acerca de la naturaleza y designios de la divinidad es uno de los temas al que con más entusiasmo se han entregado los razonadores, llámeseles filósofos o teólogos. Como hemos insinuado ya más arriba, el asunto resulta que ni pintiparado para la controversia y el virtuosismo argumentativo. En líneas generales, se dan tres actitudes básicas ante la cuestión: primera, la de quienes sencillamente desmontan como inverosímil, inconsistente o falsa de cualquier otro modo la creencia en Dios o los dioses; segunda, la de quienes –al modo antes citado de Lutero– sostienen que la fe en Dios consiste precisamente en creer en un Ser invisible radicalmente incomparable por su propia esencia a cuanto conocemos o podemos comprender, inenarrable e indecible; tercera, la de quienes aceptan la divinidad como el esbozo aún impregnado de mitología de un concepto supremo que efectivamente sirve para pensar el conjunto de la realidad, aunque carezca de los rudos rasgos antropomórficos que habitualmente se le prestan. Cada una de estas tres rúbricas, que a su vez admiten subdivisiones y contagios mutuos, abarca siglos de debate encarnizado y ocupa bibliotecas enteras con sus planteamientos y refutaciones. No ya la enormidad de mi ignorancia sino fundamentalmente la brevedad de la vida me prohíben hasta el sueño de querer recensionarlas aquí de un modo mínimamente satisfactorio.

El primero de los tres órdenes es el de los ateos, iniciado por Jenófanes de Colofón (que señaló que los dioses de cada pueblo se parecen sospechosamente a los humanos que los veneran, hasta el punto de que si los bueyes o los leones tuvieran divinidades podríamos asegurar que ostentarían cuernos en el primero de los casos y melena en el segundo) y el gran Lucrecio, apasionado razonador poético, que estableció que en el principio es el temor –a lo desconocido, a lo azaroso, a la muerte– el que produjo la caterva de los dioses. Es interesante señalar que Lucrecio es incrédulo respecto a los dioses como causas operantes en el mundo o entidades sobrenaturales, pero no como referencias culturales a las cuales se puede invocar por licencia estética en un poema como *De rerum natura,* lo que hace inspiradamente. Quizá no ha habido crítico de las creencias religiosas más agudo que David Hume, que sin embargo nunca hizo profesión de ateísmo sino que siempre expresó el más irónico de los respetos por las doctrinas cuyos representantes terrenales podían perjudicarle. En su *Historia natural de la religión* intenta una especie de antropología pionera del tema, ofreciendo causas social y psicológicamente plausibles tanto para el paganismo como para los monoteísmos (incluido, claro está el cristianismo, aunque abunde en subterfugios piadosos a su respecto), muy lejos de las justificaciones sobrenaturales ortodoxas. Pero su obra maestra son los *Diálogos sobre la religión natural,* que mantuvo cautamente inéditos hasta después de su muerte. En ellos demuestra de manera contundente la inconsistencia no sólo de la postura tomista que pretende hallar la prueba de la existencia de Dios en el universo contingente que por serlo requeriría un creador «necesario», sino también la de los deístas (estilo Voltaire) que tratan de reclamarle como autor del designio inteligente de la naturaleza. Demuestra que no hay razones para creer que el universo es un reloj que precisa de un relojero, ni para fabricarlo ni para ponerlo en hora. Los «Diálogos» constituyen un éxito raro en la historia de la filosofía, una obra tan excelentemente argumentada y trabada que consigue descartar definitivamente del mapa intelectual las tesis que combate. Y logra este objetivo con tanta sutileza y tan elocuente exposición de las posturas opuestas que aún hoy encontramos comentaristas candorosos convencidos de que las creencias del propio Hume oscilan entre las del deísta Cleantes y el demoledor escepticismo de Filón...

Lo cierto es que Hume se limita a pulverizar los argumentos de los teístas pero sin ir más allá: demuestra que no son válidas las razones por las que dicen creer lo que creen, pero no aventura explicaciones sobre las razones ocultas por las que efectivamente creen tales cosas. Esta tarea es la que emprende de modo ejemplar Feuerbach, quien sostendrá en sus obras que la razón psicológica de la creencia en Dios es el conjunto insatisfecho de los deseos humanos. El hombre proyecta hacia un Ser ultramundano todo lo que sueña para sí mismo, cuanto apetece y no alcanza: la inmortalidad, el poder, la abundancia, la sabiduría, la dicha perfecta... El más allá regido por la divinidad se convierte en la compensación trascendental de todas las limitaciones que padecemos en este mundo, pero también brinda un consuelo a los que sufren y una coartada para renunciar a intentar la mejora de su situación terrenal. La promesa del cielo, donde un Dios infinito cumplirá todos nuestros anhelos finitos, se convierte en un mecanismo que nos persuade para resignarnos a nuestras limitaciones y padecimientos sin buscarles remedio radical: el mundo virtual del más allá y su Megahombre perfecto echan el cerrojo a las reivindicaciones de nuestro mundo real, en el cual vivimos la única vida que nos es otorgada. La revelación de esta función compensatoria hace que el ateísmo pase de ser una simple negación de las creencias religiosas a una denuncia de éstas y de su función en la vida de los individuos y las sociedades. Serán después autores como Marx, Nietzsche, Freud y una larga línea de epígonos hasta Jean-Paul Sartre quienes rebañarán y ampliarán las consecuencias políticas, psicoanalíticas y hasta ontológicas del planteamiento iniciado por Feuerbach, aunque probablemente sin añadir a éste elementos demasiado innovadores.

Para otros pensadores, de sesgo más teológico que filosófico sin duda, la justificación de las aparentes contradicciones y enigmas que presenta la perfección divina cuando se la contrasta con los desafueros de este mundo no es imposible si cambiamos nuestra perspectiva de un Dios demasiado antropomorfo y «familiar». A un célebre matador de toros andaluz del siglo pasado, después de una corrida triunfal en una plaza del norte de España, alguien quiso elogiarle diciendo: «maestro, no se le nota nada el viaje desde Sevilla, con lo lejos que está». Y el torero repuso: «Sevilla está donde tiene que estar; lo que está lejos es esto». Los teólogos a los que antes me refería opinan que Dios es como debe ser y obra de acuerdo con lo que es debido: somos nosotros, los humanos, quienes nos empeñamos en calificarlo y medirlo con el baremo de nuestros minúsculos criterios. En realidad, la única descripción que cabe del Ser Supremo es por la vía negativa o, como se dice técnicamente, *apofática:* es inabarcable, insondable, inefable, imprevisible... sus designios son incomprensibles para nosotros, por lo que ensalzarle como «bueno» o «justo» es someterlo al lecho de Procusto de nuestra contingencia axiológica. De ahí el error de los ateos: niegan que exista la divinidad antropomorfa de la religión popular, a la que consideran con buenas razones una insostenible ficción proyectada en lo infinito por los humanos a imagen y semejanza suya. En efecto, no hay tal Dios... porque Dios es algo mucho mayor y totalmente distinto, algo que por decirlo así «no nos puede caber en la cabeza». Simone Weil llegó a decir que propiamente Dios no existe... porque eso no es bastante para Él. Sobre esta divinidad no cabe discusión alguna, siempre rebotan las objeciones o perplejidades contra la coraza del «no es eso, ni tampoco aquello o eso otro». El incrédulo queda en falso desde el comienzo: ¡claro, cómo va a creer en lo que por definición apofática es *increíble*! Con este planteamiento el discurso sobre Dios permanece a la vez invalidado en cualquiera de sus imaginables consecuencias prácticas pero también sólidamente *blindado* en lo tocante a cualquier posible objeción de verosimilitud. Sobre Dios seguimos hablando de modo antropomórfico, no parece fácil encontrar otro, aunque rescatamos todas las dificultades que se nos susciten aplicando la vía negativa: estamos hechos a su modo y semejanza pero ese modo y esa semejanza van desde la finitud hasta lo infinito y en tan larguísimo trayecto lo comprensible familiar se hace inescrutable y radicalmente distinto. Entonces ¿qué nos queda? Lo que D. H. Lawrence denominó «Fe» en uno de sus últimos poemas:

«Por siempre sin nombre,
por siempre desconocido,
por siempre inconcebido,
por siempre irrepresentado,
mas por siempre sentido en el alma.»[6]

Así la proclamación de lo radicalmente incomprensible se convierte en garantía de lo argumentalmente invulnerable. El teólogo moderno (no digamos ya el posmoderno) acoge con paternal benevolencia a Feuerbach, a Nietzsche, a Freud, a Sartre y a cualquier otro que dé en negar la divinidad antropológica como mera compensación de las deficiencias humanas o de nuestra íntima frustración. Tienen razón en rechazar esa prótesis ficticia de nuestra contingencia aunque su ateísmo revoltoso para nada afecte a la auténtica sobreabundancia y otredad divina: al contrario, sirve para exigirla y librarla de gangas indeseables. Lo malo es que al despedir así las objeciones de los ateos quedan también licenciados los rasgos mismos «humanizadores» que garantizaban a Dios como *persona*. Al

6. Traducción de Rafael Cadenas.

89

hacerse inabarcable –e inatacable racionalmente, por tanto– la divinidad se hace también impersonal, rasgo más apofático que suponerle cualquier tipo de personalidad intuitivamente aceptable. Si se emprendió la vía negativa para superar las contradicciones que encierra considerar a Dios como omnipotente, bondadoso y creador de un mundo lleno de dolorosas catástrofes (entre las cuales la peor de todas es la propia voluntad humana), el resultado no responde del todo a lo previsto porque a fin de cuentas junto con las contradicciones es la propia *imago* personal lo que se desdibuja y pierde. El Dios Creador, Padre, Juez, Misericordioso, etc., es decir, el Dios *Vivo*, paradójico pero definido, se diluye en la bruma ardiente e informe del arrobo místico, en cuyo arrebato todo cabe pero nada se perfila. Es un Dios del que resulta equívoco incluso decir que «es», según el criterio de Simone Weil. Ya no es un «Alguien» sino un «Algo»... a punto de hacerse Nada por mera coquetería. Siempre me ha sorprendido la cantidad de conocidos míos, ilustrados y progresistas, que cuando se menciona el tema de Dios sienten embarazo en declararse creyentes convencionales y se refugian en un «hombre, yo creo que hay Algo...». Me cuesta responderles: «vaya, que hay Algo es cosa en la que todos estamos de acuerdo, incluso los más incrédulos. De lo que se trata al mencionar a Dios es si creemos o no que hay Alguien». Pero eso ya son, como suele decirse, palabras mayores.[7]

Y así llegamos, pasando de la negación a la afirmación dialécticamente superadora como Hegel nos enseñó, a la consideración metafísica de Dios, a la divinidad como *concepto*. Aunque este tránsito trascendental viene de lejos –tiene raíces en el demiurgo platónico y en el motor inmóvil aristotélico, el Uno de Plotino, etc.– su instalación triunfal en el pensamiento moderno se debe sin duda a Spinoza. Fue Spinoza quien estableció que hablar de la inteligencia o la volun-

---

7. Mientras corregía las pruebas de este capítulo, leí en el interesante libro *El alma del ateísmo* (ed. Paidós, Barcelona, 2006) de André Comte Sponville un comentario prácticamente idéntico a este mío (p. 97). Lo malo de seguir al espíritu de la época que nos inclina a hablar de elefantes es que todos repetimos que tienen trompa...

tad de Dios puede no ser racionalmente inapropiado del todo pero resulta equívoco, salvo que tengamos en cuenta que esa «inteligencia» y «voluntad» se parecen a las humanas tanto como la constelación astronómica del Can se parece a los chuchos que ladran y mueven la cola en este mundo. Porque hay Dios, sin duda ni emborronamiento, pero ese nombre excelso puede ser sustituido sin mengua por los de Naturaleza o Sustancia, es decir, el eterno entramado de efectos y causas que a su vez carece de causa exterior y que abarca todo lo real, de lo que formamos parte ni más ni menos «privilegiada» que las amebas, los mares o las estrellas. Dios (o la Naturaleza, o la Sustancia) es conocido por los humanos en dos de sus atributos, la idea y la extensión… aunque jamás sabremos del resto infinito de sus facetas: conocemos lo que por nuestra condición nos corresponde saber. Para Spinoza no existen el Bien y el Mal como polos absolutos de un enfrentamiento maniqueo, sólo lo malo y lo bueno (es decir, lo inadecuado y lo adecuado) para cada uno de los seres: el bacilo de la tuberculosis o el fuego devastador no tienen en sí mismo nada de «malo» sino que sólo lo son para nosotros porque nos perjudican; en cuanto a la perversidad, el engaño o el crimen son trastornos pasionales que provienen no de una mala voluntad humana (todos los seres humanos queremos por igual perseverar en nuestro ser, lo cual es perfectamente apropiado) sino de las falsas ideas y los errores que cometemos al buscar lo que más nos conviene. El hombre libre, el «sabio» según Spinoza, profesa un amor intelectual a Dios cuya consecuencia activa es vivir de acuerdo a lo que determina nuestra condición racional y social –«nada es más útil para un hombre que otro hombre»–, rechaza la tristeza, el odio, la envidia, el arrepentimiento… y desde luego no espera ser correspondido en su amor por la Naturaleza o la Sustancia de la que forma parte.

La divinidad conceptual de Spinoza –quizá el más elegante monumento de la historia de la filosofía– es en parte clara y accesible, en parte por siempre impenetrable para nosotros como el universo mismo. Siglos después Hegel remataría en su sistema la conceptualización de Dios y convertiría los dogmas cristianos en metáforas especialmente significativas de las abstracciones que el trabajo intelectual del filósofo establece en su tarea titánica de pensar lo real y lo ideal en su devenir histórico. Ahora bien, por grandes que sean los méritos especulativos de este rescate metafísico de la vieja divinidad –o mejor, de todos los dioses del pasado– su valor para el mortal doliente que busca consuelo religioso es sumamente escaso. Las religiones pretenden algo diferente. Lo ha expuesto con nitidez contundente Pascal Boyer: «En la historia de la humanidad, han tenido siempre pensamientos religiosos por razones cognitivas en contextos prácticos. Estos pensamientos son eficaces. Producen comentarios pertinentes sobre situaciones como la muerte, el nacimiento, el matrimonio o la enfermedad, etc. Las religiones "metafísicas" que no se manchan las manos con preocupaciones bajamente humanas son por tanto tan vendibles como un coche sin motor».[8] El Dios que encuentra la filosofía no es ya el de la fe religiosa, por muchas consecuencias morales que intente el pensador derivar de Él. La filosofía ayuda a comprender pero no aporta el remedio salvador en cada trance mortal a que aspira el creyente, ni el bálsamo redentor a su sentido de culpa. Desde el punto de vista filosófico, Dios puede ser un nombre alternativo y gratificadoramente legendario para la Realidad Absoluta pero carecerá de sus atribuciones tradicionales como rescatador de almas y enderezador de entuertos. Spinoza nos diría que el papel de la filosofía es comprender, no consolar ni alentar falsas esperanzas de un rescate personal ininteligible que anhelamos a consecuencia de nuestro miedo irracional ante la muerte. ¡Ay! Pero, si vamos a morir… ¿cómo conformarnos sólo con comprender lo que nos aniquila? Quizá el sabio se contente con la serenidad y su beatitud, pero el creyente quiere algo más: quiere escapar a la perdición. La divinidad religiosa y no meramente metafísica a la que consagra su fe tiene un alcance mucho más ambicioso y poco le importan las contradicciones especulativas que encierre con tal de que le saque en sus redes del océano de la nada. Kolakowski ha sintetizado muy

8. Ibídem, p. 467.

bien el perfil de este Dios: «El Absoluto se supone que redime al mundo, que lo salva de la muerte sin comienzo ni fin; en su eterno presente todo queda preservado, todo está protegido y convertido en permanente, nada nunca perece; produce el último soporte para la existencia de todo lo que hay, realiza la subyugación final del tiempo».[9] Ante oferta tan potente, por contraria que sea a la razón, palidece la esforzada e ingeniosa filosofía.

En la cita anterior, Kolakowski habla del rescate perpetuo del mundo: pero lo que preocupa por encima de todo a cada ser humano es evitar su propia y personal perdición. Y ello en contra de todas las leyes lógicas y las determinaciones necesarias de la naturaleza tal como la conocemos, o sea tal como la ciencia la estudia y la filosofía la razona metafísicamente. Que yo sepa, ningún pensador ha expresado esta exigencia con elocuencia y energía mayores que León Chestov. Me atrevo a decir que este autor ruso, exilado por diversos países europeos huyendo de la revolución bolchevique hasta morir en París (1938), es una de las voces espiritualmente más potentes del siglo XX. Y temo también que una de las más arrinconadas por el olvido, fruto quizá de la incomodidad que produce su pensamiento claramente inmanejable. La temática de Chestov es monocorde, aunque la lectura de sus obras sea reiteradamente apasionante gracias a lo vasto de las referencias culturales que maneja con pertinencia y sobre todo a su fuerza como escritor (sin duda es uno de los mejores ensayistas de su época, aunque aplicado a él ese título –«ensayista»– resulte especialmente raquítico). Más que una trama de conceptos o unas cuantas grandes ideas, lo que presenta Chestov en sus libros es una *visión*: el ser humano habita este mundo como un prisionero de la necesidad y lo irremediable, sometido a la injusticia, al aplastamiento de los más débiles y finalmente a la fatalidad de la muerte. Su destino aparentemente inevitable no es más que sufrir y luego desaparecer, para siempre. Los científicos y la mayoría de los filósofos nos explican que las leyes vigentes en el universo son

---

9. *Metaphysical Horror*, ed. Basil Blackwell, Oxford, 1988, p. 54.

las mismas para todos y que contra ellas no cabe rebelión ninguna: la lógica impone someterse a las ideas universales y eternas, la ética nos ordena cumplir con el deber virtuoso de respetar las normas morales y así encontrar ya que no la dicha, al menos la dignidad. Spinoza (que es la bestia negra de Chestov, precisamente porque le considera el más grande de los pensadores modernos) establece que el hombre debe comprender la realidad y no llorar, reír o protestar caprichosamente ante ella. Sin embargo, observa Chestov, nosotros de hecho vivimos llorando, riendo y protestando ante lo real: esas risas, llantos y protestas son precisamente nuestra forma vitalmente *efectiva* de entender lo que nos sucede. El hombre no ama las verdades eternas e impersonales, no se contenta con la lógica ni siquiera con la ética, porque ambas no son sino rostros simétricos de lo necesario, del «tú debes», del «no hay más remedio que...». Confusa, disparatada, vergonzantemente, el ser humano alienta en su seno el anhelo de merecer más, de pertenecer a un reino superior a lo fatal e irremediable: el reino de la libertad. Y por eso busca a ciegas, en lo invisible, algo que le certifique su emancipación de cuanto le esclaviza: «El hombre aspira a la libertad; su ser se lanza hacia los dioses, hacia lo divino, aunque no "sepa" nada de los dioses y lo divino, o, si se prefiere, precisamente porque no sabe nada. No hace falta "saber" nada de los dioses. Basta oírles, oír su llamada hacia esas altas regiones en las que reina la libertad, en las que reinan los seres libres. Y el primer paso que hay que dar para alcanzar a los dioses consiste en superar, aunque no sea más que con el pensamiento, ese peso, esa atracción hacia el centro, hacia el suelo, hacia lo estable y lo permanente que nos parece inherente a la naturaleza misma de lo viviente. No existe ley por encima del hombre. Todo es para él: la ley, el sábado. Él es la medida de las cosas, está llamado a legislar como un monarca absoluto y tiene derecho a oponer a toda afirmación la afirmación contraria».[10]

10. *Sur la balance de Job*, trad. francesa de Boris de Schloezer, ed. Flammarion, París, 1971, p. 174.

¡Pero esto es imposible! Nadie en su sano juicio puede suscribir semejante absurdo. Sin embargo Chestov rastrea sus aliados a través de la historia del pensamiento, aunque esos aliados a veces desfallezcan y traicionen su mejor impulso: Plotino, Lutero, Pascal... Sobre todo cuenta con dos especialmente relevantes: uno es Dostoievski, el autor de las *Memorias del subsuelo,* ese monólogo alucinado y alucinante de un individualista absoluto que se niega a aceptar voluntariamente que dos y dos son cuatro sólo porque la Reina Necesidad lo haya decidido así. Y el otro, en cierto modo el principal, es Kierkegaard. Precisamente es el pensador danés quien ofrece la clave del dilema agónico –en el sentido unamuniano del término– que se nos plantea. Derrotar a la necesidad (a la cual estaban sometidos incluso los dioses olímpicos, según la mitología griega), sobrevolar la lógica y traspasar la ética como si fuese un mero telón pintado, en una palabra, deponer a la razón de su trono desde el que rige el mundo... es imposible. Hacer que lo que ya ha sido no haya sido jamás, que Sócrates nunca bebiera la cicuta ni los pobres y desvalidos hayan sufrido el pisoteo de los soberbios que en efecto los pisotearon... es imposible. Lograr que Kierkegaard, el Sören que llora, protesta y finge reír, posea finalmente el amor de esa Regina Olsen de quien le aleja su impotencia y que nosotros todos, usted y yo, seamos rescatados de la muerte que la necesidad natural nos garantiza... es imposible. La razón nos lo dice: la lógica, la historia, la ciencia natural, la ética, todas aseguran y corroboran esta imposibilidad. Entonces ¿no hay resquicio ni atisbo de algo semejante a una posibilidad liberadora? «Figuraos –dice Kierkegaard– un hombre que, con toda la tensión de su fantasía aterrorizada, se ha imaginado algo inaudito, terrible, tan terrible que es absolutamente imposible soportarlo. Y he aquí que esa cosa terrible se encuentra en su camino, se ha convertido en realidad. Según el juicio humano, su pérdida es inevitable... Mas para Dios todo es posible. En esto consiste la lucha de la fe; la loca lucha por la posibilidad. Pues sólo la posibilidad allana el camino de la salvación. No se cree sino cuando no se descubre otra posibilidad. Dios significa que todo es posible, y que todo es posible significa Dios. Y sólo aquél cuyo ser haya sido trastornado hasta el punto de convertirse en espíritu y concebir que todo es posible, se habrá aproximado a Dios.»[11]

Chestov se atreve, con elocuencia y vigor, a sacar una y otra vez todas las consecuencias de este planteamiento kierkegardiano. Insta al lector a que aparque por un momento la ciencia, la lógica y hasta la ética. Estas sabias matronas hablan de lo necesario pero... ¿acaso a nosotros, pobres mortales, nos *conviene* lo necesario? En modo alguno. Las verdades universales y necesarias no se ocupan de nuestra insignificancia, de nuestra vida individual amenazada, de nuestras ansias de liberación y de justicia. Aún peor: las condenan, las trituran, las consideran caprichos irrelevantes. Se burlan de lo que nos conviene, lo consideran un lamentable infantilismo, una «idea inadecuada» como diría Spinoza. Y si la divinidad fuese un concepto metafísico, algo así como la antonomasia de la verdad absoluta, necesaria y legalmente ética, tampoco se ocuparía ni lo más mínimo de nuestra «conveniencia». Entonces ¿cuál es el Dios que nos conviene? Habrá de ser un Dios que no se someta a las verdades necesarias y universales, ni siquiera a la ética (un Dios que un buen día pueda ordenar a Abraham cometer el horrible crimen de sacrificar a su hijo Isaac, por ejemplo, o que prive a Job de su familia y de todos sus bienes sin pretexto lógico alguno): un Dios tan personal, individual y arbitrario como cualquiera de nosotros, pero omnipotente, creador, fabricador y si le apetece también rescatador de cada cosa y cada ser que existe. El Dios dueño del tiempo, que puede cambiar el pasado y alterar las leyes de la lógica, la suprema Voluntad para la que no existe lo imposible ni sabe lo que significa «no hay más remedio que...». Para Él dos y dos no siempre han de ser cuatro y desde luego ninguna muerte es fatal. La fe en semejante divinidad es precisamente lo que nos conviene para salvarnos, piensa Chestov. Pero ¿cómo ser capaces de tal salto al abismo, cómo considerar más auténtica nuestra conveniencia que la ciencia, la lógica y la ética según las cuales Aristóteles, Spinoza y el resto de los grandes sabios

11.   Citado en *Kierkegaard y la filosofía existencial*, de León Chestov, trad. del francés por J. Ferrater Mora, ed. Sudamericana, Buenos Aires, 1965, p. 26.

nos dicen que debemos regir nuestras vidas... mientras duren? Sin embargo «hay que elegir: o bien revocamos el dos y dos son cuatro, o bien admitimos que la muerte es la conclusión de la vida, su tribunal supremo».[12] Es decir, o bien logramos creer en un Dios personal que salva a quien quiere –no está obligado a salvar ni a conceder su gracia a todos los humanos porque para Él no hay obligación que valga– y para quien todo es posible, o bien abandonamos definitivamente toda esperanza de ser rescatados de nuestra perdición.

No cabe planteamiento religioso más radical que el de Chestov: es *insoportable* hasta para la mayoría de los creyentes, que aspiran a conciliar su fe con la lógica y las necesarias verdades universales. Por eso el pensador ruso enfrenta en el título de su obra más célebre Atenas –es decir, la razón clásica basada en el establecimiento de lo necesario para todos, sin hacer excepciones según la conveniencia individual– y Jerusalén, la escandalosa revelación bíblica.[13] Un enfrentamiento semejante temió en su día David Hume, que sin embargo creía que la conveniencia del anhelo humano terminaría por vencer a la lógica científica: «Oponerse al torrente de la religión escolástica con máximas tan débiles como éstas: *es imposible que una misma cosa sea y no sea*, que *el todo es mayor que la parte*, que *dos más tres suman cinco*, es como querer estancar el océano con un junco. ¿Cómo se pueden oponer razones profanas al misterio sagrado? Ningún castigo es demasiado grande para tal impiedad. Y los mismos fuegos que fueron encendidos para los herejes servirán también para la destrucción de los filósofos».[14] Sin duda Hume se equivocó respecto al devenir de la religión y la filosofía –o, mejor, la ciencia– en Europa. A partir de la Ilustración ganaron los filósofos y los científicos, mientras la religión perdió terreno y las hogueras inquisitoriales se

---

12. *Sur la balance de Job*, p. 58.
13. *Athenès et Jérusalem*, trad. francesa de Boris de Schloezer. Ed. Flammarion, París, 1967. Debe hacerse notar que Chestov contrapuso Atenas y Jerusalén en este libro original de 1951, dieciséis años antes de la conferencia de título semejante pronunciada en Nueva York por Leo Strauss, a quien se suele atribuir la paternidad de tal enfrentamiento teórico.
14. *Op. cit.*, p. 73.

apagaron (me refiero, naturalmente, a las encendidas por motivos religiosos, porque pronto ardieron otras aún más voraces alimentadas con combustible político). La divinidad oficial en los países desarrollados se hizo razonable, aunque con una razón «tutelada» por la fe y luchando siempre contra la visión laicista de la sociedad. Recientemente (septiembre de 2006) el papa Benedicto XVI pronunció una polémica conferencia en Ratisbona en la que vinculaba el Dios cristiano a la razón griega (como si no hubieran existido Lutero y Kierkegaard) frente a la arbitrariedad de Alá, situado según él por encima de la razón, la lógica y hasta la moral decente de cada día (algo así como el Dios de Chestov). En efecto, probablemente hoy es el islamismo el que responde mejor a esa «religión escolástica» antifilosófica e inquisitorial temida por el ilustrado Hume. Pero en Occidente también los pensadores posmodernos, tan opuestos en temple y doctrina a León Chestov como quepa imaginar, se acercan paradójicamente a algunos de los planteamientos del ruso: porque desde su perspectiva pragmática la fe vuelve a ser cuestión de conveniencia y no de argumentación racional, ya que el concepto mismo de «verdad universal y necesaria» les resulta irremediablemente obsoleto. Según el criterio posmoderno, en su titánica batalla Chestov o el habitante del subsuelo dostoievskiano se esforzaron en vano por derribar una puerta que estaba abierta... pero tuvieron el mérito de mostrar al menos las razones subjetivas por las que debía estarlo. En cualquier caso, para muchos de nosotros que no renunciamos a creer en lo verdadero, el dilema sigue estando entre lo que puede convencernos (ciencia, lógica, ética...) y aquello que contra toda verosimilitud podría salvarnos. ¿Es conveniente la verdad o debe ser verdad lo conveniente?

¿Y lo posible? ¡Ah, lo posible! Creyente o ateo, nadie actúa bajo la tutela del determinismo, la necesidad o lo irremediable, aunque teóricamente acepte su vigencia en ciertos campos. Quien elige, quien decide, quien ejerce su voluntad, obra siempre desde la fe en lo posible. ¿Sería abusivo decir que, en cierto sentido, actuar es siempre –al menos en parte– creer en Dios?

Capítulo cuarto

El cristianismo como mito de la posmodernidad

«–Imagino que también es bastante descreído.
–Oh, de ninguna manera. Ahora mismo la
moda es tener una disposición de ánimo católica
con una conciencia agnóstica: así disfruta uno
del pintoresquismo medieval de lo primero con
las comodidades modernas de lo segundo.»

H. H. MUNRO «SAKI», *Reginald*

La Feria del Libro, en la primavera del jardín del Buen
Retiro madrileño, es un lugar adecuado para las investigacio-
nes de campo sobre corrientes intelectuales entre los lectores
españoles. Por lo menos yo he solido aprovechar mis estancias
anuales como escritor firmante en alguna de sus casetas para
llevar a cabo reflexiones empíricas sobre tema tan litigioso.
Las anécdotas a lo largo de tantas ediciones de la Feria –más
de treinta y cinco, en mi caso– son innumerables, pero hay
una especialmente significativa o que al menos viene al pelo
respecto al tema de este libro. Se me acercó un matrimonio de
cierta edad (la mía, más o menos) para que les firmase uno de
mis libros. Así lo hice y después la señora, con amable timidez,
inquirió si podía hacerme una pregunta «personal». Le animé
con todo gusto a plantearla, porque sé muy bien que no hay

preguntas comprometedoras: sólo las respuestas lo son a veces. Inclinándose confidencialmente sobre el mostrador que nos separaba, la señora me susurró: «¿es usted *creyente*?». Entonces respondí con otra pregunta, según la táctica que la sabiduría popular atribuye a nuestros hermanos gallegos: «creyente... ¿en qué?». La buena mujer se quedó algo parada, consultó con la vista rápidamente a su marido –que la miraba con cierta reprobación condescendiente– y prosiguió: «bueno, no sé... en lo corriente». Concluí: «desde luego, señora, claro que creo en lo corriente. En lo que no creo es en lo sobrenatural». Consigno para la historia que mi interlocutora sonrió con cierta satisfacción al oírme, mientras le daba un codazo disimulado a su cónyuge.

Tuve ocasión de acordarme de esta anécdota minúscula cuando hace pocos años se publicó un diálogo más o menos teológico entre Umberto Eco y el cardenal Martini, que adjuntaba como apéndice intervenciones de algunos otros pensadores italianos destacados. El título del librito me pareció sorprendente: *¿En qué creen los que no creen?* Sin duda se daba por supuesto que «creer» es ante todo creer en lo que establece la religión vigente en nuestros pagos, tal como asumía por descontado mi interpeladora en la Feria del Libro. Y puesto que la pregunta se refería a cuáles son las creencias de los que no creen en Dios ni en los dogmas religiosos, la respuesta resultaba bastante obvia: creemos en las constataciones sobre los fenómenos naturales establecidos por las ciencias, en lo refrendado por estudios históricos o sociales, en la pertinencia de ciertos valores morales, etc. Es decir, en todo aquello en cuyo apoyo hay argumentos y pruebas suficientes, aunque a veces controvertidas y no siempre igualmente convincentes. Y creemos en cada uno de esos sucesos físicos y contenidos culturales de acuerdo con el nivel de creencia correspondiente a su pertinente variedad epistemológica: desde Aristóteles sabemos que no es lo mismo «exactitud» que «rigor» y que no puede exigirse la misma certidumbre para los datos de la historia o para los razonamientos persuasivos de la ética que para los resultados de la física... por no hablar de los resultados de las operaciones matemáticas. En conjunto, los llamados desde un punto de vista exclusivamente religioso (pero que se tiene por antono-másico) «incrédulos» podemos dar cuenta bastante competentemente de aquello en que creemos y sobre todo de las razones por las que creemos en tales cosas y no en otras. No es necesario compartir estas creencias (al menos no todas ellas, porque las que atañen al mundo físico y a los resultados de las ciencias experimentales pocos las discuten en serio) para al menos comprender las creencias de los religiosamente incrédulos.

De ahí mi sorpresa porque algo tan escasamente misterioso se convirtiese en pregunta trascendental en el título del mencionado librito. Sobre todo cuando es obvio que, ya puestos a situarnos en el brumoso plano teológico, hay una pregunta mucho más urgente y más difícil de responder. Me refiero, claro está, a la siguiente cuestión: «¿En qué creen los que creen?». Y su lógico corolario: «¿Por qué creen en ello... si es que logran aclarar en qué creen?». Desde luego, damos aquí por hecho que esos «creyentes» lo son en cuestiones de índole religiosa o teológica. Pues bien: no me parece especialmente difícil, al menos en un primer y elemental momento, aclarar el *contenido* racional y razonable de cada una de las creencias de los teológicamente considerados «incrédulos», mientras que en cambio establecer el contenido de la creencia en Dios, por ejemplo principal, o en la Santísima Trinidad o en la Encarnación del Verbo Divino no parece tarea igualmente accesible. No se trata de exigir a quien cree en «Dios» que aclare el contenido de su creencia y las razones que le llevan a adoptarla con la misma nitidez con que puede responder a tales preguntas, por ejemplo, quien cree en la función fanerógama de las plantas o en la existencia del abominable hombre de las nieves. Pero ¿podría al menos ilustrarnos sobre ese tema con similar precisión a la que puede exhibir quien cree en las causas económicas de la Revolución Francesa o en el carácter virtuoso de la veracidad? Puestos a ello, no hay incredulidad más radical y escandalosa que la de quien cree que la muerte es sólo una apariencia y que no morimos realmente del todo cuando se certifica nuestra defunción. ¿Podrían aclararnos los incrédulos en la muerte (es decir, los paradójicamente llamados «creyentes» religiosos) qué creen que en verdad ocurre a nuestro ego, espíritu, alma o lo que sea cuando aparentemente morimos? Lo dudo bastante y por eso me parece mucho más intrigante saber en qué creen los que creen que en qué creen quienes no creen...

Creer, no creer... y aportar razones para apoyar la creencia o la incredulidad: ¿y si todo esto fuesen residuos de una pesada metafísica que concede a la noción de «verdad» –es decir, de aquello en lo que debemos creer, objetivamente, nos guste o no– una gravedad excesiva, hoy ya hermenéuticamente injustificable? Para el pensamiento posmetafísico (léase: posheideggeriano), el concepto operativo de verdad es un exceso de equipaje a declarar en la aduana filosófica. Tanto los creyentes como los incrédulos en materia teológica están enredados en la tela de araña tejida por la tarántula más peligrosa y ya felizmente periclitada, la tarántula metafísica. «Hoy ya no hay razones filosóficas fuertes y plausibles para ser ateo o, en todo caso, para rechazar la religión», anuncia emancipadoramente Gianni Vattimo.[1] Se entiende que tal aligeramiento teórico proviene de que tampoco la creencia en Dios o la aceptación de la religión cuenta a su favor con razones mejores. El cristianismo posmoderno –pues de esta religión y no de otra trata la reflexión que estamos comentando– no pretende brindar una concepción del mundo explicativa de lo real que compita con la que facilita la ciencia experimental. Tal como resume esta postura Richard Rorty, «Vattimo quiere disolver el problema de la coexistencia de la ciencia natural con el legado del cristianismo no identificando a Cristo ni con la verdad ni con el poder, sino sólo con el amor».[2] La secularización de la modernidad primero salva a la verificación científica del cepo del dogma religioso, pero inmediatamente después alivia a la religión de las trampas de la ciencia empeñada en verificar. El cristianismo, más que una forma de pensar, pasa a ser una forma de hablar e interpretar el discurso que nos expresa, así como una forma de actuar (no dogmáticamente sometida a prescripciones y prohibiciones de la jerar-

1. Vattimo, G., *Creer que se cree*, ed. Paidós, Barcelona, 1996, p. 122.
2. Rorty, R., *El futuro de la religión*, ed. Paidós, Barcelona, 2006, pp. 56-57.

quía eclesiástica, piensa Vattimo) basada en el mandamiento del amor. El poeta francés Pierre Revérdy dijo: «No hay amor, sólo pruebas de amor». Si no le interpreto mal, Gianni Vattimo dictamina que ya no hay cristianismo como dogma o creencia en una Verdad mayúscula, de fundamento natural-metafísico, un repertorio de explicaciones de los principios de este mundo y del más allá... sino solamente pruebas de amor cristiano. La caridad es lo único que resiste –y con ella hasta– a la ola de secularización que nos anega desde finales del siglo XIX. Aunque este criterio viene de más atrás, porque ya en 1777 Lessing escribió: «Basta que los hombres se atengan al amor cristiano; poco importa lo que suceda a la religión cristiana». La pregunta, claro está, es si el amor cristiano en cuanto tal puede darse fuera, al margen o incluso *después* de la religión cristiana...

Sin embargo, esta interpretación del cristianismo no es universalmente compartida, sobre todo si se refiere a los orígenes mismos de esa doctrina religiosa (por no mencionar lo que pudo opinar al respecto en su día el Papa Juan Pablo II, según expone en su encíclica *Fides et Ratio,* o lo que creen los creacionistas y partidarios del «diseño inteligente» que debería arrinconar teológicamente a Darwin, por ejemplo). La señal distintiva del cristianismo en sus comienzos es que reivindicaba una concepción digamos *agresiva* de la verdad, polémicamente rebelde a toda concesión al relativismo o la razón de Estado. En una página especialmente combativa de su libro *Straw Dogs,* que titula significativamente «*Atheism, the last consequence of Cristianity*», John Gray mantiene una posición teórica tan aparentemente opuesta... que podríamos hasta leerla *a rébours* como complemento de la de Vattimo. Según Gray, el ateísmo moderno ha pretendido alcanzar por medio de la secularización un mundo del que estuviera ausente el Dios cristiano... pero ese mundo no por ello deja de ser cristiano, aunque carezca de Dios: «La secularización es como la castidad, una condición definida por aquello que niega. Si el ateísmo tiene un futuro, sólo podrá ser como *revival* del cristianismo. Pero de hecho el cristianismo y el ateísmo van decayendo juntos». ¿Quiere esto decir que los primeros cristianos se desentendían de la verdad objetiva, naturalista, y que por tanto –como creen los posmodernos– los ateos científicos de la actualidad se equivocan al intentar rebatirlos en ese plano? No nos apresuremos, porque el razonamiento de Gray sigue aquí una línea diferente a la de Vattimo.

Para él, son los paganos politeístas quienes no prestaban peso decisivo a la verdad considerada en términos digamos «metafísicos», mientras que fueron los primeros cristianos los que absolutizaron el culto a la verdad como correlato primordial de su credo: «El ateísmo es un retoño tardío de la pasión cristiana por la verdad. Ningún pagano estaba dispuesto a sacrificar el placer de la vida por el logro de la mera verdad. Era la ilusión artística, no la realidad sin adornos, lo que más apreciaban. Entre los griegos, el objetivo de la filosofía era la felicidad o la salvación, no la verdad. El culto a la verdad es un culto cristiano». Y ese culto radical acabó precisamente volviéndose contra la propia dogmática cristiana... Según Gray, los auténticos pragmatistas inaugurales en la línea de William James o Richard Rorty fueron precisamente aquellos antiguos paganos, finalmente desplazados de sus privilegios sociorreligiosos por una nueva creencia nada complaciente con ambigüedades hermenéuticas. En el politeísmo, cuando la aceptación de unos dioses frente a otros sólo tenía que ver con la elección de un estilo de vida –o de una pertenencia cultural– y no con procesos de verificación, la incredulidad total era una actitud insólita y extemporánea. Pero al reclamar una fe como la única verdadera y por tanto la única aceptable, los cristianos dejaron el camino expedito precisamente a la abolición progresiva de toda fe. Primero hay una fe, la que monopoliza la verdad, desalojando *ad inferos* a todos los restantes dioses que sólo pretendían ser *significativos y consoladores*, no verdaderos; pero después es la verdad la que monopoliza la fe, acabando con toda creencia inverificable –por significativa o consoladora que fuese– y abriendo así el paso a la ciencia y a la modernidad. El cristianismo irrumpe en el escenario ideológico no para pedir plaza como una perspectiva más, sino para reivindicar en el sentido más fuerte la totalidad del ámbito espiritual. Ser cristiano supone saberse en la verdad y no callar o fingir respetar los errores ajenos, aunque estuviesen respaldados por usos, costumbres e instituciones. Por ello los cristianos primero fueron mártires y por eso luego fueron inquisidores, cuando consiguieron institucionalizarse estatalmente: a causa de su culto por la verdad, que es una o no es. Los paganos eran escépticos hasta cuando creían, los cristianos sólo creían que no eran ni nadie tenía derecho a ser escéptico. De modo que concluye John Gray: «El cristianismo golpea en la raíz misma de la tolerancia pagana con la ilusión. Al reclamar que solamente hay una fe verdadera, concede a la verdad un valor supremo que no había tenido antes. Pero también hace posible por primera vez la incredulidad en lo divino. La tardía consecuencia de la fe cristiana encuentra su más completa expresión en el ateísmo. Si ahora vivimos en un mundo sin dioses, debemos agradecérselo al cristianismo».[3] De modo que no andaban tan descaminados los emperadores romanos que –como el propio Marco Aurelio o Juliano– condenaron a los cristianos por «impíos» o incluso «ateos», no por creyentes en una fe peor que las demás...

En una línea semejante de pensamiento, Marcel Gauchet ha hablado en diversas ocasiones (notablemente en *Le désenchantement du monde*) del cristianismo como «la religión para salir de la religión». Es decir, la religión que ha desplazado la identidad social desde la heteronomía teocéntrica, que debía ser aceptada sin examen ni puesta en cuestión verificativa, a la autonomía humana que toma la decisión de lo que debe ser aceptado y rechazado en nombre del examen racional orientado a la búsqueda de la verdad y en último término al acuerdo entre socios paritarios: «La salida de la religión debe comprenderse en el sentido de salida de una manera de ser de la humanidad según la cual ésta se concebía y se ponía bajo el signo de lo Otro. [...] La salida de la religión, si bien se mira, es ese fenómeno completamente prodigioso, si se lo mira con un cierto distanciamiento, que consiste en apartar la alteridad de la definición de la humanidad. La comunidad humana llega a definirse a partir de sí misma. Se da sus razones desde

---

3. Gray, J., *Straw Dogs*, Granta Books, Londres, 2002, pp. 126-127.

sí misma: el reino de la heteronomía deja lugar al mundo de la autonomía. El hombre estaba separado de él mismo y ahora se reúne consigo mismo. Estaba sujetado y ahora se convierte en sujeto».[4] De la religión como mito plural e inocentemente contradictorio, inatacable a la verificación pero que servía para configurar una forma de integración societaria a resguardo de la manipulación crítica humana porque se basaba en la Alteridad trascendente, se pasa por la vía del cristianismo y su énfasis en el desvelamiento absoluto de la verdad a una autoidentificación humana con la posesión compartida e inmanente del sentido de la comunidad. El concepto de verdad no es sólo el logro diacrítico que identifica la operación racional sino también la clave de la constitución autónoma del hombre moderno como sujeto social. Conviene recordarlo, para ser conscientes de aquello que podríamos comprometer en la posmodernidad si renunciamos con ingenuo alivio a su *gravedad...*

Cuando los pensadores posmodernos alivian al dogma religioso culturalmente mayoritario en nuestro ámbito de sus pretensiones de verdad –en el sentido objetivo del término– como explicación metafísica del universo físico y moral así como de su utilidad cuasi-mágica en tanto «tecnología de la salvación» (como diría Hans Albert)... ¿qué queda en efecto de él? A mi entender, la posición intelectual de Gianni Vattimo aspira a conceder al cristianismo un estatuto de *mito,* tal como el que tenían los contenidos de las religiones politeístas antes del advenimiento –¡precisamente!– del propio cristianismo. Es decir, como algo a medio camino entre la secularización completa de la sociedad moderna y un único punto no secularizado –pero tampoco verificable en modo alguno– que es el mandamiento del amor. Ese mandato, formal como el imperativo categórico kantiano, «no manda algo determinado y de una vez por todas, sino aplicaciones que se deben "inventar" en diálogo con las situaciones específicas, a la luz de lo que las Sagradas Escrituras han "revelado"».[5] El mito es aque-

---

4. Gauchet, M., *La condition historique,* Stock, París, 2003, p. 199.
5. Vattimo, G., *op. cit.,* p. 79.

llo que cualquiera puede volver a contar pero nadie puede absolutamente desmentir. Un instrumento para buscar «en privado» pero sin renunciar del todo a la tradición colectiva el sentido de la conexión social con los semejantes. Algo, desde luego, que la Iglesia –cualquier iglesia, supongo– en cuanto institución jerárquica dotada de un equipo especializado en establecer las narraciones aceptables frente a las inaceptables rechazará por mero instinto de conservación…, pero que permite al individuo liberal de nuestro tiempo asumir lo fundamental de la creencia cristiana (en cuanto creencia en que cree creer y no meramente «creencia que crea aquello en lo que cree», como diría Miguel de Unamuno) sin pagar el peaje coercitivo de someterse a restricciones dogmáticas en materia de sexo, biogenética, etc.

¿Cuál es la ventaja del cristianismo convertido en mito mantenedor del mandamiento de la caridad frente, por ejemplo, a la mera razón moderna –de corte spinozista, digamos– que también recomienda la «filía» y los acuerdos armónicos, no meramente estratégicos, como vía a la reconciliación social? Probablemente, la supresión de la *arbitrariedad* cósmica, tal como en su monumental *Trabajo sobre el mito* estableció Blumenberg: «El mito es una forma de expresar el hecho de que el mundo y las fuerzas que lo gobiernan no han sido dejados a merced de la pura arbitrariedad. Como quiera que se lo presente, bien mediante una partición de poderes, bien mediante una codificación de competencias o una regulación legal de las relaciones, se trata de un sistema de supresión de la arbitrariedad».[6] La razón que busca y necesita la verdad como el sentido de su esfuerzo operativo no puede descartar ni rechazar lo arbitrario: sólo pretende paliarlo a escala de la convivencia humana, tanteando transacciones convenientes que nos rescaten provisionalmente de él. El mito, en cambio, promete algo más: aspira a dotar a ese esfuerzo de un «suplemento de alma» que conceda algo así como un destino favorable a la libertad y no se conforme con la libertad como único

6. Blumenberg, H., *Trabajo sobre el mito*, ed. Paidós, Barcelona, 2003, p. 51.

y desconsolado destino. La entronización definitiva de la caridad como disco duro del cristianismo –contra la que desde luego nada tengo– supongo que pretende reconciliar la autonomía de la persona y el reconocimiento de lo humano por lo humano con una especie de designio cósmico cuyo entronque hermenéutico no acaba de resultarme claro.

A finales del siglo XIX, Jean-Marie Guyau (un autor injustamente poco recordado hoy, algo así como un precedente amable de Nietzsche, menos truculento en sus planteamientos pero en el fondo no menos audaz) escribió una obra titulada *L'irreligion de l'avenir*, que publicó antes de morir a los treinta y muy pocos años. Aunque como es natural el libro padece lo que hoy consideramos algunas de las limitaciones y estrecheces cientifistas de su época, creo que constituye todavía una de las mejores y más completas caracterizaciones filosóficas del fenómeno religioso. Su tesis de partida es que la religión (cualquiera que sea) «es una explicación, física, metafísica y moral de todas las cosas por analogía con la sociedad humana, bajo una forma imaginativa y simbólica. Es, en dos palabras, una explicación sociológica universal en forma mítica».[7] En el caso del cristianismo, también señala Guyau el amor como eje doctrinal de esa lectura «sociológica» del mundo, que gracias a este carácter societario nos hace sentirnos mejor acogidos por la extrañeza del cosmos. Para el autor francés, la «irreligión del porvenir» consistirá en una especie de asunción no mítica sino científica de este postulado que convierte la armonía social en el centro significativo de la vida humana. Es seguro que Nietzsche conoció esta obra y probablemente la estudió con tanta atención como la anterior de Guyau *(Esquisse d'un morale sans obligation ni sanction),* que anotó abundantemente. El planteamiento de Guyau desemboca en una visión «progresista» del sentido profundo de la religión cristiana, que contrasta con otras lecturas a fin de cuentas no menos sociales o políticas de esa religión aunque defensoras del derecho divino de los monarcas o de la naturaleza jerárquica del orden. Pues bien, en cierto modo tengo el capricho de supo-

7. Guyau, J.-M., *L'irreligion de l'avenir*, Felix Alcan, París, 1925, p. 3.

ner que los actuales planteamientos de Gianni Vattimo pudieran ser algo así como una lectura a su vez anotada de la lectura que hizo Nietzsche de la obra de Guyau... progresista en lo político, liberal en materia de costumbres, individualista y compatible con los avances científicos en el terreno hermenéutico. Nada que no pueda ser contemplado con benévola sonrisa por quienes somos menos creyentes (aunque no menos culturalmente cristianos que Gianni Vattimo) si compartimos sus postulados progresistas, aunque cabe preguntarse si este cristianismo *business class* responde de un modo más allá de lo meramente intelectual a las demandas de *salvación* que aún siguen siendo centralmente importantes para la mayoría de quienes profesan con menor sofisticación esta doctrina.

Capítulo quinto

¿Vida buena o vida eterna?

> «–Pero tú crees, ¿verdad? –imploró Rose–. Tienes fe...
> –Claro que tengo fe. No faltaba más. –Iba, de palabra en palabra, volviéndose desdeñoso–. Es la única cosa razonable. Esos ateos no saben nada. Desde luego, hay Infierno. ¡Llamas y condenación! [...] ¡Tormentos!...
> –Y Cielo también –declaró Rose, con ansiedad, mientras la lluvia caía implacable.
> –Oh, quizá –repuso Pinkie–, quizá.»
>
> Graham GREENE, *Brighton Rock*

A los primeros cristianos, a los padres de la Iglesia, incluso al propio San Agustín, les escandalizaba la profunda inmoralidad de los dioses paganos: eran –¿son?– lujuriosos, vengativos, crueles, llenos de vanidades y caprichos. Su comportamiento carece de ética no sólo cuando se relacionan con los humanos, sino también en el trato entre ellos mismos. Sus mitológicas biografías son lo más opuesto que cabe imaginar a las «vidas ejemplares» de los santos cristianos o de cualquier otra categoría de humanos virtuosos: ninguna moralidad cuerda puede *inspirarse* en ellos ni tomarles como modelos. Y, sin embargo, más allá de lo que es capaz de concebir el puritanismo dogmático o la buena intención reguladora del sentido común, también estos indecentes sobrenaturales ofrecen una lección a nuestro proyecto moral, aunque sea *a contrario*. Con su amoralidad ultrajante y triunfal nos revelan el reverso de nuestros preceptos y normas: los dioses carecen de ética sencillamente porque son inmortales, porque no comprenden, ni respetan, ni comparten la conciencia de la muerte siempre inminente que define a los humanos. Los *ambrotoi*, los que se alimentan de ambrosía inmortalizante, no se asemejan en miramientos ni escrúpulos al los *brotoi*, los mortales que comemos lo que André Gide llamó las *nourritures terrestres*. Los humanos, que nos definimos fundamentalmente por la conciencia de nuestra mortalidad (siempre inminente) necesitamos pautas de conducta que no *agraven* nuestra condición, que contribuyan a paliarla. Los perecederos necesitamos ayuda de nuestros semejantes para no perecer demasiado pronto, para retrasar y aliviar cuanto sea posible lo inevitable. Somos productos con una fecha de caducidad inexorable cuyo momento exacto desconocemos, aunque podemos sospecharlo en líneas generales: y es precisamente esta intoxicación que compartimos por el veneno de la muerte lo que nos hace especialmente preciosos y delicados unos para otros. Para un ser humano, cualquier semejante debe llevar escrita en la frente la advertencia: «muy frágil; manéjese con cuidado». A las normas para tal manejo cuidadoso de la fragilidad es precisamente a lo que llamamos «moral». Que acentúan su urgencia cuanto más débil es el semejante, por edad o condición, cuanto más frágil y patentemente mortal se nos ofrece. Si no fuésemos así, si nos supiéramos todos invulnerables y duraderos sin falla como los dioses se reconocían entre sí, ¿quién se preocuparía de cómo tratar a los demás? Prescindiendo de cualquier cuidado y restricción, daríamos libre cauce a nuestros caprichos placenteros o curiosos… como hacían precisamente los viejos dioses, según cuentan quienes les conocieron más de cerca.

De modo que, en sus orígenes, la preocupación ética se basó ni más ni menos que en nuestra condición mortal, en nuestra contingencia. Por ser mortales, necesitamos el apoyo y la complicidad de nuestros semejantes; por ser mortales, reconocemos como hermanos de fatalidad, necesidades y penurias a quienes también lo son, y porque somos mortales y nos reconocemos entre nosotros como tales establecemos directrices y valores para regir nuestra conducta mutua, social. Por supuesto, ser «mortal» es un agobio específicamente humano: no se refiere sencillamente al hecho de que morimos (como el resto de los animales y las plantas y, a distinta escala, como todo lo que existe, desde la ola que rompe en la orilla a la constelación sideral) sino a que *sabemos* con total certeza que vamos a morir, que estamos programados para morir y por tanto anticipamos imaginaria e imaginativamente ese desdichado corolario de nuestra vida. Mortal no es el que muere, sino quien *ve venir* la muerte... incesantemente. Hasta el punto de que podríamos definir la muerte humana como el momento en que por fin dejamos de vernos morir. Las consideraciones morales, sean las positivas que nos exhortan a la solidaridad o las negativas que prohíben dañar a los otros, provienen de la misma fuente: la fraternidad prudente y compasiva entre los mortales (que algunos exigentes amplían también a los restantes seres vivos no propiamente mortales, aquéllos que desconocen la inexorabilidad de su destino pero padecen sus dolores, como ciertos animales).

Sin embargo, nuestra condición mortal no es sólo el fundamento de nuestra moralidad sino también –quizá menos paradójicamente de lo que parece a simple vista– el fundamento de nuestra inmoralidad. Porque comprendemos y apreciamos lo que implica la mortalidad, nos proponemos imperativos morales para ordenar el trato con nuestros semejantes, es decir, con nuestros socios vitales. Pero también porque sentimos dentro de cada uno de nosotros el urgente pánico de la muerte que amenaza, padecemos la tentación desesperada del abuso en nuestro beneficio individual, del atropello al prójimo siempre que parezca así aplazarse nuestra destrucción segura o que podemos consolidarnos provisionalmente contra ella. Todos morimos, no hay remedio, pero cada cual muere solo y en sus propias circunstancias: ¿por qué entonces no vivir ya con la soledad final por única compañía, aprovechando en nuestro beneficio exclusivo cuanto podamos o alcancemos, sin buscar en los demás sino la ocasional ventaja que nos permita durar, reforzarnos y permanecer... mientras sea posible? El placer de vivir está en los mortales siempre contaminado por el miedo a la inminencia de la muerte. Y donde prevalece el miedo es difícil que prosperen la solidaridad, la compasión y ni siquiera la prudencia bien entendida... Si no me equivoco, el primero que señaló la angustia de la muerte como causa principal de abusos y comportamientos malignos fue Lucrecio. Así podemos leer en *De rerum natura*: «En fin, la avaricia y la ciega ambición de honores, que a míseros hombres obligan a transgredir los límites de la ley y a que a veces como cómplices e instrumentos de crímenes se afanen noche y día con extraordinario esfuerzo por elevarse a los supremos poderes, estas llagas de la vida las alimenta en no pequeña medida el miedo a la muerte. Pues por lo general el vergonzante desprecio y la amarga pobreza parecen alejadas de la vida dulce y estable y casi un demorarse ya ante las puertas de la muerte; por ello los hombres, mientras quieren coaccionados por un vago terror escapar lejos y retirarse lejos, con sangre de ciudadanos acrecientan su patrimonio y duplican ansiosos sus riquezas, acumulando matanza sobre matanza; se regocijan crueles en el lúgubre funeral del hermano y odian y temen las mesas de sus parientes. De modo semejante, a causa del mismo temor, a menudo los atormenta la envidia de que sea poderoso ante sus ojos aquél, se admire a aquel otro que pasa con deslumbrante pompa, y ellos mismos se quejan de revolcarse en tinieblas y lodo. Perecen algunos por causa de estatuas y renombre; y a menudo hasta tal punto por el miedo a la muerte se apodera de los humanos el odio a la vida y a ver la luz, que con afligido corazón se dan la muerte olvidándose de que la fuente de sus temores es este temor; induce a uno a mancillar el pudor, a otro a romper los lazos de la amistad y a subvertir en definitiva la piedad».[1] También Epicteto enseñaba a sus discípulos una lección semejante: «¿Tienes presente que el principio de todos los males del

---

1. Libro III, vv. 59 a 85. Trad. Miguel Castillo Bejarano.

hombre, de la bajeza, de la cobardía, no es la muerte sino el temor a la muerte?».

Según Lucrecio, la certidumbre de la muerte y su inminencia corrompe nuestro amor a la vida y por tanto la posible solidaridad con los semejantes que con nosotros la comparten. La presencia de la muerte que parece vigilarnos nos desazona pero, sobre todo, nos *aísla*: como morimos en soledad, sentimos la tentación de vivir también solitarios, es decir, pensando sólo en nosotros mismos, en nuestra inmediata supervivencia. Se nos hace evidente que las restricciones morales están pensadas para que perdure la sociedad, que en cualquier caso durará mucho más que nosotros: ¿no es acaso nuestro verdadero interés ocuparnos de lo que nos beneficia privadamente, aquí y ahora, en lugar de sacrificarnos para la armonía de una colectividad menos vulnerable que cualquier individuo mortal? Y así todo nos parece poco para defendernos de la muerte que nos ronda: posesiones, honores, vasallaje, cualquier forma de preeminencia que nos anteponga y nos sobreponga a los demás. ¡Que mueran primero los otros, los que están *debajo*! Cada cual intenta entonces evitar aquellos aspectos de la vida que recuerdan demasiado la inminencia de la muerte y que nos abandonan, por así decirlo, ante sus fauces: la pobreza, la debilidad, la ausencia de reconocimiento y prestigio, la enfermedad, la servidumbre. Como explica una pensadora contemporánea, Agnes Heller: «Por lo general hacemos lo indebido no a causa del miedo al sufrimiento sino a causa del miedo a quedarnos con las manos vacías, a perder nuestras oportunidades, a permanecer impotentes, pobres, desconocidos, sin reconocimiento, a perder la "oportunidad" llamada vida sin hacer pleno uso de ella».[2] Desechamos las restricciones y miramientos morales para entregarnos empavorecidos al ¡sálvese quien pueda!... aún a sabiendas de que, en último término, tampoco así puede salvarse nadie y ni siquiera es seguro que retrasemos nuestra propia perdición.

¿Cómo puede contrarrestarse desde el punto de vista de la ortodoxia moral esa fuente primordial de inmoralidad que

2. A. Heller, *General Ethics*, ed. Basil Blackwell, Oxford, 1988, p. 177.

es el pavor ante la muerte? Una primera solución consiste precisamente en *agravarlo*, en aumentar su influjo y convertirlo en coacción edificante. Digamos desde el púlpito al que atropella y abusa de los otros: «En verdad la muerte puede ser aún peor de lo que piensas. Lo más grave no es que todo acaba con ella, sino que precisamente no todo acaba con ella. En el más allá te encontrarás solo, sí, pero no por completo: tendrás delante a un Juez. Si durante la vida te has preferido desconsideradamente a todos los demás, serás condenado y padecerás sin tregua por toda la eternidad. Tú, que tanto temiste ser olvidado y postergado, te convertirás en el centro perpetuo de la atención de Alguien con la potestad de castigarte. Por el contrario, si has acatado las leyes y la piedad, la muerte te será aún más favorable de lo que nunca te fue la vida: volverás a vivir, pero esta vez ya sin miedo, seguro para siempre y feliz». De este modo, el espanto de la muerte certera y cierta pretende ponerse a favor de las normas morales: aún más temible que la muerte como aniquilación puede resultar para la imaginación inflamada de los hombres concupiscentes la muerte como juicio. Por tratar de huir en la vida de las desdichas que se asemejan a la muerte a costa de los demás, convertirás tu muerte en una desdicha irremediable y sempiterna. Pero en cambio está en nuestra mano volver la muerte irremediable a nuestro favor, viviendo de acuerdo con la moralidad para disfrutar después de una vida a resguardo de las preocupaciones que tanto nos han afligido en este mundo. En el fondo, creer (en Dios, en el Juicio Final, en el más allá con su infierno y su cielo) implica dejar de creer realmente en la muerte (como aniquilación final, es decir, como *verdadera* muerte). El auténtico creyente en lo único que no cree es en lo que resulta más cierto para los demás… Para dejar de temer a la muerte y no caer en la inmoralidad de los deseos desatados, lo más eficaz resulta declarar que la muerte es un tránsito, cuando no un simple espejismo, tras el cual llega lo verdaderamente temible o lo auténticamente deseable. La muerte pierde su ominoso prestigio, pero con ella también se desvaloriza la vida, cuyos afanes y recompensas son meros ensayos para la auténtica existencia que llegará *después*…

Conseguir superar el temor a la muerte a costa de sacrificar el amor primordial a la vida (puesto que tanto la una como la otra pierden sustancia frente a la realidad eterna del más allá) es quizá pagar un precio demasiado alto por mantener el respeto a los preceptos morales. Pero también implica otras contraindicaciones. Como ya hemos dicho, la moral terrena nace de la necesidad que tenemos los mortales de apoyo y cuidado benevolente por parte de nuestros semejantes, los que mejor pueden comprender las carencias de nuestra condición puesto que la comparten. Su único objetivo es lograr una vida mejor para quienes sufrimos las contingencias propias de nuestra especie perecedera. No sólo no se desvaloriza porque seamos mortales sino que extrae su perentoriedad de esa necesaria circunstancia. Así lo ha señalado Steven Pinker: «¿Perdería la vida su propósito si dejáramos de existir cuando muere nuestro cerebro? Al contrario, nada da más sentido a la vida que percatarse de que cada momento de sensibilidad es un don precioso. ¿Cuántas peleas se han evitado, cuántas amistades han renacido, cuántas horas no se han dilapidado, cuántos gestos de afecto no se han hecho porque a veces nos acordamos de que "la vida es breve?"».[3] Pero la moral basada en la creencia religiosa en el más allá, con sus castigos y premios, no se contenta con una vida mejor en este mundo sino que aspira a algo mejor que la vida en el otro. Y por tanto los mandamientos que impone no se justifican sencillamente por nuestras necesidades naturales sino que a veces las arrollan en nombre de exigencias de los dogmas sobrenaturales. De ahí que puedan ser precisamente los buscadores de lo Absoluto, que desprecian la muerte en nombre del más allá, los que incurran también en el nihilismo aterrador que menosprecia la vida ajena como un ingenuo egoísmo burgués pecaminoso y fatuo. En pocas novelas contemporáneas se ha planteado tan elocuentemente esta postura como en *La montaña mágica* de Thomas Mann. El jesuita Naphta, que disputa al ilustrado Settembrini la educación de Hans Castorp, se burla de las normas democráticas y progresistas, con su pacifismo y su deseo de

3. S. Pinker, *La tabla rasa*, ed. Paidós, Barcelona.

mejoras tangibles en cuestiones materiales: «¡La moral burguesa no sabe lo que quiere!», exclama Naphta y más adelante, en un tono apocalíptico que los sangrientos atentados recientes nos hacen escalofriantemente próximo, dictamina: «No son la liberación y expansión del yo lo que constituye el secreto y la exigencia de nuestro tiempo. Lo que necesita, lo que está pidiendo, lo que tendrá es... el terror». Si el miedo a la muerte ha sido siempre origen de atropellos inmorales, el intento de corregirlo con una creencia dogmática en el más allá puede desembocar de nuevo en otro terror que aniquile la insignificancia de la vida terrena en nombre de la purificación necesaria para alcanzar la sobrenatural. En la época en que Thomas Mann escribió su gran novela (final de los años veinte del pasado siglo) el representante de esta inquisición intransigente y suicida era el católico Naphta, pero hoy podría serlo algún fanático del terrorismo islamista.

Recapitulemos. Los dioses mitológicos no conocían deberes éticos los unos para con los otros, puesto que su inmortalidad les resguardaba de toda fragilidad y daño. En cambio los humanos, por ser mortales, necesitamos pautas morales que proscriban causar daño intencionado al prójimo y recomienden apoyo, incluso complicidad, en la necesidad o la desventura. La reflexión sobre nuestra condición perecedera y la comprensión solidaria de quienes la comparten con nosotros basta para justificar el más elemental de los códigos morales, aquél que recomienda no hacer a los demás lo que no desees que te hagan a ti mismo y ayudar a los otros como tú quisieras que te ayudasen cuando fuera menester. Sin embargo, las útiles y meritorias directrices morales tropiezan con nuestro desaforado terror ante la muerte, que nos tienta a suponer que es preciso ignorar o pisotear a los otros para retrasar la inevitable llegada de nuestro fin. Intentando conjurar ese destructivo pánico ante la muerte, las religiones que hablan de castigos y premios ultramundanos desvalorizan conjuntamente la muerte como mero tránsito y la vida terrenal como simple campo de pruebas para exaltar un más allá en el que se juzgará nuestro comportamiento de acuerdo con ciertas leyes establecidas. Pero estas leyes, emanadas de dogmas sobrenaturales, pueden ser tan inadecuadas para la felicidad terrena como los dictados del propio pánico ateo ante la muerte inevitable. Un personaje de Dostoievski resume bien el dilema, asegurando: «Si Dios no existe, todo está permitido». Lo cual no sólo quiere decir que los humanos no aceptarán ninguna restricción moral más que por sumisión al espanto ante castigos infernales (lo cual ya es bastante abyecto) sino que dichas normas no tienen otra base que la voluntad divina y es irrelevante que colaboren o no a nuestro mejor vivir en este mundo. Según este planteamiento, los preceptos morales sólo son válidos como pruebas de nuestra sumisión a lo Absoluto, pero no como emanaciones racionales de lo que social e individualmente puede resultarnos más conveniente. Tienen mucho que ver con la obediencia y bastante con el miedo, pero nada, absolutamente nada, con la comprensión de lo que realmente necesitamos y queremos.

Sin embargo, la vida moralmente buena no es lo mismo ni mucho menos que la vida eterna, religiosamente premiada o castigada. La vida buena lo es porque comprende y respeta lo que la muerte significa para quienes estamos sujetos a ella: es la forma más intensa de compañerismo. En cambio, la eternidad no añade nada a la vida en cuanto tal sino que le resta aquello que justifica realmente la legitimación racional de los preceptos morales. Si nuestra verdadera existencia hubiera de ser inacabable e invulnerable (tras la muerte) como la de los dioses legendarios (pero careciendo de su despreocupada naturaleza divina: nosotros seríamos inmortales *creados* por un Ser eterno *ante* y *post factum*, de rango superior), los preceptos morales sólo serían los enunciados de una prueba de obediencia, destinada no a mejorar nuestro tránsito por este mundo sino a asentar el poder omnímodo del Dueño universal: «De ese árbol no comeréis… para no ser como dioses». Casi da vergüenza hablar de esta hipótesis como si fuera seria. Yo creo que incluso a un creyente –si tiene auténtica rectitud de conciencia– deben producirle simpatía y alivio aquellas palabras pronunciadas por la protagonista de *Major Barbara*, una pieza dramática de Bernard Shaw: «Me he librado del soborno del cielo. Cumplamos la obra de Dios por ella misma;

la obra para cuya ejecución nos creó, porque sólo pueden ejecutarla hombres y mujeres vivientes. Cuando me muera, que el deudor sea Dios y no yo». La vida buena, éticamente hablando, expresa una valerosa autonomía que es lo más opuesto que cabe imaginar a la vida eterna según criterios religiosos, heterónoma por definición y necesidad: me refiero, naturalmente, al plano teorético, porque en el de la práctica bien pudiera ser que coincidiesen los comportamientos morales de quien comprende lo que implica el irremediable compañerismo de la mortalidad con los del que espera ser premiado –o teme ser castigado– en el más allá por hacer aquí y ahora lo humanamente debido. Esta coincidencia se percibe a veces en las descripciones menos ridículas que se nos hacen llegar del otro mundo: los castigos de los condenados en el infierno de Dante, por ejemplo, pueden ser entendidos como un estilizado trasunto de los males que ciertos vicios ocasionan en la vida terrenal de quienes los cometen. Según explica George Santayana, Dante «como muchos otros videntes cristianos, deja traslucir de vez en cuando una concepción esotérica de las recompensas y de los castigos, que convierte en meros símbolos de la calidad intrínseca del bien y del mal. El castigo, parece entonces decir, no es nada que se agrega al mal: es lo que la pasión misma persigue; es el cumplimiento de algo que horroriza al alma que lo deseó».[4]

Sin embargo sigue latiendo el problema de fondo: ¿cuál debe ser la disposición de la persona éticamente recta, que busca una vida buena en los límites de la mortalidad, pero que está sometida al pánico y la urgencia esenciales de la muerte que llega? Su convicción deberá ser, al menos, *utilitaria*: habrá de comprender que el proyecto ético resulta favorable en conjunto a la vida, que la dota de mayor armonía y menor incertidumbre, incluso de un valor estético añadido de nobleza. Una noción genérica, que quizá no baste para motivar nuestras conductas concretas, en el momento apremiante. En último término, tendríamos que ser capaces de adoptar el punto

4. G. Santayana, *Tres poetas filósofos*, trad. J. Ferrater Mora, ed. Losada, Buenos Aires, 1943, p. 94.

de vista de la inmortalidad a sabiendas de que nuestro lote es precisamente la muerte. Para Agnes Heller, en la obra citada, esta actitud es imaginable y posible: «Cada vez que elegimos padecer un acto indebido en lugar de cometerlo actuamos *como si fuésemos inmortales* aunque sabemos que no lo somos. Uno no necesita creer en la inmortalidad del alma o en la resurrección para sentirse familiarizado con esta actitud. Para actuar como si fuésemos inmortales no necesitamos serlo».[5] Esta convicción coincide en cierto modo con la opinión de Spinoza, según la cual todo lo que los humanos hacemos movidos por pasiones –si es conveniente para nuestra condición– podríamos hacerlo también dirigidos por la razón. Obrar como inmortales, es decir sin el miedo y el afán que la muerte impone, pero sabiendo que somos mortales y que por eso y sólo por eso debemos comportarnos éticamente con nuestros semejantes en tal destino. Kant dijo que lo éticamente relevante para los mortales no es llegar a ser felices, sino merecer la felicidad; Nietzsche recomendó amar la fugacidad del presente y nuestro gesto en él como si debiera retornar una y otra vez, eternamente. En todos estos casos parece proponerse un ideal de la vida frente a la muerte que se sobrepone a nuestro condicionamiento biológico y transitoriamente lo refuta. ¿Es realmente posible esta forma laica de resignada santidad?

5. Ibídem, p. 178.

Capítulo sexto

La política de los profetas

«Imagina un mundo sin Cielo,
con sólo firmamento sobre nosotros.
Sin ninguna razón para matar o ser muerto...»

John LENNON, *Imagine*

Cuando yo tenía veinte años, allá por las vísperas del mitificado mayo del 68, nuestra pasión absorbente y tiránica era la política: discutíamos a todas horas sobre cómo acabar con el Poder y establecer la espontánea y sojuzgada Libertad, buscábamos maestros que rompiesen la coraza de conformismo y ortodoxia que atenazaba a nuestros mayores (Bakunin para corregir a Marx, Adorno y Marcuse para luchar contra los hombres unidimensionales, Gustav Landauer, los situacionistas, Norman O. Brown, la recuperación libidinal de la vida cotidiana, el final de las jerarquías y los partidos, el comienzo de la Asamblea definitiva, la eterna Asamblea igualitaria en la que todo sería planteado, debatido e incluso resuelto...). Nuestra generación –valga este concepto lo poco que valga– se rebelaba en Berkeley contra la guerra de Vietnam, en París contra la sociedad del espectáculo y el poder sin imaginación, en Madrid contra la dictadura de Franco y en Praga o Varsovia contra la tiranía de la burocracia estalinista, etc. Preveíamos y aún anhelábamos todas las luchas finales, las grandes batallas: contra el imperialismo, contra el capitalismo, contra la burocracia, contra la represión del hedonismo jubiloso, contra la prohibición histérica de las drogas, contra la rutina laboral… a fin de cuentas, supongo que también contra la vejez, incluso contra la muerte. Las únicas guerras que no atisbamos en el horizonte, las únicas para las que no estábamos preparados ni tampoco predispuestos, aquéllas de las que nos hubiésemos reído si alguien las hubiera pronosticado ante nosotros… fueron precisamente las que llegaron arrasadoras e inexplicables, casi cuatro décadas después: ¡las guerras de religión!

Sin embargo, en cierto modo las habíamos presentido. Es más: pertenecíamos de antemano al torbellino ideológico en el que vendrían envueltas. Nosotros, los jóvenes sublevados de entonces, ni éramos ni queríamos ser políticos (es decir, transformadores graduales y razonables de lo realmente existente), sino absolutos revolucionarios instantáneos de todo lo habido y por haber: éramos milenaristas, mesiánicos… conceptos truculentos que pertenecen al orbe religioso más que al secular. Creíamos ser radicales y en realidad éramos integristas de la pureza, creyentes *poseídos* por dogmatismos verbosos de los que no éramos dueños, ni siquiera responsables. Había clérigos vocacionales infiltrados en nuestras filas, eso es seguro: ¿no fue acaso Guy Debord un imitador aplicado del Gran Inquisidor de Dostoievski? Por supuesto, ninguno de nosotros era realmente «progresista»: esperábamos el final relampagueante de los malos tiempos, no su avance hacia la mejoría. No hay nada más opuesto a la actitud progresista que la mesiánica o milenarista (y eso que los clérigos actuales de cierta edad todavía siguen empeñados en vender estas mercancías averiadas como el auténtico «progresismo», traicionado según ellos por los egoísmos y ambiciones mundanas). Hannah Arendt ha señalado, con su lucidez habitual, que gran parte de la filosofía política occidental –empezando por Platón– tiene poco de política porque en realidad propone utopías o soluciones ideales destinadas a *detener* el cambiante flujo político en una situación perfecta que nos dispense a partir de entonces de continuar trazando proyectos y estableciendo componendas entre intereses opuestos. La actitud mesiánica no aspira al triunfo de una línea política preferible a las vigentes sino a la llegada del final de la turbiedad social y el establecimiento eterno de una justicia indiscutible: la Jerusalén definitivamente liberada, el Reino de Dios sobre la tierra. Esta impaciente esperanza no pertenece al orden de lo político ni siquiera al de la filosofía (por mucho que Kojève y otros hayan querido rastrearla en Hegel) sino al de la profecía religiosa.

Con todo, incluso los más fervorosos de aquéllos que fuimos veíamos ese milenio envuelto en ropajes seculares, hasta materialistas en la mayoría de los casos. Ernst Bloch rastreó la génesis del principio revolucionario que ha de trastocar lo real en los discursos espiritualistas de diversos herejes pero como anticipo de una reconversión que para los contemporáneos debería ya leerse en términos económicos y sociales. Nadie creía que el motor de los enfrentamientos del porvenir fuese a revestir, como en pasadas épocas, el lenguaje directamente fideísta de las antiguas guerras de religión. La desmitificación weberiana del mundo moderno resultaba algo irreversible y consolidado, aunque subrepticiamente diese lugar al nacimiento de nuevos –y a veces sanguinariamente peligrosos– mitos que se encubrían con razonamientos supuestamente científicos, sean economicistas o biológicos. Sobre todo la secularización se presentaba sin marcha atrás en las sociedades democráticas avanzadas de Europa y América. El dictamen que aún hoy mantiene inalterado contra viento y marea Marcel Gauchet se veía entonces como irrefutable: «Nadie de nosotros puede concebirse, en tanto que ciudadano, mandado desde el más allá. La Ciudad del hombre es la obra del hombre, hasta tal punto que ya es una impiedad, incluso para el creyente más celoso de nuestros países, mezclar la idea de Dios al orden que nos une y a los desórdenes que nos dividen. Nos hemos convertido, en una palabra, en metafísicamente demócratas».[1]

No discuto que mayoritariamente este planteamiento siga siendo válido en Europa, pero en la actualidad quienes lo afir-

---

1. *La religion dans la démocratie*, ed. Gallimard-Folio, 1998, p. 11.

man parecen haber perdido en parte algo de contundencia. Las evidencias, aunque sea superficialmente, están en su contra. Sin duda se ha dado un giro ideológico, según el cual los razonamientos políticos se debilitan o se vuelven confusos mientras se refuerzan políticamente las creencias religiosas. Insisto: no se trata ante todo de que los individuos, personalmente, regresen a la religión en busca de explicaciones o consuelos metafísicos sino que los colectivos socialmente más influyentes o intimidatorios recuperan la voz teológica para justificar sus intervenciones en la cosa pública. Lo expuso muy bien Gilles Kepel al comienzo de su premonitorio libro *La revancha de Dios* –cuya primera edición es de 1991– al que subtituló con acierto no meramente comercial «Cristianos, judíos y musulmanes a la reconquista del mundo». Dice Kepel en la introducción de su obra: «Un nuevo discurso religioso toma forma, no para adaptarse a los valores seculares sino para devolver el fundamento sacro a la sociedad, cambiándola si es necesario. Este discurso, a través de sus múltiples expresiones, propone la superación de una modernidad fallida a la que atribuye los fracasos y las frustraciones provenientes del alejamiento de Dios. Ya no se trata del *aggiornamiento* sino de una "segunda evangelización de Europa". Ya no de modernizar el islam sino de "islamizar la modernidad"».[2] A los efectos en la geopolítica de los años ochenta de este rearme teológico que analizaba Gilles Kepel en su libro (con ejemplos destacados tomados de la intifada y el islamismo revolucionario, del regreso arrollador del cristianismo versión católica en la Europa del este y versión fundamentalista protestante en América o de la resurrección del judaísmo ortodoxo en Israel), se han añadido después confirmaciones tan vigorosas como la aparición devastadora del terrorismo islamista de Al Qaeda, los enfrentamientos en la antigua Yugoslavia entre católicos croatas, ortodoxos serbios y musulmanes de Kosovo, guerras permanentes en Sudán o Nigeria entre los musulmanes del norte y los cristianos y animistas del sur, prosecución de los conflic-

---

2. *La revancha de Dios*, de G. Kepel, trad. Marcelo Cohen, ed. Alianza, 2005, p. 20.

tos entre hinduistas y musulmanes en la India, entre budistas e hinduistas en Sri Lanka, entre chiitas y suníes en el Irak posterior a la invasión norteamericana, conflictos internacionales causados por las reacciones del integrismo islámico ante expresiones europeas consideradas ofensivas para su fe y que han llevado a una serie de medidas que restringen libertades religiosas, artísticas o festivas en nuestros países, etc.[3]

Es razonable suponer que buena parte de estos conflictos no están «realmente» motivados por cuestiones religiosas, que se utiliza más bien su cobertura para disfrazar afanes de poder político o de hegemonía social. Pero lo mismo podría decirse de las guerras religiosas europeas de los siglos XVI y XVII... ¡incluso, si se me apura, de las Cruzadas! Lo relevante no es que otro tipo de motivaciones propicie también en cada caso el despliegue bélico, sino que las causas efectivas prefieran para hacerse más inteligibles por la mayoría (o más entusiasmantes para la masa) presentarse y argumentarse desde el dogmatismo teológico, es decir desde planteamientos irrefutables por definición y antimodernos por vocación. Pero además es evidente que en ciertas ocasiones el peso del conjuro religioso es mucho mayor que en otras. Por ejemplo, aunque el presidente George Bush gusta de hacer jaculatorias públicas sobre el –según su criterio– indudable apoyo que Dios presta a los EE.UU. y la benevolencia con que mira sus operaciones militares, sería bastante ingenuo considerar teológicas las principales directrices de la política exterior yanki... ¡por muchos *teocons* que aconsejen al descarriado mandatario de la Casa Blanca! (Y sin olvidar que ese presidente salió electo gracias al apoyo de votantes movilizados en gran medida por razones religiosas, según los tres asuntos valorativos que centran la atención moral americana: *God, arms and gays,* la fe, el derecho a poseer armas y el escándalo ante las reivindicaciones homosexuales.) En cambio, por mucho resentimiento anticolonial acumulado y mucha indignación contra Israel que se les

---

3. Encontramos una sucinta pero exacta crónica de los principales enfrentamientos bélicos por motivos religiosos en *Tuez-les tous! La guerre de religion à travers l'histoire,* de E. Barnavi y A. Rowley, ed. Perrin, París, 2006.

pueda suponer, es evidente que los terroristas suicidas demoledores de las Torres neoyorquinas son difícilmente comprensibles sin un ingrediente de fanatismo religioso en su magma ideológico. Ese tipo de creencias configuran a quien está imbuido por ellas una identidad cerrada, algo así como una personalidad inasequible a la persuasión y dotada de deberes absolutos que sustituyen ventajosamente a cualesquiera derechos relativos y circunstanciales de nuestras democracias: como bien ha señalado Amartya Sen en su libro dedicado a estudiar la vinculación entre identidad y violencia, les dota de «la ilusión de un destino»... la más peligrosa de todas porque es la más *consoladora* para las almas errantes en la época de la gran globalización. Frente al discurso político, desacreditado ante los impacientes o los ignorantes por sus ambigüedades, contradicciones y promesas cumplidas sólo a medias, el clamor de los profetas convoca a los fieles a una misión sin tibieza y cuyo resultado glorioso nada puede desmentir porque pertenece al orden de lo sobrenatural. ¡Qué mezquinos parecen los intereses de los hombres y sus componendas cuando se contraponen a los sublimes negocios de Dios!

Algunos se niegan a aceptar que las grandes religiones, reputadas fuentes de concordia y humanitarismo desinteresado, puedan propiciar enfrentamientos implacablemente sanguinarios. Pero no deben olvidarse dos cosas. En primer lugar, las religiones funcionan como elementos de cohesión *hacia dentro* de las sociedades en que son hegemónicas pero en cambio, a lo largo de la historia, han provocado hostilidad y enfrentamiento *hacia fuera*, contra comunidades con creencias diferentes. Esto resulta especialmente cierto de los monoteísmos, que introducen una exigencia excluyente de verdad que los paganismos politeístas no conocieron. Los monoteísmos no conviven pacíficamente con otras formas de culto, las consideran falsas e idólatras e imponen su erradicación si es necesario por la fuerza como un deber piadoso de sus fieles. En el Antiguo Testamento hay testimonio y elogio de abundantes matanzas de infieles por exhorto de profetas judíos, dado que Jehová es «un Dios celoso» que no admite que se levanten altares a otras divinidades, cosa que los seguidores de

Baal y compañía experimentaron en sus propias carnes. Como el Ser Supremo del monoteísmo no se asienta en ningún territorio concreto sino en la conciencia humana; su culto dio origen a las primeras persecuciones ideológicas de la historia: la Inquisición inauguró unos procedimientos de buceo en la intimidad de las mentes y castigo de los disidentes que después culminaron en el Terror revolucionario, el GULAG y demás abusos totalitarios que recientemente algunos hagiógrafos han cargado nada menos que a cuenta... ¡de la Ilustración! Por supuesto, la *apostasía* y la herejía han sido castigadas con la muerte tanto por judíos y cristianos como por los musulmanes, aunque hoy sólo siga siendo delito capital en algunos regímenes islámicos. Lo cual no puede hacernos olvidar el exterminio de los cátaros por los católicos (con su terrible consigna: «¡matadlos a todos, Dios reconocerá a los suyos!») o las operaciones punitivas contra herejes campesinos impulsadas por la vehemencia de Lutero. Uno de los pensadores religiosos más interesantes de la segunda mitad del siglo XX, René Girard, ha interpretado (con razones quizá más ingeniosas que plenamente convincentes) el cristianismo como el esfuerzo sagrado por purgar a la sociedad de la violencia que en ella instaura el deseo mimético. Pero la historia demuestra tozudamente que esa doctrina ha servido para justificar largas orgías sanguinarias...

En segundo lugar, las religiones no son sistemas filosóficos cuyas perplejidades o contradicciones ocupan solamente los ocios cultivados de algunos intelectuales. Son amalgamas de creencias inverificables diversas, supersticiones, leyendas, pautas morales, cuentos edificantes, tabúes y profecías que inspiran la cotidianidad de personas de todas las clases sociales, con estudios o sin ellos, cultas o ignorantes, etc. La misma fe que para algunos es un estímulo poético que espiritualiza su vida hacia una más amplia y más comprensiva humanidad, funciona en otros casos como un oscurantismo fanático que impulsa al exterminio y a la persecución implacable de los semejantes. Cuando contemplan los efectos criminógenos del tan temido *odium theologicum*, los creyentes más templados y benévolos nos aseguran que sus correligionarios más feroces no han entendido el «verdadero» mensaje de Cristo, Mahoma o Moisés... Pero ¿cómo determinar de modo inequívoco ese mensaje auténtico? En los libros sagrados hay de todo, como en botica, y junto a preceptos solidarios y fraternos se ofrecen tantos más que destilan crueldad punitiva: la opción por unos u otros depende de circunstancias políticas y sociales ajenas a la religión misma, la cual –como la lanza del héroe griego– lo mismo sirve para infligir las heridas fatales que para sanarlas. Verbigracia: es cierto que el Corán abunda en suras mortíferas («¡Cuando encontréis a los infieles, matadlos hasta hacer una gran carnicería!» Sura 47, v. 14) y, a la vista de trágicos acontecimientos recientes, es difícil para la mayoría de nosotros aceptar que los llamamientos a la *yihad* o guerra santa se refieren en su origen ortodoxo simplemente al combate espiritual en el alma del creyente contra sus malas inclinaciones. Pero tampoco tranquilizan estas palabras en boca del supuestamente más dulce de los profetas, sobre todo cuando se conoce la historia del cristianismo: «No penséis que he venido para traer paz a la tierra; no he venido para traer paz, sino espada. Porque he venido para poner en disensión al hombre contra su padre, a la hija contra su madre, y a la nuera contra su suegra; y los enemigos del hombre serán los de su casa» (Mateo, 10: 34). También las descripciones en Números o Deuteronomio del destructor *herem* judío, según el cual tanto el hombre como la mujer, el joven como el viejo deben ser degollados (Números, 31: 17 –«Matad pues a todos los varones de entre los niños, matad pues también a toda mujer que haya conocido a varón carnalmente...– Josué, 6: 21, etc.) encuentran actualmente un eco devastador en los acontecimientos de Oriente Próximo. En el Antiguo Testamento las exhortaciones al genocidio son tan frecuentes que más que escandalizar, aburren.

Desde luego, cada una de estas doctrinas monoteístas abunda también en recomendaciones generosas hacia el prójimo, sobre todo si comparte nuestra fe, pero la propuesta belicosa y exterminatoria no está menos presente por ello en las tres. El mensaje *auténtico* del Evangelio, la Torah o el Islam es bifronte, como Jano: tolerante e intransigente, cordial y excluyente, fraterno y belicoso, criminal y pacífico... Que la predicación vaya por un camino u otro depende de circunstancias históricas, de los distintos juegos políticos de poder que se dan en cada caso y sobre todo de la influencia de los predicadores mismos. Sobre la existencia de Dios pueden caber dudas razonables y muchos lamentarán tal incertidumbre; pero de que existen clérigos muy activos y emprendedores en todas las religiones monoteístas no puede caberle a nadie duda ninguna... y esa certeza nos parece a bastantes más lamentable todavía. La escritura de la palabra divina presenta aspectos contradictorios: que el énfasis se ponga en las exhortaciones persecutorias o en las recomendaciones fraternas depende en gran medida de los intermediarios que se prestan voluntariosamente a interpretarla. Lo que la lección de la historia demuestra es que ninguna de las tres grandes confesiones se ha abierto paso solamente a fuerza de mansedumbre, porque esta virtud admirable es en el campo ideológico muy poco competitiva. Así lo asegura por ejemplo Jean-Paul Gouteux: «El éxito evolutivo de un sistema ideológico cualquiera depende de su capacidad para generar proselitismo, para combatir, excluir y reemplazar a los sistemas concurrentes. La naturaleza totalitaria de los sistemas religiosos e ideológicos de mayor éxito está ligado a esta implacable forma de selección. Las religiones dulces, tolerantes, humanistas y pacíficas no tienen oportunidad alguna de mantenerse. Insistamos sobre esta evidencia que a veces no quiere verse: sólo se reproducen los sistemas que desarrollan medios eficaces de reproducción: el proselitismo, el totalitarismo intelectual, la intolerancia, el absolutismo de las convicciones».[4]

Desde luego, una vez consolidadas, las iglesias pueden moderar estratégicamente sus afanes de influencia terrenal, sobre todo si el poder civil establecido no les es totalmente favorable. No hay circunstancia más dulcificadora de la intransigencia teológica que la *debilidad* política de quienes la ejercen. Existe un gran contraste entre los clérigos que tienen la autoridad vigente a su servicio y los que la tienen en contra o simplemente en una disposición neutral. Con gran rapidez

---

4. *Apologie du blasphème*, de J.-P. Gouteux, ed. Syllepse, París, 2006, p. 220.

adoptan las reinvindicaciones emancipatorias que combatieron cuando estaban en posición dominante, según la celebrada fórmula de Montalambert: «Cuando soy débil, os reclamo la libertad en nombre de vuestros principios; cuando soy fuerte, os la niego en nombre de los míos». Es una cita que nunca olvido al oír a la exfranquista iglesia católica española reclamar hoy a la democracia la libertad de enseñanza que tan eficazmente obstaculizó durante la dictadura... Sin duda ciertos clérigos han luchado pacíficamente y con imprescindible denuedo por defender derechos humanos atropellados, en Alabama o Sudáfrica, así como en varios países de América Latina. Han prestado inolvidables servicios... y no sólo a los creyentes. En otros casos, en cambio, han reivindicado libertades democráticas pero solamente en la medida en que favorecían el ejercicio de su culto: aunque contribuyeron sin duda al deseable derrocamiento del régimen comunista, los curas polacos –encabezados en su día desde Roma por Juan Pablo II– sólo se han preocupado realmente de la libertad religiosa en el país y poco han hecho a favor de otras franquicias democráticas, a cuyo liberalismo son más bien tumultuosamente opuestos.

En la mayoría de los países avanzados de Europa, con más o menos ocasionales reticencias, la Iglesia Católica acepta –¡a la fuerza ahorcan!– la convivencia laica imprescindible para el funcionamiento del Estado democrático. Pero lo que parecía que iba a ser la tónica general del mundo, la vía que habían de seguir antes o después todos los Estados –laicidad, liberalismo, la ética universalista como «código genético de la sociedad moderna» tal como profetizó Gilles Lipovetsky– se ha quedado reducida a una variante europea peculiar de convivencia, una originalidad cuestionada tanto desde fuera por el fanatismo de los creyentes (incluidos los fundamentalistas cristianos en EE.UU.) como desde dentro por la permanente puesta en cuestión de los antirracionalistas y antiilustrados. Además, la sombra agigantada y a veces caricaturizada del Islam se ha convertido en la gran amenaza que compromete nuestra seguridad y nuestras libertades. Es indudable que el terrorismo islamista de Al Qaeda (denominación «de origen» que también opera hoy como franquicia para otros grupos de fanáticos que han tomado –multiplicando víctimas– el relevo de los nihilistas decimonónicos) compromete la seguridad de muchos seres humanos en países occidentales y orientales. Puede muy poco en cambio contra nuestro sistema de libertades democráticas, salvo por la vía indirecta de ayudar a recortarlas dando argumentos a los políticos autoritarios que siempre buscan razones para aumentar los controles sobre la indisciplinada población civil. Lo cual preocupa al ciudadano celoso de sus derechos, desde luego, tanto como la temblorosa docilidad con que ciertas autoridades políticas y culturales se pliegan a las vociferaciones integristas de los supuestamente «ofendidos» por caricaturas, declaraciones papales o incluso –en España– fiestas de moros y cristianos. Después hablaremos de ello. Pero los atentados de Al Qaeda se dirigen sobre todo y en forma demostrativa (la propaganda por la acción, que decían los antiguos nihilistas antes mencionados) contra los musulmanes que en sus países de origen o en los occidentales de adopción parecen propensos a adoptar las formas de convivencia y representación propias de la democracia. Los terroristas islámicos quieren desanimar y destruir a cuantos pretenden probar con su propio ejemplo que ni en Oriente ni en Occidente es obligado para los ciudadanos –laicos o religiosos, pero adscritos al área cultural musulmana– el doblegarse a la *sharia* teológicamente revelada y fundada como única legalidad vertebradora de la comunidad.

No faltan quienes sostienen que el islamismo resulta intrínsecamente incompatible con la convivencia democrática y sus usos políticos o sociales. Esta opinión sería verosímil si sólo hubiera una doctrina islámica auténtica –la representada por los más integristas de esos creyentes– y si el Islam resultase ser la única religión incapaz de metamorfosis para adaptarse a la realidad histórica. Ambos supuestos me parecen falsos. Para empezar, existen diversas maneras igualmente «ortodoxas» o válidas según un amplio consenso piadoso de interpretar las enseñanzas del Corán y el resto de escritos musulmanes sagrados... tal como ocurre con cualquier otra religión basada en un Libro santo. Las actitudes más radical y belicosamente antioccidentales no son probablemente las mayoritarias y precisamente por eso necesitan recurrir a la violencia para afirmarse. En segundo lugar, a lo largo de los siglos se han dado estilos muy diferentes de islamismo (tolerantes, intransigentes, científicos, irracionalistas, etc.) y hoy mismo los hábitos de una mujer musulmana en Turquía o Túnez no son los mismos que los de sus correligionarias en Arabia Saudí. Por no hablar de los creyentes de ambos sexos que viven en Estados Unidos o los países europeos, así como –¡sobre todo!– los no creyentes o no practicantes que pertenecen sin embargo al ámbito cultural islámico y viven de modo semiclandestino en Estados teocráticos o parcialmente desarraigado de sus comunidades de origen en los nuestros. Y es que se puede ser musulmán (o disidente de la creencia mayoritaria) de formas diferentes. El mal estriba en que hay países musulmanes donde el ateísmo o la apostasía son castigados hoy de forma tan rigurosa como lo fueron ayer en la Ginebra de Calvino o en la España inquisitorial (¡imaginen la libertad religiosa que reinaría en Europa si todas las naciones estuvieran sometidas a un régimen político teocrático como el actualmente vigente en el Vaticano!). No es cuestión de sutilezas teológicas sino de instituciones cívicas: lo que les hace falta a la mayoría de los musulmanes no es una religión mejor sino un gobierno mejor, es decir más desentendido de las directrices religiosas y más preocupado por las libertades civiles. Por lo demás, el islamismo no tiene por qué ser en esencia más refractario a la democracia liberal que el catolicismo o, para el caso, que el comunismo o el socialismo (¡a final de los años setenta del pasado siglo todavía las juventudes socialistas españolas se planteaban en sus congresos la oportunidad de la lucha armada!). De modo que si se pretende recuperar un relativo optimismo comprobando cómo los más fanáticos pueden ser doblegados y que siempre le es posible a los humanos salir de los cepos ideológicos más asfixiantes, no hace falta repasar la historia del Islam sino que basta con la del cristiano Occidente...

Desde luego, no pretendo minimizar la distancia que hoy separa las libertades individuales de que goza cualquier persona bajo las leyes democráticas occidentales de las que padecen los obligados a someterse a la *sharia*. Sobre todo en el caso de las mujeres, como ha mostrado elocuentemente Ayaan Hersi Ali, la diputada holandesa de origen familiar musulmán que finalmente tuvo que abandonar su país tras el asesinato del cineasta Theo Van Gogh –en cuya película más polémica había participado– y que ha explicado con elocuencia los mecanismos de género esclavizadores que se siguen de cierta interpretación del Corán. Un historiador conservador creyó estigmatizar a Hersi Ali con el siguiente elogio: «es una heredera de Spinoza». ¡Bravo por ella! También Ayaan Hersi Ali y el propio Van Gogh han sido descalificados como personas «de derecha o ultra derecha» (calificación que por lo visto convertía las agresiones que han sufrido en simple respuesta a una previa provocación) por algunos obtusos «multiculturalistas» de ésos que hacen a los musulmanes democráticos más daño que sus peores enemigos. Contra estos «orientalistas por sectarismo» nos ha prevenido muy bien el filósofo iraní Daryush Shayegan, que opina que el Islam o cualquier otra religión que organiza en cuanto Ley el Estado y la sociedad funciona de manera retrógrada. También en los países de cultura islámica podría haberse implantado un estado de derecho de estilo democrático, pero han faltado una serie de circunstancias históricas favorables: «Para que hubiera democracia, habría tenido que haber previamente una secularización de los espíritus y de las instituciones, que el individuo como tal fuera un ser autónomo de derecho y no un alma anónima fundida en la masa gelatinosa de la *Umma* (comunidad islámica); que el derecho tuviera una base contractual y, finalmente, que la soberanía nacional hubiese preponderado en razón de su legitimidad imperativa sobre la represión coercitiva de los dictadores y la no menos sofocante de las instancias religiosas».[5] Estas carencias propician que el islamismo haya llegado a ser en todas partes una fórmula ideológica imprevisible y potencialmente explosiva, según advirtió proféticamente Shayegan en estas líneas escritas más de una década antes del atentado contra las Torres Gemelas: «El gran peligro de la islamización

5. *La mirada mutilada,* de D. Shayegan, trad. Roser Berdagué, ed. Península, 1990, pp. 40-41.

no está sólo en sus excesos, en sus cambios súbitos, en sus titubeos, en sus anacronismos, sino en el hecho de que, por no estar en condiciones de implantar un orden histórico estructurado, provoca el caos y el caos se aprovecha de los elementos más subversivos, que estaban esperando su oportunidad en los bastidores del poder. De esa caja de Pandora puede salir cualquier cosa: los más inverosímiles unicornios, los más terribles monstruos del zoo político, desde Khadafi a Pol Pot, pasando por los iluminados de todo tipo, puesto que el culto a la revolución se convierte en un fin en sí mismo y pone en marcha su propia demonología».[6] Y en ese punto entra Al Qaeda...

La amenaza perfectamente real del integrismo islámico en nuestros países democráticos ha despertado pavores y pronunciamientos apocalípticos de signo contrapuesto. Algunos responsables culturales se adelantan incluso a las protestas de los temidos intransigentes y suprimen de todo espectáculo cualquier cosa que supongan ofensiva para ellos (lo cual es sumamente difícil de calibrar, porque cada cual se ofende por lo que quiere y prácticamente no hay gesto público o incluso privado incapaz de herir la susceptibilidad del neurótico o del fanático). Una de las últimas y más notables ridiculeces es la retirada de los «moros» en las fiestas de Moros y Cristianos de varias localidades españolas para no ultrajar a los musulmanes, algo tan «comprensible» desde lo políticamente correcto como abolir la figura de Pilatos y sus centuriones en las representaciones de Semana Santa para no ofender al gobierno italiano... Los atentados y las polémicas (caricaturas de Mahoma, referencia de Benedicto XVI a una opinión del Manuel Paleólogo, etc.) han creado un clima de suspicacia y estruendo mediático que algunos se han apresurado a calificar de «islamofobia» y han denunciado como una posición ultraderechista. En realidad lo que se detecta socialmente es una fobia contra la intransigencia y los comportamientos violentos de ciertos musulmanes, no una postura xenófoba generalizada contra los miembros de ninguna etnia o grupo cultural. También la reprobación de ciertas prácticas incompatibles con la igualdad

6. Ibídem, p. 127.

136

de ambos sexos en las sociedades democráticas. Defender que las mujeres –sea cual sea su circunstancia cultural o las tradiciones familiares– no pueden ser mutiladas o forzadas a llevar indumentarias humillantes no es una forma de discriminación, sino muy al contrario una reivindicación del trato igual a todos los ciudadanos. Y también lo es luchar por crear circunstancias laicas en las que ellas puedan optar libremente por cómo vivir y comportarse, sin la coacción de sus varones familiares y de un entorno tradicionalista –secundado por «orientalistas» majaderos– que determinan con triunfalismo que su evidente subyugación es asumida de manera voluntaria.

Es verdad que actualmente muchos conservadores defienden frente a los islamistas los valores de la Ilustración –que ayer detestaban por impíos– no tanto por ser universales como por ser «los nuestros», los de casa. En este punto ha tenido lugar un curioso giro sociopolítico que resume con acierto Ian Buruma en *Murder in Amsterdam*, el excelente ensayo-reportaje que dedica al asesinato de Theo Van Gogh: «La izquierda estaba del lado del universalismo, el socialismo científico y cosas semejantes, mientras que la derecha creía en la cultura, en el sentido de "nuestra cultura, nuestras tradiciones". Durante la época multicultural de los años 1970 y 1980, este debate comenzó a cambiar de dirección. Ahora fue la izquierda quien tomó partido por la cultura y la tradición, especialmente "sus" culturas y tradiciones, esto es, las de los inmigrantes, mientras que la derecha argumentaba a favor de los valores universales de la Ilustración. El problema en este debate era la maldita confusión entre lo que era de hecho universal y lo que era meramente "nuestro"».[7] Dicho sea de paso, en el panorama de la política española hemos conocido el mismo desconcertante y patético cambio de sentido en los ideales de la izquierda con su reciente entusiasmo por el separatismo nacionalista y étnico en el País Vasco, Cataluña, etc.

Lo cierto es que, en demasiadas ocasiones, quienes denuncian a los «islamófobos» de extrema derecha en realidad actúan como aliados de la retrógrada extrema derecha

7. *Murder in Amsterdam*, de I. Buruma, Atlantic Books, Londres, 2006, p. 30.

del conservadurismo islámico. Una cosa es garantizar el derecho de cada cual a elegir su forma de vida y otra decidir que ciertas tradiciones religiosas contrarias a los derechos individuales fundamentales en las constituciones democráticas no pueden ser combatidas por la legislación del Estado democrático. En realidad, esa actitud encierra un racismo a la inversa, basado falazmente en la alteridad multicultural. No hay nada más sospechoso que determinar la existencia de «alteridades humanas» las cuales, en nombre de la Sagrada Diversidad, no quieren o no necesitan la protección de los «eurocéntricos» (?) derechos humanos. Frente a estas manipulaciones sectarias, es bueno recordar el sano igualitarismo humanista: «Nuestra común naturaleza humana nos hace compartir valores esenciales. Libertad, altruismo, respeto, igualdad, fraternidad son valores que se encuentran en mayor o menor grado en todas las culturas y que no son para nada exclusivas de nuestra "civilización occidental". Estos valores fundamentales (que sería necesario fuesen definidos más claramente en las grandes declaraciones internacionales) subyacen en la existencia de derechos: derecho a cuidados, a la educación, a opciones políticas, a condiciones de vida decentes y, a veces, simplemente derecho a la existencia. Y aquí resulta peligrosa la visión de una alteridad radical, al construir un discurso que acaba por extraer al Otro de estos valores fundamentales. Este colmo de la diferencia se reúne así con el peor racismo».[8]

Llevado a sus más sanguinarios extremos, sin duda el islamismo integrista nos recuerda –por su impermeabilidad al pensamiento crítico, por su desprecio a la vida ajena, por sus pretensiones exterminatorias de lo que odia y por su culto a la muerte, incluso al suicidio– los peores rasgos de los totalitarismos que asolaron Europa el pasado siglo. El excelente retrato que hace Ian Buruma en su libro ya citado de Mohammed Bouyeri, el joven asesino de Theo Van Gogh, resentido no del todo sin causa pero crecientemente marginado por voluntad propia y entregado al sueño de la inmolación gloriosa, podría ser el de uno de los personajes de *El agente secreto* de Joseph

---

8. Gouteux, *op. cit.*, p. 140.

Conrad o del *Adiós a Berlín* de Christopher Isherwood. Sin embargo tampoco creo que acierten de lleno quienes denuncian el crecimiento mundial de un «islamofascismo» (como si todo extremismo ideológicamente dañino debiera responder al paradigma del fascismo y no al del bolchevismo o la Inquisición papal, por ejemplo) y pronostican un «choque de civilizaciones». En primer lugar, se trata de un uso abusivo de la palabra «civilización» porque en nuestra época hay sólo una, la civilización científico-técnica, a la cual recurren por igual Bush y Bin Laden cuando tratan de conseguir armas eficaces, conservar su salud o comunicarse con el resto del mundo. Pero si entendemos «civilización» como una especie de equivalencia simbólica de «identidad cultural», sigue sin ser convincente centrarla en torno a la cuestión religiosa. Además de las creencias religiosas, o de la ausencia de ellas, cualquier persona tiene otros muchos rasgos identitarios basados en caracterizaciones diferentes. Y ello es una objeción tan válida para los catastrofistas del choque de civilizaciones como para los beatos indocumentados que preconizan su alianza. Es un punto de vista argumentado convincente y extensamente por Amartya Sen en su último libro: «Cuando las relaciones interpersonales son vistas en términos intergrupales singulares, como "amistad" o "diálogo" entre civilizaciones o etnicismos religiosos, sin prestar atención a otros grupos a los cuales la misma persona también pertenece (implicando conexiones económicas, políticas, sociales o culturales), entonces gran parte de lo que tiene importancia en la vida humana se pierde y los individuos son colocados en estrechos compartimentos estancos».[9] Supone un determinismo cultural inaceptable convertir el factor religioso –sobre todo entendido como fe y no como mero «ambiente» convivencial al que se pertenece por tradición o comodidad– en la condición predominante que configura la identidad personal. Si quienes pertenecemos a la supuesta «civilización cristiana» podemos enumerar sin especial esfuerzo intelectual media docena –¡como poco!– de rasgos diacríticos más o menos idiosincrásicos que nos definen

9. *Identity and Violence*, de A. Sen, Allen Lane, Londres, 2006, p. XVI.

mejor que la religión mayoritaria del país en que habitamos, no tenemos razón válida para negar el mismo privilegio a quienes viven dentro del área cultural mahometana. No estoy dispuesto a «chocar» ni a «aliarme» con nadie por sus creencias religiosas ni desde luego a suponer que para él han de contar más que para mí las de mi entorno: más bien al contrario, creo que nos entenderemos mejor si ambos confesamos que padecemos con cierta incomodidad resignada a nuestros respectivos clérigos.

Los que «chocan» religiosamente en el mundo en que vivimos, a veces con terribles resultados, son precisamente los mismos que sólo encuentran un motivo de «alianza» en la batalla contra los escépticos racionalistas que aspiran a vivir en sociedades democráticas en la que las creencias trascendentes sean un derecho para cada cual pero no una obligación para todos. Se trata de los *fanáticos,* cuyo lema es el «¡piensa como yo o muere!» ya denunciado hace siglos por Voltaire. En los Estados de derecho occidentales están actualmente en radical minoría, lo que no impide que de vez en cuando amenacen con sus arrebatos feroces –que a veces encubren problemas sociales menos ultramundanos– la siempre frágil convivencia liberal. La ausencia de grandes pasiones políticas y la urgencia insolidaria de intereses privados caracteriza a las naciones modernas en el mundo desarrollado... y en otras naciones que tratan de ponerse social y económicamente a su misma altura. En ese ámbito desencantado, los desbordamientos indomables de la creencia milenarista tienen un atractivo cierto para muchas almas ingenuas, maltratadas o demasiado generosas. Como ha dicho Dominique Colas, «el fanatismo es el rechazo delirante de aceptar la finitud terrestre del hombre».[10] Muchos jóvenes lo sentimos a finales de los años sesenta, mezclado con reivindicaciones más sensatas y necesarias, así como hoy hechiza también a otros que por lo demás no carecen de justos motivos de inconformismo. Pero el fanatismo religioso de los unos despierta otros no menos ciegos de signo adverso,

---

10. «Le fanatisme, histoire d'un mot», de D. Colas, en *Le religieux dans la politique,* ed. Seuil, París, 1991, p. 43.

nunca un programa de mejoras viable para la sociedad del siglo XXI. Constituye el camino equivocado para algo necesario y oportuno, el retorno a la preocupación ideológica por participar en transformaciones políticas más justas en un orden mundial sometido a la rutina expoliadora de la maximización de beneficios y la minimización de derechos sociales: «indicador privilegiado de las tensiones que actúan en la sociedad, y que no saben decirse más que ocultándose, lo religioso aparece hoy como un formidable vector de reideologización, cuyo objetivo principal sería cuestionar las categorías de lo relativo y por tanto de la democracia. El problema estriba pues en volver a encontrar, en lo relativo, un lenguaje que permita dar cuenta de lo real y describir, pensar y decir una relación con el sentido».[11]

Con motivo de la polémica que siguió a las palabras de Benedicto XVI en Ratisbona y casos similares, ciertos rigoristas católicos reclaman la necesidad de regresar a «nuestros valores» frente a la intransigencia agresiva de los peores musulmanes. Pero se trata de un equívoco, porque «nuestros valores» democráticos y occidentales no son los tutelados por la teocracia vaticana, sino los resumidos en el concepto de laicidad institucional. Quienes pretenden teocratizar «a la católica» nuestras sociedades para resguardarlas de la teocracia islamista, en realidad están musulmanizando el cristianismo: como tantas otras vanguardias a lo largo de la historia, avanzan en cabeza con tanta decisión que terminan pasándose al enemigo que se nos viene encima... Para que pueda realmente darse una sociedad laica pero a la vez cohesionada y activa en la búsqueda de mejoras sociales, es preciso dejar bien claro que en la época actual –quizá por mérito precisamente de la evolución histórica del cristianismo, «la religión para salir de la religión» según explicó Marcel Gauchet– ya no es imprescindible el poder unificador y justiciero de la religión para legitimar estos fines. Sin embargo, esta constatación no anula la deuda de nuestros valores laicos con sus orígenes culturalmente reli-

---

11.   «L'Église entre Gdansk, Rome et Varsovie», de Patrick Michel, en *Le religieux dans la politique*, p. 57.

giosos. En este punto, suelen confundirse algo grotescamente las cosas: como una parodia del «si Dios no existe, todo está permitido» del personaje de Dostoievski, algunos creyentes o ex creyentes exigen a los que salieron de la religión dogmática la entrega del botín robado, como por ejemplo los derechos humanos. Su *ukase*: «o creen en Dios o deben pasarse a los devoradores de seres humanos».

Véase el caso, que me afecta personalmente en su polémica, de lo que sostiene Reyes Mate en «Retrasar o acelerar el final. Occidente y sus teologías políticas».[12] Este autor comenta opiniones de Sloterdijk y sobre todo de Enzesberger, que a su juicio vinculan de manera indisoluble la suerte de la religión cristiana y de los derechos humanos. En el caso de Enzesberger, aporta una cita en la que el pensador alemán señala que tales derechos plantean una obligación sin límites hacia los demás y una demanda infinita que muestra su originario núcleo teológico, para concluir luego que ha llegado el momento de librarse de todas las fantasías morales de omnipotencia. Entonces anota Reyes Mate: «Comparemos ahora estos planteamientos con la teoría de Savater según la cual la raíz cristiana de los derechos humanos consiste en que a éstos "se les niega la sanción divina, por lo que fueron en sus orígenes condenados por el papado" (la cita pertenece a "Nuestras raíces cristianas", un artículo publicado en *El País*, 4-VII-04, que el lector encontrará en los apéndices de este libro. FS). Savater, en un gesto muy convencional, se queda con los derechos humanos, que debe atribuir a la razón ilustrada e ironiza sobre el ascendiente religioso. Lo que no ve, a diferencia de los alemanes, es que esos derechos humanos tienen tanto futuro como lo tenga la razón religiosa de la que proceden. Lo coherente, si se les niega su carácter de secularización, sería desentenderse de ellos, como piden los autores citados. Savater quiere estar a la vez con Dionisos y con el Crucificado».[13] Así soy yo de ambicioso, pero lo que en este caso indicaba en

---

12. «Retrasar o acelerar el final. Occidente y sus teologías políticas», de M. Reyes Mate, en *Nuevas teologías políticas*, ed. Anthropos, Madrid, 2006.
13. Ibídem, p. 35 (nota).

mi artículo es algo bastante obvio y tampoco demasiado original: la promulgación de los derechos humanos es una realización laica de la razón ilustrada (en el caso de los padres fundadores de Filadelfia aún más explícitamente irreligiosa que en el de los constitucionales franceses) que hereda precisamente del cristianismo primigenio su capacidad de sublevarse en nombre de la verdad contra la autoridad eclesial establecida. Los derechos humanos provienen de la cultura cristiana, pero en su formulación institucional revolucionaria prolongan lo más humanista y moderno de ese mensaje hasta la ruptura con el acriticismo de la fe y con la sumisión a la jerarquía, obteniendo una autonomía ideológica y moral que el Papa –menos distraído en esta cuestión que Reyes Mate– condenó inmediatamente. Conservan la igualdad humana, la libertad de conciencia y la fraternidad universalista como el contenido ético-político obligatorio de unas leyendas piadosas cuya literalidad dejan abierta al juicio personal de cada cual. Por supuesto, no hay ninguna razón para leer los derechos humanos fanáticamente, o sea como una demanda infinita: quienes los han analizado mejor –pienso en Norberto Bobbio– los comprenden más bien como un compromiso solidario de largo alcance y como un conjunto de límites autoimpuestos frente a la perentoriedad utópica de las transformaciones políticas. Por lo demás, establecer que hay que elegir entre abandonar el cristianismo (como creencia, pues ni Nietzsche ni nadie pretende renunciar a él como tradición cultural) o renunciar a los derechos humanos es tan convincente como pedir que los ateos no celebren ningún día de descanso semanal, puesto que todos tuvieron en su origen legitimación religiosa...[14]

14. Por lo demás, no falta ni siquiera un pensador que se declara a la vez muy radicalmente cristiano y nietzscheano: Gianni Vattimo. En su obra más reciente, autobiográfica, sostiene que «la modernidad interpreta el cristianismo en términos de derechos individuales, libertad de conciencia, todas esas cosas contra las que la iglesia siempre ha militado a muerte. Como sigue sucediendo hoy. Lo que para mí no quita que la autenticidad del cristianismo sea el pensamiento moderno-liberal-socialista-democrático, aunque eso fastidie a todos los papas y cardenales. El nihilismo posmoderno es la forma puesta al día de cristianismo» (G. Vattimo y P. Paterlini, *Non essere Dio*, Alberti editore, Regio Emilia, 2006, p. 182).

Para comprender mejor la desvinculación entre los derechos humanos tal como se han establecido tradicionalmente y la creencia religiosa cristiana *actual* no hay más que compararlos con la alternativa que, a final de los años setenta del pasado siglo, elaboraron una serie de teólogos y representantes de entidades islámicas. Esa «Carta islámica de los derechos del hombre» pretendía denunciar el carácter eurocéntrico y prooccidental de la presente Declaración de Derechos Humanos. En tal alternativa, se comenzaba por afirmar que Alá es el autor de la ley y la fuente de todos los derechos humanos, de modo que los tales para ser viables exigen creer en Dios y someterse al Islam. A partir de ese punto, admitía castigos para el robo consistentes en diversas amputaciones... porque así figuran en el Corán. Y desde luego condenaba como crimen capital la incredulidad y la apostasía. Poco tiene que ver este planteamiento fideísta con los derechos humanos laicos y universalistas que conocemos: más bien representa su reverso, como sería también lo contrario de los derechos humanos una serie de compromisos que dependiesen de la fe cristiana y la sumisión a las autoridades eclesiásticas.

La laicidad del Estado democrático se establece sobre el principio de que la legitimación de las instituciones no necesita ni acepta una justificación teocrática sino que se basa en un fundamento cívico, la voluntad libremente expresada, contrastada y medida de los ciudadanos. Aquéllos que deploran –casi siempre clérigos de mayor o menor rango– el impuesto «silencio de Dios» o la pretensión blasfema de prescindir de su tutela, aciertan en parte sin dejar de equivocarse en conjunto. Efectivamente, en cuestiones políticas o legales Dios debe guardar silencio institucional, lo cual no puede ser una pérdida verdaderamente seria para Alguien capaz de hablar directamente a los corazones de los hombres y de iluminar sus mentes (en cambio obispos, ulemas y rabinos echarán probablemente de menos una mayor audiencia pública). En cuanto a la presencia tutelar de la divinidad, no se trata de que prescindan de ella los ciudadanos sino de que disfruten de sus beneficios sin necesidad de reconocimientos explícitos en los códigos: puesto que Dios está en todas partes, no menos en las cancillerías que en las carpinterías o comercios de ultramarinos, es inútil –tanto para quien cree como para quien no cree– levantar acta oficial de su paternal benevolencia sobre ninguna asamblea humana en particular. Lo importante es dejar claro que la vertebración de la comunidad democrática no se debe a ningún principio religioso ni puede ser resultado de la ofrenda a ningún altar... ni siquiera el de la Patria: es creación de la ciudadanía. Según establece Jürgen Habermas, «el procedimiento democrático debe su fuerza generativa de legitimación a dos componentes: por un lado, a la participación política igualitaria de los ciudadanos, que garantiza que los destinatarios de la leyes puedan también entenderse al mismo tiempo a sí mismos como los autores de esas leyes; y, por otro lado, a la dimensión epistémica de las formas de discusión y de acuerdo dirigidas deliberativamente, que justifican la presunción de resultados racionalmente aceptables».[15] Con eso, por supuesto, debe bastar.

Quizá sea Habermas, precisamente, el pensador actual que más esfuerzo intelectual ha dedicado a buscar un equivalente laico al poder unificador que antaño tuvo la religión... ¡y no desde luego por propensión dionisíaca anticristiana! En su traza, lo primero que debemos plantearnos es en qué consiste la laicidad o mejor –dando por hecho que consiste en la separación de la esfera política y la religiosa– hacia qué apunta y cuál ha de ser su alcance concreto. Puede decirse que en este punto hay versiones más radicales y otras más templadas, diferencia que a veces trata de mostrarse confusamente utilizando palabras distintas como «laicidad», «laicismo» o «aconfesionalidad». Aunque soy de los que dan importancia al nombre de las cosas (porque, como bien señaló Bertrand Russell, comienza uno equivocándose de palabra y se acaba errando en el concepto), en este caso el busilis del asunto no me parece nominalista. Cierto prejuicio vulgar tiene a la palabra «laicidad» (que no figura en el DRAE) como expresión de una postura moderada y aceptable, mientras que el «laicismo»

---

15. *Entre naturalismo y religión*, de J. Habermas, trad. F. Gil Martín y otros traductores, ed. Paidós, Barcelona, 2006, p. 128.

nombra el extremismo anticlerical y enemigo de la religión. El laico, según este criterio es el partidario templado de la separación entre lo civil y lo religioso, mientras que el laicista es el arrebatado que pretende combatir lo religioso por medio de lo civil. Creo más ajustado a la semántica llamar «laicidad» y «laico» a un estado de cosas, a una situación (la vigente en los países democráticos europeos, por ejemplo), mientras que el laicismo es la actitud de quien es consciente de la situación institucional antedicha y la defiende o aplica en ocasiones concretas. Más o menos así lo explica Carlo Augusto Viano: «Con la palabra "laico" se expresa de hecho una *condición*, que todos identifican del mismo modo, mientras con "laicista" se designa la *disposición* de quien aprueba la separación entre la esfera política y la religiosa y pretende que el poder político proteja a los ciudadanos de la injerencia del clero, que no debería disponer de poderes coercitivos, ni directos ni indirectos».[16] En España es frecuente todavía tomar «laico» (¡y no digamos «laicista»!) por «anticristiano», «ateo», «comecuras», etc., lo cual –además de triste ignorancia– demuestra injusta mala fe contra los muchos católicos y personas religiosas de otras confesiones que defienden el laicismo en nuestro país. Algunos semienterados (que son peores que los ignorantes con dedicación exclusiva) oponen el término «aconfesional», que es el que figura en la Constitución, como algo distinto a «laico» y casi opuesto a esta postura impía. Según ellos, la aconfesionalidad consiste en que el Estado no tiene ninguna religión en particular pero debe favorecerlas a todas; naturalmente, como por cultura y tradición España es principalmente católica (por no hablar del Concordato con la Santa Sede firmado por vez primera en época de Franco, de efectos importantes sobre todo en el terreno educativo), la aconfesionalidad entendida de este modo tan *sui generis* exigiría a fin de cuentas una decidida tutela institucional a la Santa Madre Iglesia. La simple realidad es que la aconfesionalidad representa algo perfectamente equivalente a la laicidad (según estableció claramente una sentencia del Tribunal Constitucional el año 2001): es

---

16.   *Laici in ginocchio*, de C. A. Viano, ed. Laterza, Roma-Bari, 2006, p. 26.

decir, neutralidad del Estado ante las diversas confesiones religiosas... y por supuesto también ante la postura religiosa de quienes niegan la verdad de los dogmas sagrados y proclaman los perjuicios cívicos o inmoralidades que promueven las diversas ortodoxias.[17]

Sin embargo, es cierto que el laicismo –llamemos a las cosas por su nombre académicamente aceptado– puede tener como fondo concepciones distintas del papel de las religiones en el Estado democrático, sin dejar por ello de ser igualmente riguroso a la hora de exigir la separación nítida y bien delimitada entre el poder político y los grupos de presión eclesiales. Habermas, como ejemplo destacado, es muy favorable a conceder relevancia pública al lenguaje religioso como expresión de demandas de convivencia y futuro: «En principio, los ciudadanos secularizados, en la medida en que actúen en su papel de ciudadanos de un Estado, no deben negarles a las imágenes del mundo religiosas un potencial de verdad, ni deben cuestionarles a los conciudadanos creyentes el derecho a hacer aportaciones en el lenguaje religioso a las discusiones públicas. Una cultura política liberal incluso puede esperar de los ciudadanos secularizados que participen en los esfuerzos de traducir las contribuciones relevantes desde un lenguaje religioso a un lenguaje públicamente accesible».[18] También previene Habermas contra la prepotencia racionalista que se arroga el derecho de establecer lo que es racional e irracional dentro de las creencias religiosas. Y algo que todavía puede ser más polémico: como la laicidad protege por igual a todas las formas de religiosidad, el Estado «tiene que eximir a los ciudadanos religiosos de la excesiva exigencia de efectuar en la propia esfera público-política una estricta separación entre las razones seculares y las religiosas, siempre y cuando esos ciudadanos lo perciban como una agresión a su identidad personal».[19]

Me parece difícilmente discutible que las religiones son ante todo *formas de expresión* de valores, experiencias y anhelos

---

17. Para conocer la trayectoria de este asunto debe leerse *España: de la intolerancia al laicismo*, de Victorino Mayoral, Ediciones del Laberinto, Madrid, 2006.

18. Ibídem. p. 119.

19. Ibídem. p. 137.

humanos y que en calidad de tales deben ser asumidas como parte preciosa del esfuerzo humano por comunicar y compartir la rara aventura de saberse mortal en un mundo enigmáticamente transitorio. Despreciar radicalmente tales formulaciones por su carácter nulamente «científico» no es tanto una muestra de impiedad como una señal inequívoca de incultura porque las tradiciones religiosas pertenecen a la interpretación y valoración de la existencia humana en el mundo, no a la descripción del funcionamiento de éste, que corresponde a la ciencia (aunque fomenten equívocos de parvulario los creyentes que contraponen la Biblia a *El origen de las especies*). Sin embargo, tal como hemos indicado antes, la orientación moral y social que proporcionan los textos sagrados es sumamente ambigua, por decirlo del mejor modo posible. Como por lo general provienen de épocas muy antiguas y de circunstancias históricas diferentes de las actuales, sus preceptos –tomados literalmente– son con frecuencia opuestos a los valores cívicos de la modernidad y a veces llegan a sustentar recomendaciones monstruosas. Claro, siempre hay otros pasajes que alivian o morigeran la intransigencia pero para escoger a unos frente a otros es imprescindible precisamente emplear el discernimiento racional laico (que a mi juicio incluso en sus momentos de mayor arrogancia siempre suele en el fondo ser más humilde que la soberbia iracunda de la fe). Sin la aplicación periódica de regulaciones laicas para descartar los aspectos hoy éticamente inasumibles de las religiones y potenciar en cambio sus valores de tolerancia o solidaridad, las revelaciones antañonas de los Libros Santos serían perfectamente incompatibles con la modernidad democrática.

En numerosas ocasiones (en contra de lo que dice Habermas) al creyente se le exigirá con todo derecho separar las razones religiosas de las seculares y, aún más, someter las primeras a las segundas. Así lo sostiene José Antonio Marina en su libro *Por qué soy cristiano*, significativamente subtitulado «Teoría de la doble verdad»: «Por lo que sé, las evidencias religiosas –como las estéticas– no pueden universalizarse. Se basan en experiencias privadas, que pueden ser asimiladas y repetidas por otras personas, pero sin que podamos encontrar criterios objetivos para justificar su verdad. [...] Afirmar el carácter privado de la experiencia religiosa no significa expulsar a las religiones de la vida pública, sino tan sólo reconocer que cuando entran en conflicto con verdades universales deben volver a su ámbito privado».[20] También el controvertido teórico musulmán Tariq Ramadan establece que cuando la lectura literal del Corán entra en conflicto con la legislación de las sociedades democráticas modernas, son los valores instituidos en estas últimas los que deben prevalecer (entrevista publicada en la revista británica *Prospect*, julio de 2006). En estas colisiones es no sólo posible sino muy probable que la separación entre verdad religiosa y legalidad civil, sobre todo cuando debe saldarse con la sumisión de la primera a la segunda, sea vivida por bastantes dogmáticos como una agresión a su identidad personal. Si se atiende a esa susceptibilidad por encima de cualquier otra –como podría deducirse de una lectura descontextualizada de la opinión de Habermas– la armonía social en comunidades contemporáneas que albergan diversos credos bajo una constitución democrática liberal que prima los derechos individuales sería prácticamente imposible. Por fortuna, creo que el dictamen de Habermas debe comprenderse a partir de su esclarecedor aunque algo enrevesado planteamiento del pluralismo cultural –fundamentalmente religioso– en nuestros países: «Un multiculturalismo bien entendido no es *una calle de dirección única* que conduzca a la propia afirmación cultural de grupos con una identidad cada uno de ellos distinta. La coexistencia en igualdad de derechos de diferentes formas de vida no debe conducir a la segmentación. Por el contrario, requiere la integración de los ciudadanos –y el reconocimiento recíproco de sus pertenencias culturales– en el marco de una cultura política compartida. Los miembros de la sociedad están habilitados a conformar su singularidad cultural tan sólo bajo el presupuesto de que –yendo más allá de las fronteras entre las diversas culturas– todos se comprendan como ciudadanos de la misma

20. *Por qué soy cristiano*, de J. A. Marina, ed. Anagrama, Barcelona, 2005, p. 64.

comunidad política. Los diversos títulos y poderes encuentran sus límites en los fundamentos normativos de aquella Constitución de la que se deriva su propia legitimidad».[21]

La versión de la laicidad que presenta Jürgen Habermas se muestra especialmente atenta a no coartar las manifestaciones religiosas de valores compartidos con la aplicación estrecha del baremo racionalista. En cambio Carlo Augusto Viano propugna un laicismo que proteja el derecho de los no creyentes a exteriorizar libremente sus críticas antirreligiosas y antieclesiales. Después de todo, también forma parte de cualquier «libertad religiosa» bien entendida la de ser antirreligioso convencido... En nuestras sociedades democráticas, donde uno puede denigrar y burlarse prácticamente de todo (¡hasta del fútbol! ¡hasta de la TV, la «caja tonta»!), las creencias y tradiciones religiosas no deberían gozar de una bula especial, como tantas veces se reclama. Viano es un crítico severo de las religiones realmente existentes, bastante peores que sus idealizaciones poéticas: «Las religiones, como ha señalado una amplia literatura, hoy sin embargo poco frecuentada, generan supersticiones, miedos, sometimientos intelectuales, tienden a cubrir conductas negativas y se rigen por medio de imposturas y promesas imposibles de cumplir. En la sociedad contemporánea hacen muy fuertes los lazos en el interior de las comunidades a las que dan vida, pero crean rupturas con las otras comunidades de la misma sociedad y proyectan reservas sobre las expectativas de reciprocidad que mantienen unida a la sociedad».[22] Este último punto es importante, en la medida en que se afirma explícitamente que para el creyente es más relevante su credo que las obligaciones de la ciudadanía que comparte con todos. Por lo tanto, el laicismo de Viano se basa en un componente críticamente antirreligioso: «El núcleo central del laicismo debería consistir en la capacidad de promover una crítica de la autoridad eclesiástica y una vigilante atención sobre sus pretensiones de poder y sobre sus enseñanzas. Los discursos de los religiosos están lle-

21. Ibídem, p. 274.
22. Viano, ibídem, p. 105.

nos de falsedades, distorsiones, imposturas y propaganda, como el de otras agencias de consenso: la cultura laica debe promover la crítica de estas cosas. Una sociedad laica es aquélla en la que es posible desenmascarar las imposturas del clero y en general de los profetas religiosos y en la que se provee a los ciudadanos de instrumentos para emanciparse de las enseñanzas religiosas».[23]

A mi juicio, los rasgos fundamentales de la laicidad –condición indispensable de cualquier verdadero sistema democrático– son dos: primero, el Estado debe velar porque a ningún ciudadano se le *imponga* una afiliación religiosa o se le *impida* ejercer la que ha elegido; segundo, el respeto a las leyes del país debe estar por encima de los preceptos particulares de cada religión. Las iglesias pueden hacer recomendaciones morales a sus fieles pero no exirgirlas al resto de la comunidad, como a veces parecen pretender. Pero el abuso no siempre viene del clero, también abundan hoy los políticos que convierten en programa público lo que debería pertenecer al ámbito de la conciencia de cada cual. Es algo que se ha visto últimamente mucho entre los conservadores norteamericanos durante la desdichada era de Bush jr. (y en su traza, ay, en la paleológica derecha española, tan escasamente liberal). Pero no siempre ha sido así. Aunque las pretensiones de los fundamentalistas cristianos en EE.UU. vienen de antiguo, en otro momento encontraron firme oposición entre los propios conservadores. Véase una muestra: «Me pone francamente enfermo y ya estoy cansado de los predicadores que abundan en este país diciéndome que como ciudadano, si quiero ser una persona moral, debo creer en A, B, C y D. ¿Quién se han creído que son? ¿Y de dónde se sacan el derecho a dictarme sus creencias morales a mí? Y aún estoy más indignado como legislador por tener que soportar las amenazas de cada grupo religioso que piensa que tiene el derecho otorgado por Dios de controlar mi voto en cada tema propuesto al Senado. Hoy les advierto: lucharé contra ellos en cada paso del camino si intentan dictar sus convicciones morales a los americanos en

23. Ibídem, p. 107.

nombre del conservadurismo».[24] Estas admirables palabras fueron pronunciadas en 1981 por el senador Barry Goldwater, reputada cabeza de los republicanos conservadores que perdió ante Lyndon B. Johnson las elecciones presidenciales. En el actual paraíso de los *teocons*, es difícil imaginarlas en boca no ya de uno de sus correligionarios sino incluso de la mayoría de los senadores demócratas...

La cuestión más escabrosa en lo tocante a la necesaria laicidad del Estado democrático es la educación. Por una parte, los padres tienen derecho a formar a sus hijos en la religión que ellos profesan; por otra, la sociedad debe garantizar a cada neófito los instrumentos intelectuales necesarios y la información suficiente sobre otras alternativas, de modo que cada cual pueda elegir libre y responsablemente sus creencias cuando alcance la debida madurez para ello. En una palabra, nadie debe estar determinado desde la cuna a profesar tales o cuales creencias, por respetables que sean. Los padres tienen derecho a transmitir a los hijos sus valores y visión espiritual de la vida (como no dejarán de hacer por vía familiar o empleando a los intermediarios que ellos crean adecuados) pero en ningún caso esa perspectiva debe ser la única que reciban los niños, blindándolos contra cualquier otra forma de pensar. Es evidente que la educación moral –ni mucho menos la formación intelectual– no puede ser competencia exclusiva de los padres, por muy noblemente que se dediquen a la tarea. No se educa a los niños para la armonía familiar sino para la armonía social: por tanto la responsabilidad de la enseñanza corresponde a la sociedad entera. Si el niño o el adolescente cuando crezcan se comportan de acuerdo con lo que sus padres quieren pero de modo que la comunidad democrática resulte lesionada, la educación habrá causado más daño que beneficio. Actualmente muchas veces es así. En su último libro antes comentado, Ian Buruma conversa con varios jóvenes musulmanes sobre su espinosa integración en Holanda y uno de ellos comenta: «lo que dificulta mi integración no es la socie-

24. Citado por Richard Dawkins en *The God Delusion*, Bantam Press, Londres, 2006, p. 39.

dad holandesa sino mis padres». No es un caso único, desde luego: en los sucesos de violencia escolar que tanto preocupan ahora en España, muchas veces la mayor amenaza para los maestros no son los alumnos sino sus padres.

Resulta abusivo dar por hecho que los niños, antes de poder elegir, pertenecen obligadamente a la religión familiar. Los antiguos cristianos, que esperaban a la edad adulta para otorgar el bautizo, se portaban de manera más liberal que sus sucesores eclesiásticos de hoy día. En varias ocasiones,[25] Richard Dawkins ha expresado gráficamente el absurdo de creer en la afiliación religiosa de los niños por cuestión hereditaria: a veces hablamos de niños judíos, musulmanes, católicos o protestantes pero nunca de niños neoliberales, keynesianos o marxistas, demócratas o republicanos. Sin embargo, tan disparatado es lo uno como lo otro. En realidad, al aplicar esas calificaciones, sólo podemos referirnos a lo que los padres de los niños piensan, no a la opción elegida por los pequeños. Precisamente para que sean capaces de elegir es para lo que hay que educarles: como bien dice Dawkins, no se trata tanto de enseñarles *qué* pensar sino *cómo*. Parece una muestra de cinismo que quienes son más partidarios de encerrar ideológicamente a los niños en la ortodoxia familiar sin permitirles «contagios» exteriores sean precisamente los que más alto se lamentan contra la pretensión «totalitaria» del Estado laico de «adoctrinar» a los alumnos en valores confesionalmente neutros. La situación democráticamente inadmisible llega a su colmo en países como España, donde el Gobierno –socialista, para mayor deshonra– admite la instrucción religiosa a modo de asignatura puntuable e impartida por profesores elegidos y cesados (frecuentemente a causa de supuestas razones morales: divorcio, etc.) por el obispado... aunque estén pagados por el erario público. A veces, para quebrar el monopolio de las iglesias mayoritarias en el campo educativo (católicas o protestantes en los países europeos), se propone la medida de costear oficialmente la formación en otras creencias. Amartya Sen ha señalado bien lo insatisfactorio de esta medida, toma-

---

25. Especialmente en *The God Delusion*, pp. 337 y ss.

da en la Inglaterra de Tony Blair: «En vez de reducir las escuelas financiadas por el Estado basadas en creencias religiosas, *añadir* en cambio otras –escuelas musulmanas, escuelas hindúes o escuelas chiitas– a las preexistentes escuelas cristianas, puede tener el efecto de reducir el papel del razonamiento que los niños deben tener la oportunidad de cultivar y usar. Y esto sucede en la época en que más se necesita ampliar el entendimiento de otra gente y otros grupos, y cuando la habilidad para emprender la toma razonada de decisiones es de particular importancia».[26] No necesitamos escuelas para formar creyentes: florecen casi espontáneamente y siempre habrá más de los que quisiera la cordura; las necesitamos para formar seres pensantes, autónomos y críticos, de los que hay permanente carestía.

Como en tantos otros asuntos, fue Spinoza quien planteó la relación entre libertad religiosa y poder político con mayor lucidez y serena bravura. En su *Tratado teológico-político* defiende la libertad de pensamiento y expresión como garantía imprescindible del desarrollo pleno de los seres humanos. Pero señala claramente la diferencia entre la libre discusión racional y las predicaciones religiosas o proféticas a partir de textos sagrados: la primera busca la autonomía humana de acuerdo con la naturaleza, la segunda trata de asegurar la obediencia según lo establecido por los guardianes de la ortodoxia. Esta búsqueda de obediencia a preceptos socialmente útiles puede ser beneficiosa (lo ha sido en muchas épocas, porque no todo el mundo es libre, es decir: no todo el mundo se guía por la sola razón), pero también implica hoy –en el «hoy» de Spinoza y en el nuestro– gran peligro de abusos: «La ambición y la audacia han sido llevadas tan al extremo, que la religión más consiste en defender las quimeras de los hombres que en obedecer los mandamientos de la Escritura: pienso, por eso, que no consiste hoy la religión en la caridad, sino en sembrar discordias y odios intensísimos entre hombres, que se ocultan bajo el falso nombre de un celo ardiente por las cosas divinas. A estos males se añade la superstición, que enseña a

26. Sen, *op. cit.*, p. 117.

los hombres a temer a la razón y a la naturaleza y a no venerar ni respetar sino aquello que las repugna».[27] Este peligro se concreta cuando clérigos o figuras «inspiradas» de corte profético intentan arrebatar a las autoridades civiles el poder de decidir qué es lo mejor para la conservación del Estado, interfiriendo en sus funciones: «¿Qué podrán mandar los soberanos si se les niega este derecho? Nada, sin duda, ni de guerra ni de paz ni de ningún otro negocio, si está obligado a esperar la opinión de otro que le enseñe si aquello que juzga útil es piadoso o es impío; sino que, al contrario, todas las cosas dependerán más bien de la voluntad de aquél que posea el derecho de juzgar y de decretar lo que es piadoso y lo que es impío, lo que es fasto y nefasto».[28] La teocracia –explícita o disimulada– no sólo es incompatible con la democracia sino sencillamente con cualquier forma de autoridad humana basada en razones inteligibles y no en la revelación arbitraria de lo inefable.

El ideal político progresista busca mejorar este mundo, mientras que mesiánicos y milenaristas pretenden alcanzar «otro mundo», se supone que en ruptura *mortal* con el actual. Son actitudes opuestas y en modo alguno la segunda es una radicalización «generosa y audaz» de la primera. El lema «otro mundo es posible» puede leerse de forma razonable y no fanática, desde luego, pero encierra en su propia formulación una impregnación religiosa que poco tiene que ver con la política como arte de promover lo posible frente a lo mera y rutinariamente probable. Esta contradicción se hace presente en cada una de las concentraciones internacionales antiglobalización o «altermundistas». Por otra parte, dentro de las sociedades democráticas es necesario desde luego defender la libertad de conciencia pero sin convertir la afiliación religiosa voluntaria –la obligatoria o hereditaria no puede ser «religiosa» en ningún sentido respetable del término– en única y hegemónica sobre cualquier otra determinación civil. Diga-

---

27. *Tratado teológico-político*, trad. Ángel Enciso Bergé, ed. Sígueme, Salamanca, 1976, p. 155.
28. Ibídem, p. 339.

mos que en cada uno de nuestros países hay que atender con las debidas garantías tanto al *ser* como al *estar* de los ciudadanos. El ser pertenece a las opciones individuales de cada uno, que opta por elegir y practicar su panoplia de identidades de diverso tipo, favoreciendo a unas respecto a otras de acuerdo con su propio criterio de excelencia personal. El estar, en cambio, se ocupa de los requisitos de la convivencia armónica de todos y por tanto debe establecer pautas democráticas institucionales que prevalezcan en caso de colisión con las exigencias de cualquiera de las identidades privadas. El ser es una búsqueda personal pero el estar es una exigencia conjunta... fundamentadora de las libertades que permiten la pluralidad de identidades. El imprescindible y cuestionado laicismo democrático no tiene en el fondo otro sentido que el cumplimiento de estos objetivos.

Capítulo séptimo

De la vida al espíritu

«¿Qué íntima lealtad, qué religión
última será la más adecuada a un espíritu ya por entero libre y desilusionado?»

George SANTAYANA, *La religión última*

Las religiones y las iglesias que las administran han cumplido a lo largo de los siglos cruciales funciones de cohesión y
vertebración social. En la mayoría de las ocasiones, gracias a
ellas o a sus derivaciones secularizadas, lo que era un simple
«amontonamiento» de gente se ha convertido en una *comunidad*, según ha postulado elocuentemente Régis Debray. Cómo
se ha cumplido esta función sociopolítica y cuáles fueron sus
avatares o metamorfosis históricas es cuestión que deben tratar los estudiosos de las colectividades humanas: sociólogos,
antropólogos, historiadores... Sin recusar globalmente este
planteamiento, que considero fundamentalmente convincente, tengo a veces la incómoda sensación –por ejemplo al leer
a Durkheim y sobre todo a algunos de sus herederos más o
menos fieles, incluso en ocasiones al propio Debray– de una
cierta petición de principio. En último término, el concepto
de «religión» (que desde luego no existe propiamente
hablando en todas las culturas) se hace tan amplio que sirve

para denominar cualquier gran principio abstracto, ideal y unificador, al que se pueda reconocer la función de dar sentido conjunto a la interacción humana. Es decir: la religión cumple funciones indispensables de cohesión y vertebración social... porque estamos dispuestos a llamar «religión» a todo lo que sirva para cohesionar y vertebrar a las comunidades humanas.

Por supuesto, Debray es consciente de ese riesgo de circularidad argumental y por ello en su último libro –tan sugestivo y bien escrito como suelen serlo los suyos– prefiere recurrir al término «comuniones» humanas para sustituir y acabar con ese otro, tan equívoco y rodeado de prejuicios, de «religión».[1] ¿En qué consisten tales «comuniones»? Las personas podemos ser parientes de los bichos, lo somos sin duda, pero tenemos nuestras rarezas... para dar cuenta de las cuales no basta con repetir mil veces los principios generales de la teoría de la evolución. Hay un punto de inflexión a causa del cual puede existir un Proyecto Gran Simio entre los hombres pero no un Proyecto Gran Hombre entre los simios. Es una de esas cuestiones que desde luego no se explica por el escaso tanto por ciento de diferencia genética. Como bien dice Debray, «un espermatozoide y un óvulo bastan para hacer un feto. Hace falta mucho más para hacer una cría humana: prohibiciones, leyes, mitos, en resumen: lo fantástico».[2] Las religiones tradicionales han surtido de esos elementos intangibles a las sociedades que la historia recensiona, pero quizá desde hace doscientos años –a partir de la Ilustración, para entendernos– en Occidente provienen ya de otras fuentes. V. gr.: «Nuestro texto sagrado no es ya la Revelación divina sino la Declaración de los derechos del hombre. La democracia representativa es nuestro tabú. Sería pueril imaginar que seguirá siéndolo *ad vitam aeternam*. Hace falta mucho menos tiempo para reemplazar un tabú que para abatirlo (puesto que la coacción simbólica prohíbe no prohibir)».[3]

1. *Les communions humaines*, de Régis Debray, ed. Fayard, 2005.
2. Ibídem, p. 108.
3. Ibídem, p. 143.

Con razón, Debray opina que las necesarias «comuniones» humanas sólo merecen su nombre si prestan servicio como aunadoras de voluntades colectivas. Quizá el humanitarismo (tal como lo ejemplifican algunas destacadas ONGs) pueda ser otro ejemplo aceptable en los países europeos. También la respetabilidad casi indiscutida del desarrollo tecnológico: mientras que la noción de «progreso» se ha hecho justificadamente sospechosa (muchos la consideran sencillamente un truco del capitalismo transnacional para arrollar en nuestras sociedades y sobre todo en las del llamado Tercer Mundo los obstáculos tradicionales y sociales a su despliegue) el *avance* de las técnicas sigue gozando de universal reverencia. Incluso se le considera un principio dinámico más potente en lo axiológico que cualquier otra consideración valorativa, como prueba la habitual afirmación de que «todo lo científicamente posible acabará llevándose a cabo, tanto lo apruebe la moral tradicional como si no». Es decir, cuanto es técnicamente posible será antes o después socialmente *lícito*... Por encima de todos los demás, el culto al *dinero* es el elemento de comunión más sólido y universalmente acatado en las sociedades occidentalizadas: conseguirlo, conservarlo, aumentarlo, multiplicarlo, invertirlo juiciosamente son las tareas mejor reputadas, las que requieren menos explicación o justificación. Elemento fantástico y eficaz por excelencia, basado en la fe, es decir, en el crédito, define la calculabilidad racional de la vida moderna y sirve como referencia poco o nada discutible de casi todos los valores, tanto de la acumulación egoísta como del desprendimiento altruista. El lenguaje del provecho económico es el más internacional de todos, el que cualquiera entiende sea cual fuere su identidad cultural. Es una comunión que no cuenta con ateos ni incrédulos y apenas tiene herejes...

No discuto que existan tales elementos de comunión social, junto a otros que sociólogos más perspicaces puedan detectar. Ni que sean los herederos contemporáneos e ilustrados de funciones que antes cumplieron las grandes doctrinas religiosas institucionalizadas (las cuales en las naciones europeas pueden ser hoy más factor de discordia civil que ninguna otra cosa). Pero me resulta muy poco convincente acogerlos sin más como variantes actuales de lo que ayer fue la fe de los creyentes. Decir que los derechos humanos o el dinero son algo así como una religión es una simple analogía y no demasiado exacta: en ningún caso una descripción precisa. Es decir: puede que *socialmente* funcionen como semirreligiones, pero no cumplen en la vida de quienes los respetan el papel que tuvieron antaño Dios, los dogmas eclesiales o la veneración de lo sobrenatural. Las religiones no han sido solamente ideologías de vertebración social: han brindado algo más *personal* a sus fieles, una protección y una esperanza *trascendentes* que ningún principio ético, legal o político –por racionalmente atinado que sea– es capaz por sí mismo de ofrecer. Uno de los elementos fundamentales de las religiones –al menos de las mayoritarias en las grandes comunidades de Occidente y Oriente– es su dimensión de *salvación* o *rescate de la perdición.* Por decirlo breve y apresuradamente: la religión nos salva o rescata de la perdición del tiempo y del acoso irremediable de la muerte, nos asciende de uno u otro modo al sublime resguardo de la eternidad (en ello coinciden con sus promesas, cada cual a su modo, el paraíso personal y el nirvana impersonal). Y eso es lo que las grandes religiones y las iglesias que las han administrado terrenalmente han ofrecido a los efímeros y borrosos seres humanos: «el culto socialmente establecido de la realidad eterna», según la fórmula apretada y sabrosa de Leszek Kolakowski.[4] Por medio de ese culto, los mortales se han sentido realmente *significativos,* es decir, partícipes de una trama de sentido permanente e inviolable que nada limita ni condiciona, cuyo poderío rebasa ampliamente por igual los apaños de la utilidad, los melindres de la estética e incluso la legislación moral. A cuyo océano nos acogemos para no ahogarnos en la temporal perdición...

Cierto, las grandes «tecnologías de salvación» están en crisis (el integrismo islámico teocrático o terrorista es parte de esa crisis de fe, no su mentís) y por tanto proliferan los sucedáneos baratos o extravagantes, eso que podíamos llamar la

---

4. *Si Dios no existe...,* de Leszek Kolakowski, trad. Marta Sansigre Vidal, ed. Tecnos, Madrid, 2002, p. 14.

calderilla del gran capital religioso tradicional. El menú misticoide de la *new age* ofrece no sólo gran cantidad de platos sino la posibilidad de combinarlos caprichosamente hasta que cada aficionado a los remedios de lo invisible logre su propio cóctel personal amasado con tantra, runas, signos astrológicos, naturismo sobrenatural, templarios, alquimistas de guardarropía y vírgenes locas preñadas descuidadamente por un Jesucristo en horas bajas. Es imposible levantar acta completa de todos estos fuegos artificiales, aunque no hayan faltado los voluntariosos intentos.[5] Ya Chesterton advirtió que, lejos de no creer en nada, quienes abandonan la fe ortodoxa en Dios pasan a creer en cualquier cosa; lo que no señaló, quizá dándolo por supuesto, es que estas creencias alternativas y variables guardan la arbitrariedad enigmática del culto tradicional sin ofrecer al menos sus orientaciones socializadoras. Timothy Leary se refirió en alguna ocasión a la ideología psicodélica nacida en torno al LSD como una «Disneylandia espiritual». Podríamos decir que hoy el parque temático de Masajes para el Alma se ha ampliado con numerosas nuevas atracciones pero sin mejorar sustancialmente de calidad. Sin embargo, esta proliferación de paparruchas edificantes puede sugerirnos una cuestión más interesante. Dejemos aparte los elementos intangibles que de uno u otro modo sirven para estructurar nuestra convivencia siempre comprometida por nuevas formas de barbarie, las «comuniones» (en la terminología de Régis Debray) que tratan de asegurar nuestros remaches sociales. La pregunta es si un individuo concreto de hoy, ilustrado, filosóficamente interesado por las vastas inquietudes metafísicas que también motivan en último término las formas de piedad religiosa, puede aspirar a algún tipo de creencia razonable que resulte más cercana a su humanidad –y por tanto más verosímil– que los designios opacos del egoísmo genético pero juntamente más objetiva –o menos desvergonzada y sectariamente interesada– que las recomendaciones *cum* prohibiciones de las Iglesias actualmente establecidas. Adelanto que ni tengo ni siquiera pretendo hoy tener la respuesta suficiente a

5. *Las metamorfosis de Dios*, de Fréderic Lenoir, ed. Alianza, 2005.

tal pregunta, aunque creo oportuno tratar de elucidar lo mejor posible sus términos y aventurar (sin el habitual refugio en lo gnómico sublime posheideggeriano que es el amparo más prestigioso de los que temen objeciones embarazosas, es decir, el equivalente filosófico de la «alta costura» de pasarela que exhibe la ropa más cara pero que nadie se pone) las vías por las que podríamos buscar el modo de contestarla.

El tema es así: cada uno de nosotros vive sometido a las urgencias de lo cotidiano, a la ínfima batalla por sobrevivir y medrar, agobiado por las preocupaciones de la familia y del negocio, buscando el pequeño placer para el día y el pequeño placer para la noche propios del último hombre, según acusó el Zaratustra nietzscheano. Pero también somos criaturas metafísicas y de vez en cuando, al trasluz de la rutina, nos asaltan preguntas acerca de lo infinito o de la justicia que no llega y nos preguntamos qué va a ser de nosotros. Las ordinarias destrezas empíricas y las estrategias de la psicología de corto alcance nos bastan para atender lo que reclama el día a día, sin levantar la nariz del surco obligatorio que vamos arando; pero hay algo en nosotros –ese algo en el hombre que, según sir Thomas Browne, «no le debe vasallaje al sol»– que reclama ideas o leyendas de magnitud cósmica, explicaciones del mismo arrogante tamaño que nuestros anhelos o perplejidades. Nos servimos de las primeras aunque sólo para cumplir objetivos que nos mecanizan sin abrirnos horizontes; nos ponemos al servicio de las segundas, subyugados por su vastedad y a la postre también indefensos. La cuestión es si puede romperse por algún lado esa tenaza o, por decirlo con Kolakowski: «¿resulta posible evitar simultáneamente un vivir narcotizado por la cotidianidad, que es insensible a la atracción de los abismos míticos, y un vivir ensordecido por la certeza mortal del mito e inmerso en su esterilidad benefactora?».[6] Este mismo autor, que ha estudiado de modo muy interesante en varios libros las cuestiones que aquí venimos tratando, condensa de manera sugestiva el debate que proponemos: «La

6. *La presencia del mito*, de L. Kolakowski, trad. Gerardo Bolado, ed. Cátedra, Madrid, 1990, p. 107.

necesidad legítima del mito a la vista de la legítima autodefensa ante el peligro del mito: este choque forma el punto neurálgico de nuestra civilización».[7] Es decir, necesitamos un mito (entendiendo por tal lo que Platón denominaba así, una idea incorporada a la narración de lo real, o quizá lo que Rousseau hubiese denominado una «religión cívica») que responda a nuestras apetencias metafísicas sin someternos a dogmas opresores administrados por profesionales de la manipulación de conciencias. Lo malo es que –como advierte el mismo Kolakowski– es imposible programar o decretar un mito válido sólo porque lo consideremos sumamente útil y conveniente...

La cuestión es muy compleja y envuelve –al menos en el plano personal– delicadas cuestiones de honradez intelectual. «Entre el punto de vista según el cual las realidades de la experiencia forman el único ser "firme", mientras todo lo demás surge del vapor de la imaginación, y aquel segundo, según el que la realidad auténtica yace, por el contrario, "en la otra parte" y según el que el mundo cambiante de los fenómenos sólo puede aparecer como el tintinear de una "superficie" irrelevante: entre estos dos puntos de vista es imposible decidir apelando a fundamentos en ambos como legítimos. Pues para cada una de las posiciones enfrentadas la legitimidad de los argumentos aducidos por la otra supone criterios de valor, que están enraizados en decisiones arbitrarias del adversario».[8] O sea, sentimos la necesidad de ambas formas de conocer e interpretar lo real –ese dual mundo físico y simbólico de lo humano– pero padecemos su mutuo enfrentamiento como una exclusión mutiladora que nos condena a empantanarnos en falsedades interesadas. En realidad, ese carácter bifronte constituye la esencia misma de nuestra condición. Lo visible se complementa y apoya en lo invisible; lo invisible no es sino una forma de leer y reformular lo visible. Así son las cosas a partir de la misma infancia: pugnan desde el origen la exigencia de claridad *fuera* y el torbellino de las sombras *dentro*, la

7. Ibídem, p. 107.
8. Ibídem, p. 135.

delimitación civilizadora de identidad y la proliferación incontable de destinos. «El niño –dice Ernest Becker– emerge con un nombre, una familia, un mundo de juegos en un vecindario, todo claramente delimitado para él. Pero su interior está lleno de recuerdos de pesadilla sobre imposibles batallas, aterradoras ansiedades de sangre, dolor, soledad, tinieblas; mezclados con deseos ilimitados, sensaciones de indecible belleza, majestad, amenaza, misterio, y fantasías y alucinaciones de mezcla entre ambos, el imposible intento de compromiso entre cuerpos y símbolos».[9] Según vamos creciendo, comprendemos la necesidad de conocimientos verificables y demostrables para habérnoslas con la exterioridad diurna de lo real; pero juntamente aumenta en nosotros la convicción de que tal entramado de razones esquiva o minimiza lo que más íntima y propiamente nos constituye. Los mitos y leyendas de lo religioso atienden por el contrario el bullir anhelante de nuestros sueños pero fracasan al intentar pasar los sobrios controles de una veracidad a la que no podemos renunciar sin traicionar lo mejor de nuestra honradez. Como señala Roger Scruton, comentando el pensamiento de T. S. Eliot, «la paradoja entonces es ésta: las falsedades de la fe religiosa nos permiten percibir las verdades que cuentan. Las verdades de la ciencia, respaldadas por una autoridad absoluta, ocultan las verdades que cuentan, y hacen inaprensible la realidad humana».[10]

Desconfiamos de los mitos porque nos engañan pero a la vez necesitamos algo así como un mito aceptable, un mito que se ocupe de lo que nos importa y cuyo «engaño» resulte tolerable a quien después de todo prefiere vivir racionalmente desengañado. Antaño se consideró que el cultivo de valores estéticos podía aportar esa dimensión mítica (pero aceptada como tal, es decir no competidora de la verdad científica) capaz de dar cuenta y juntamente brindarnos interpretaciones de nuestra condición más íntima y menos «funcional». Esto es sin duda a lo que apuntaba Goethe cuando dijo «quien care-

---

9. *The Denial of Death*, de Ernest Becker, The Free Press, 1973, p. 29.
10. *A Political Philosophy*, de Roger Scruton, ed. Continuum, 2006, p. 203.

ce de arte y de ciencia, tenga religión; quien tiene arte y ciencia, ya tiene religión». Las artes, la literatura, la música… son expediciones hacia esas dimensiones humanas que no nos basta con explicar reductoramente como estrategias evolutivas. Queremos a través de ellas comprender mejor lo que somos y alcanzar algún tipo de sentido respecto a lo que significa al menos *para nosotros mismos* serlo, más allá de la descripción convincente de nuestros mecanismos. Tienen la ventaja de brindarnos leyendas e imágenes cuyo carácter fabuloso, sentimentalmente estimulante, es *consentido* y no pretende competir directamente con nuestros habituales instrumentos racionales para entender y manejar la realidad. Coexiste con ellos, los complementa, les apoya con un «suplemento de alma», por decirlo así. Pero quizá hoy la masificación de las artes, su pérdida de aura reverencial, compromete esta eficacia mítica. El papel del arte parece deslizarse más hacia el entretenimiento que al discernimiento, más hacia la decoración que hacia la íntima comprensión de lo relevante. Sobre todo, concuerda mal con nuestra búsqueda de sustento moral, tan cuestionado por los horrores totalizantes del pasado siglo y las frivolidades irresponsables del presente. La actitud meramente estética no auxilia nuestro afán ético, a veces lo descarta o se opone a él. En lugar de profundizar moralmente en nuestra humanidad, gran parte del arte imperante parece empujarnos seductoramente a renunciar a ella… hasta el punto de que, por comparación, el propio objetivismo científico resulta a veces más prometedor de raíces humanistas.[11]

Nuestra época parece sometida a una excesiva y abrumadora *disponibilidad* universal. Todo está a mano, manipulable.

---

11. Como bien resume Marcel Gauchet: «La esperanza del arte ha dejado de ser creíble. Ya no nos pone en contacto con lo absoluto; no nos proporciona una intuición del ser; no nos revela una realidad más real que lo real mismo. Si nos da paso hacia lo Otro, es hacia el que obsesiona nuestro imaginario de humanos. Si tiene cosas esenciales que enseñarnos, entran dentro de los límites subjetivos de nuestras facultades. Aún es mucho, pero es poco en vista de las expectativas hiperbólicas situadas desde hace dos siglos en el poder trascendente del signo estético». En *La religion dans la démocratie*, ed. Gallimard-Folio, 2001, p. 35.

Cuanto hay está ofrecido a lo que dispongamos hacer con ello. No hay nada a resguardo, si algo se resiste o no es alcanzado queda a salvo sólo provisionalmente: volveremos a por lo que eventualmente desobedece. Por lo demás, es verdad lo que convenimos en creer, es bueno lo que apetecemos, es decir, lo que apetece la mayoría o lo que apetece el más fuerte. Cuanto tiene forma se conformará a nuestro gusto, se doblegará o será destruido para dejar paso a lo más dócil. Nietzsche llamó a este ímpetu irresistible *voluntad de poder* y Heidegger, con razón, lo denominó *técnica*. No es que nuestra civilización sea tecnológica, es que la tecnología es nuestra civilización. De ahí que resulte por lo menos equívoco y en el fondo peligrosamente ingenuo hablar de «conflicto de civilizaciones» o «alianza de civilizaciones», como si hubiera dos o más, enfrentadas o conciliables. Todos, incrédulos y piadosos, cristianos y musulmanes, orientales y occidentales, vivimos en la única civilización existente, la tecnocientífica. Unos ocupan la cabina de mandos o viajan en *business class,* otros van como turistas o como polizones, algunos cuelgan agarrados del tren de aterrizaje y se congelan con las bajas temperaturas... Pero todos vamos en el mismo avión, al menos hasta que aparezcan los extraterrestres en su platillo volante. Sobre el rumbo del avión y sobre las mejoras para hacerlo más acogedor o confortable existen, claro está, numerosas doctrinas encontradas. Pero a fin de cuentas es el avión tecnocientífico quien impone finalmente las condiciones básicas que nadie puede rechazar. Tal es el peligro que nos abruma: no conocer ya razón común mejor que lo calculable en vistas de su eficacia técnica, haber perdido el sentido abismal de lo incalculable como emblema moral de lo propiamente humano.

La disponibilidad universal a la manipulación tecnocientífica, junto a la reducción de todos los valores al precio en dinero de servicios y afectos (es decir de nuevo a lo calculable), define la *desacralización* radical del mundo en que vivimos. El sentido de lo sagrado no se ha «perdido», como oímos a veces, sino que más bien ha sido *extirpado*. No es preciso entender por sagrado nada sobrenatural o ultramundano, aunque sin duda no sea tampoco algo sencillamente natural, una cosa del mundo entre otras. Si lo natural no es más que lo que se nos presenta manejable-disponible, lo sagrado estará fuera de lo natural por ser inmanejable, es aquello de lo que no se puede disponer sin más. Sacralizamos algo cuando lo ponemos *aparte*, cuando queda a resguardo de las técnicas generales de transformación de lo dado: tiene valor pero no utilidad. La perspectiva tecnocientífica valora siempre de acuerdo con la utilidad presente o futura, la rentabilidad en provecho calculable: las realidades son más o menos *importantes* según una escala que corre desde lo indispensable hacia lo conveniente, gratificante, etc., y concluye en lo prescindible o trivial. Ese baremo descarta el reconocimiento de lo sagrado por contradictorio, ya que sería juntamente importante e inútil, imprescindible pero sin que se le pueda calcular de modo inteligible su beneficio. Desde la perspectiva dispuesta a asumirlo, lo sagrado es lo totalmente opuesto a lo trivial; visto desde la valoración que utiliza lo manejable-disponible, coincide plenamente con ello.

En muchas ocasiones, a través de diversas edades y culturas, se ha rodeado a lo sagrado de calificaciones que lo embadurnan de oscuridad, enigma, misterio, esoterismo, etc. Pero quizá ese barniz tenebroso (que subleva contra esa noción a tantos contemporáneos consecuentes) no sea indispensable. Está fuera de dudas que no podemos *conocer* lo sagrado tal como conocemos lo natural pero podemos *reconocerlo*. ¿En qué consiste la diferencia? En que conocemos desde lo que necesitamos o pretendemos, mientras que reconocemos a partir de lo que somos. Reconocer algo como sagrado –es decir, apartarlo de lo manipulable y ponerlo al resguardo de lo útil y lo calculable, asumiéndolo empero como máximamente valioso– implica decidir a partir de aquello que en nosotros no es manipulable, ni calculable ni utilitario. Conocemos lo natural y pertenecemos a lo natural como parte del mundo pero somos también algo consciente, es decir que nos damos cuenta desde dentro de un destino que implica anhelo, desbordamiento y perdición. Destino, anhelo, desbordamiento, perdición... son las claves que integran cuanto reconocemos como sagrado: de cuanto nos expone y nos arriesga, de la conciencia irremediable de la muerte, pretendemos obtener el símbolo de la invulnerabilidad que nunca nos pertenecerá del todo. Nadie conoce a un humano en cuanto humano si sólo lo conoce como humano, si no se reconoce humanamente en él: lo que sella ese pacto de mutuo reconocimiento es lo sagrado. Lo que nos constituye como humanos es reconocer junto a otros humanos algo que representa y manifiesta lo que el destino mortal significa *desde dentro* para cada uno de nosotros, aunque sea algo terreno que nos acompaña y participa como nosotros de la naturaleza del mundo. Precisamente lo que caracteriza a lo sagrado es estar de manera plena en el mundo sin poder ser reconocido como meramente natural. Lo cual no lo condena a figurar en la cabalgata fingidora de la superstición y el ocultismo...

Sin embargo, en ella es donde suele figurar. En el mundo plenamente desacralizado de la tecnociencia, lo sagrado en cualquiera de sus formas queda relegado al casposo e infecundo escenario del Vaticano, el vudú, las proclamas especialmente sanguinarias de Mahoma y fórmulas semejantes de nigromancia. Lo malo es que tal degradante afiliación nos obliga a los racionalistas no ya a desconocer lo sagrado ahora sino que también nos imposibilita para reconocerlo nunca jamás. Y en el mundo de la universal disponibilidad y de lo calculable como sola fuente de valores, desconocer cualquier forma de sagrado es renunciar a conocernos también a nosotros mismos *desde dentro*, lo cual nunca puede conseguirse satisfactoriamente sólo mediante la más objetiva doctrina explicativa a partir de la evolución y el egoísmo de los genes. El concepto mismo de humanidad, que no es claro está meramente descriptivo sino también valorativo, ideal, pierde pie y pierde peso argumental en cuanto la noción de «sagrado» pasa a la esfera de lo optativo. Es el reconocimiento de lo sagrado lo que nos define como humanos: a diferencia de lo que cree cierto «naturalismo» ingenuo, lo sagrado no es preocupación y exigencia de los dioses sino preocupación y exigencia de los humanos. Ahí reside el punto simbólico en que los instintos sociales, el mimetismo y las recomendaciones higiénicas se convierten en *moral*. Y también por ello el reverso aciago de lo sagrado, el *sacrilegio*, nos resulta éticamente imprescindible como idea-límite.

El acto sacrílego no atenta contra la ley sino contra el sujeto socialmente sometido a ella en cuanto tal: más que un pecado, es un suicidio. Destruye lo que somos, no simplemente nos hace peores. En su estremecedor libro *El trauma alemán* cuenta la periodista Gitta Sereny la confesión que le hizo uno de los «judíos trabajadores» del campo de exterminio de Treblinka, prisioneros conservados con vida por los nazis para encargarse de recoger y empaquetar antes de su envío a Alemania las posesiones de los otros miles de judíos que llegaban al matadero y eran inmediatamente gaseados. Hacia finales de la guerra, dejaron de llegar trenes cargados de víctimas a Treblinka. El prisionero narró a la periodista su desesperación: si ya no había objetos de víctimas de que hacerse cargo («ropas, relojes, instrumentos de cocina, mantelerías e incluso la comida») ya no había razón para permitirles seguir con vida y por tanto había llegado su turno. Entonces... «Un día, hacia finales de marzo, cuando su estado anímico había tocado fondo, Kurt Franz, el subcomandante del campo, se presentó en el barracón con una amplia sonrisa en la cara: "A partir de mañana, volverán a llegar los transportes". "¿Sabe usted cuál fue nuestra reacción?" –inquirió Richard de forma retórica–. Empezamos a gritar: ¡viva, hurra! Ahora me parece increíble. Cada vez que pienso en ello, muero un poco; pero es la verdad. Ésa fue nuestra reacción: en eso nos habíamos convertido...».[12] El protagonista del suceso no sólo tiene conciencia de culpa sino de algo más, de haber atentado íntimamente incluso contra ese fondo de autoafirmación egoísta que la terquedad culpable nunca pierde: a eso puede llamarse sacrilegio. Y a través del sacrilegio, se descubre también –como en filigrana– la consistencia de lo sagrado. Su versión más simplista es la de una fuerza invulnerable que nos rescata de la finitud y la mortalidad: «¡Levántate y anda!». Pero la más profunda, la más increíble y también la más necesaria, es la que

---

12. *El trauma alemán*, de Gitta Sereny, trad. Ana Duque de Vega, ed. Península, 2000, p. 176.

restaura el lazo disuelto sin remedio ni excusa con los semejantes cuya humanidad funda la nuestra: «Tus pecados te han sido perdonados».

Lo sagrado y su transgresión sacrílega han estado frecuentemente ligados a esas creencias supersticiosas sin otra posibilidad de verificación que el acatamiento de la autoridad eclesial, ésa que la honradez del racionalismo crítico no puede asumir. Pero ¿es inevitable este parentesco derogatorio? ¿No puede reconocerse otra forma de lo sagrado que caracterice lo humano, aunque sea conflictivamente, sin apelación a instancias divinas o sobrenaturales? ¿No cabría –si se me excusa la deriva– un reconocimiento *materialista* de lo sagrado? Al menos si es cierto que la materia –*stuff*– de que estamos fabricados los humanos es idéntica a la de nuestros sueños, según apuntó Shakespeare en el último acto de *La Tempestad*. Un sagrado *inmanente* a la existencia humana, que transcendiera lo utilitario y calculable pero no lo terrenal. La búsqueda –o la reivindicación– de ese reducto no tiene por qué ser incompatible con el mantenimiento del racionalismo más exigente sino todo lo contrario, porque una razón meramente instrumental (experta en medios pero incapaz de comprender o fijar fines) es una razón mutilada y cuyo ejercicio despreocupado desemboca en la más amenazadora de las irracionalidades, como señalaron los representantes de la escuela de Frankfurt a partir de las trágicas experiencias históricas del pasado siglo. En nuestro presente en el que se enfrentan fanáticos y pragmáticos sin fronteras –ni mayores escrúpulos– la principal tarea de una incredulidad realmente ilustrada es no contentarse con la mera incredulidad: a partir de ella pero más allá habría que buscar el concepto inteligible de lo inmanejable que nos asemeja y caracteriza dentro aunque también frente al resto de lo real. No propongo desde luego ningún invento fabuloso e inédito de ésos que tanto halagan la megalomanía de los filósofos: se trata de prolongar y aguzar las indagaciones más fecundas de la época contemporánea. A continuación apuntaré algunas de esas vías.

Propuesta por primera vez por Nietzsche (aunque ya Hegel había dejado dicho: «pensar la vida, ésa es la tarea») y tematizada después por Bergson y más convincentemente por Ortega, la cuestión de la *vida humana* constituye el centro de la reflexión filosófica contemporánea menos formalista y académica. Por supuesto, conceptualizada como *existencia* ocupa también la parte medular del pensamiento de Heidegger y Sartre. Pero la vida humana, no como funcionamiento visto desde fuera sino como experiencia padecida y gozada desde dentro, desborda el ámbito filosófico y es también el objeto de estudio del psicoanálisis: en Freud desde luego, pero quizá aún de manera más determinada en seguidores suyos como Otto Rank, Jung, Adler, Ferenczi, Geza Rohéim o Erich Fromm. Insuperable como punto de partida, la vida humana es también inesquivable como punto de llegada. Por decirlo con Ortega: «Le realidad primordial, el hecho de todos los hechos, el dato para el Universo, lo que me es dado es... "mi vida" –no mi yo sólo, no mi conciencia hermética, estas cosas son mis interpretaciones, la interpretación idealista. Me es dada "mi vida", y mi vida es ante todo un hallarme yo en el mundo; y no así vagamente sino en este mundo, en el de ahora, y no así vagamente en este teatro, sino en este instante, haciendo lo que estoy haciendo en él, en este pedazo teatral de mi mundo vital estoy filosofando».[13] Y añade, contundente y triunfal: «Se acabaron las abstracciones». Es una declaración que sólo puede tomarse respetablemente de modo irónico. Porque precisamente a partir del hecho de los hechos, del dato irrefutable y primordial en todos los sentidos del término de la vida, de mi vida, de mi vida hoy, aquí y ahora, en este mundo y no en otro, etc., empiezan todas las abstracciones. De aquí parten, como debe ser.

Digamos que la experiencia de la vida –la única que de veras cuenta para cada uno de nosotros, la que envuelve y posibilita todas las demás– tiene dos niveles, dos pisos, dos registros y dos planos de lectura. En tal dualidad estriba que sea no solamente «vida», resultado del proceso evolutivo de determinadas combinaciones químicas, sino vida humana: biografía, histo-

---

13. *¿Qué es filosofía?*, de José Ortega y Gasset, ed. Alianza 30 Aniversario, 1997, p. 241.

ria, aventura, sueño y frustración. En el primero de estos dos planos, el más fehaciente y biológico, la vida humana (me refiero a ella en tercera persona, aunque quizá fuese mejor como Ortega hablar siempre de «mi vida») consiste en nuestra implantación física y genésica en una realidad natural (es decir, organizada según reglas no previstas ni apenas comprendidas por nosotros) de la que numerosos agentes hostiles tratan intencional o accidentalmente de expulsarnos con alarmante perseverancia. Nacemos por azar pero seguimos vivos de chiripa y siempre con notable despliegue de esfuerzo por nuestra parte. Los mecanismos que nos traen al mundo, los que nos alimentan, hacen crecer y preservan en él, los que nos amenazan constantemente, así como los que nos permiten reproducirnos son todos ellos *corporales*. En este registro vital, estar vivo es ser un cuerpo, padecer y gozar de lo que los cuerpos padecen, necesitar lo que los cuerpos necesitan y ser finalmente destruido por lo que a todos los cuerpos vivientes amenaza. La alegría, el espanto y los trabajos de la vida son esencialmente corpóreos. Nuestros primeros maestros de conducta –ya señalados por Platón en *Las leyes*– el dolor y el placer, ambos exigentes y poco dados a los matices, son de naturaleza corporal. Y también por tanto todos nuestros valores, en su raíz, es decir cuanto necesitamos o apetecemos como «bueno» y evitamos o rehuimos como «malo», provienen de nuestra condición corporal. Antes que la ética está la higiene: y probablemente antes todavía la dietética. Como escribió Norman O. Brown en una obra admirable y hoy poco recordada: «Lo que el niño sabe conscientemente y el adulto inconscientemente es que no somos nada sino cuerpo. Por mucho que el reprimido y sublimado adulto pueda conscientemente negarlo, permanece el hecho de que la vida es del cuerpo y sólo la vida crea valores; todos los valores son valores corporalmente».[14]

Pero incluso el niño a partir del lenguaje y en su mundo interior –aún más después, según va madurando a través de represiones y sublimaciones– practica un segundo nivel de con-

14. *Life Against Death*, de Norman O. Brown, Wesleyan University Press, 1959, p. 293.

ciencia vital, paralelo al biológico y corporal. Es el orden simbólico, la representación de la vida como conjunto de significados culturalmente compartidos que llamamos para abreviar «espíritu». Hay una correlación permanente, un constante *feed back* entre uno y otro plano: cada uno de los anhelos, de las necesidades, amenazas y frustraciones del primero son registrados significativamente en el segundo y por medio de la coordinación psíquica revierten sobre él. Ambos forman la vida humana: en ese cóctel dual, el primero aporta la vida y el segundo la humanidad. Vida y espíritu o cuerpo y alma (como decían los clásicos, por ejemplo Spinoza) son las dos caras inseparables de una misma realidad, que nos toca protagonizar en primera persona a través de nuestras acciones y pasiones. Sin embargo, hay entre esas dos caras diferencias relevantes. En el plano biológico, corporal, es valioso cuanto nos defiende y resguarda de la muerte, por otra parte inevitable. Vivir es luchar por sobrevivir, aplazar lo irremediable: como dijo lord Salisbury, «*the delay is life*». Todo tiene fecha de caducidad, aunque no la conozcamos y supongamos que depende de nuestro empeño postergarla lo más posible. Por el contrario, en el plano espiritual también la muerte como cese de funciones corporales puede tener sentido o valor vital: es decir, la muerte misma puede vivirse, asumirse y de ese modo superarse. En un escrito temprano en el que comenta la narrativa de Pío Baroja, Ortega lo expresa así: «El hombre no puede vivir plenamente si no hay algo capaz de llenar su espíritu hasta el punto de desear morir por ello. ¿Quién no descubre dentro de sí la evidencia de esta paradoja? Lo que no nos incita a morir no nos excita a vivir. Ambos resultados, en apariencia contradictorios, son, en verdad, los dos haces de un mismo estado de espíritu. Sólo nos empuja irresistiblemente hacia la vida lo que por entero inunda nuestra cuenca interior. Renunciar a ello sería para nosotros mayor muerte que fenecer».[15] En el plano corporal, la vida se opone y pelea −¡a vida o muerte!− con la muerte; pero para el espíritu, la intensidad significante de la vida incluye a la muerte y la desborda.

---

15. *Obras Completas*, de José Ortega y Gasset, ed. Taurus, tomo II, p. 228.

¿Diremos que quien se atiene fundamentalmente a lo corporal es realista, mientras que guiarse ante todo por el espíritu es idealismo o ensoñación? Nada menos seguro, como regla general. Para un animal, que ignora la certeza inevitable de su mortalidad, el apego estricto a la lucha por la supervivencia es la mejor estrategia evolutiva de «inmortalidad» posible. La muerte de los congéneres no ocupa toda la extensión del pasado ni la propia aparece firmemente instalada en el futuro: de modo que el individuo (que en el caso de las especies animales no es individual realmente, sino un mero *ejemplar*) vive el presente como una inmortalidad... provisional. Pero el ser que anticipa lo inesquivable de su muerte y conoce la de todos los semejantes que le antecedieron, no sólo es realista sino hasta *prudente* buscando en el plano espiritual un papel para la muerte que sirva de refuerzo a su vida. Quien debe dar la muerte por descontada y lucha sin embargo día a día por la supervivencia no superará nunca el peso del luto que lleva permanentemente por su propio fallecimiento: es razonable que le sea más tónico verse a sí mismo simbólicamente como poseído por una forma de vida que le permita incluso soportar el estar muerto. Para el auténtico vitalista, lo grave no es tener que morir sino verse obligado a soportar la vida sólo como algo insignificante por miedo a la muerte. Por supuesto, la calidad del registro espiritual de la vida que incluye y supera la muerte varía mucho en cada uno de los humanos, desde una armazón neurótica inestable y dolorosamente trabada que nos recluye en nosotros mismos hasta una forma de sublimación apoyada en el consenso simbólico con nuestro grupo de pertenencia. «La diferencia entre una neurosis y una sublimación estriba evidentemente en el aspecto social del fenómeno —explica Géza Róheim—. Una neurosis aísla; una sublimación une. En una sublimación se crea algo nuevo —un hogar, o una comunidad, o una herramienta— y es creado en un grupo o para el uso de un grupo.»[16] La asimilación por parte de Freud de toda religión a una neurosis infantil «colectivizada» es evi-

---

16.   «The Origin and Function of Cultura», de Géza Róheim, *Nervous & Mental Disease Monographs*, Nueva York, 1943, p. 74.

dentemente abusiva: además de aspectos neuróticos, en las religiones hay bastante más, son sublimaciones que cumplen el papel de prótesis sociales de inmortalidad. Aportan auxilio simbólico para soportar y superar nuestras deprimentes convicciones fisiológicas...

El asunto es cómo resistir simbólicamente la amenaza cierta de la muerte desde las incertidumbres casuales del cuerpo amenazado por todo un universo abrumador de «malos encuentros» posibles y probables, según planteó Spinoza. En el plano espiritual, algunas soluciones fuerzan al individuo a la sumisión a instancias tiránicas del grupo, que subyugan y mutilan su capacidad intelectual crítica. Si llamamos «religión» en sentido amplio a tales paliativos, tiene razón Erich Fromm: «La cuestión no es *religión* o *no religión* sino *qué clase de religión*, si es una que contribuye al desarrollo del hombre, de sus potencias específicamente humanas o una que las paraliza».[17] Del horror metafísico de nuestra condición nada puede excluirnos, no podemos en modo alguno *ahorrarnos* el miedo, pero podemos inventar alguna prótesis rutinaria que nos lo vele lo mejor posible. De mil maneras, podemos desarrollar la consoladora convicción de que moriremos, sí, *pero para bien*. Los espíritus más destacados de la humanidad han aportado fórmulas más o menos imaginativas que convierten nuestro pánico en algo a fin de cuentas ilusorio («Muerte, ¿dónde está tu victoria?») o estéticamente precioso y distinguido. «La persona creadora llega pues a ser, en el arte, la literatura y la religión, el mediador del terror natural y el que muestra una nueva forma de triunfar sobre él. Revela la oscuridad y la angustia de la condición humana y fabrica sobre ella una nueva trascendencia simbólica. Tal ha sido la función de los creadores anómalos, desde los chamanes hasta Shakespeare.»[18]

La solución más frecuentada culturalmente para alcanzar la inmortalidad simbólica es buscar el amparo vivificador del

17. *Psicoanálisis y religión*, de Erich Fromm, trad. Josefina Martínez Alinari, ed. Psique, Buenos Aires, 1965, p. 45.
18. E. Becker, *op. cit.*, p. 220.

grupo de pertenencia. En cuanto individualidades somos prescindibles, desechables, pero formamos parte de algo que no muere y de cuya perennidad gloriosa en cierta forma participamos: sea la tribu, la nación, el Imperio... Según los antiguos mitos de fundación, los ancestros divinos o heroicos crearon el grupo de la nada y lo sostendrán eternamente sobre la nada mientras nosotros, los particulares (las partículas que van y vienen, esporádicas) permanezcamos fieles a las esencias rituales que conjuran el peligro de corrupción y decadencia. Cambiar es perecer: no moriremos como colectivo mientras sigamos siendo como fuimos antes, como debemos ser siempre. Lo idéntico permanece mientras sigue siendo idéntico. La primera y primordial forma de perpetuación es la repetición compulsiva, la reproducción de lo mismo con lo mismo para que nunca llegue lo diferente: el *incesto*. Ser *causa sui* supone que lo mismo provenga de lo mismo, que no necesite nada fuera de sí, que no tenga en sí mismo mezcla ni combinación alguna: la pureza debe ser lo incorruptible y por tanto permanecerá eterna. Por supuesto, todo lo que puede llamarse avance o progreso humano ha sido desde el comienzo una batalla contra la seducción poderosa del incesto. Que sea el tabú originario, el sacrilegio primordial, demuestra hasta qué punto su tentación inmortalizante es –entre todas– la más difícil de vencer. El incesto pretende negar el indicio más inequívoco de la mortalidad, es decir, la reproducción sexuada, en la cual intervienen dos seres de género diferente, lo suficientemente semejantes para poder acoplarse y lo bastante distintos como para dar lugar a algo genéticamente nuevo. Cuanto más idénticos sean los progenitores, cuanto más familiares y hermanos, menos reproducción habrá: ¡y menos turbación de la pureza, menos resquicio para que penetre la muerte! Por eso el sacrilegio más moderno y más tentador es la *clonación*, que constituye el incesto perfecto. La culminación del sueño de ser causa única e idéntica de nosotros mismos...

Aunque culturalmente la dimensión estrictamente biológica y corporal del incesto haya podido ser derrotada por el instinto más higiénico de la moral humana, en el plano espiritual lo incestuoso sigue asentado de manera mucho más difícilmente erradicable. Como ha señalado con vigor elocuente Erich Fromm, el apego a padres y hermanos, a la hipertrofia de lo familiar, se sustituye colectivamente por la adhesión acrítica y neurótica a la nación, el Estado o el grupo religioso de pertenencia. «La persona orientada incestuosamente es capaz de sentir apego hacia personas familiares a ella. Pero es incapaz de sentirse unida al "extraño", es decir, a otro ser humano como tal. En esta orientación, todos sus sentimientos e ideas están juzgados en términos no de bueno o malo, falso o verdadero, sino de familiar o no familiar. Cuando Jesús dijo: "Pues he venido a separar al hijo de su padre, y a la hija de su madre, y a la nuera de su suegra", no quería señalar el odio hacia los padres, sino expresar de la forma más drástica e inequívoca el principio de que el hombre tiene que romper los lazos incestuosos y hacerse libre con el objeto de ser humano.»[19] La familiaridad pretende perpetuar la vida incubándola, pero el espíritu nace de la búsqueda incesante de formas diferentes de ser semejantes. Sin duda la riqueza fundamental de los seres humanos es su semejanza, el hecho de que compartan su condición simbólica y su terror metafísico ante el destino mortal en el universo que les engendra y les abruma. Ser semejantes les permite comprenderse, colaborar, traducir sus mensajes y sus poemas, trabar entre ellos los lazos siempre imprescindibles de la complicidad civilizada. Pero esa semejanza queda mutilada si se limita a la repetición incesante de lo idéntico dentro de cada ocasional grupo histórico (nada más perversamente inhumano que absolutizar cualquier «identidad cultural»)[20] en lugar de buscar la combinación con

---

19.   E. Fromm, *op. cit.*, p. 108.
20.   Los términos «identidad» y «cultura» funcionan en oposición: cuanto más idéntico se es al propio grupo, a sus gustos, juicios y prejuicios, menos «cultura» se tiene, en el ancho y liberador sentido del término. Por medio de su experiencia cultural, el individuo se *desidentifica* de su rebaño predeterminado... En su excelente ensayo titulado *Identidades asesinas*, Amin Maalouf señala: «La humanidad entera se compone sólo de casos particulares, pues la vida crea diferencias y si hay "reproducción" nunca es con resultados idénticos. Todos los seres humanos, sin excepción alguna, poseemos una identidad compuesta; basta con que nos hagamos algunas preguntas para que afloren olvidadas fracturas e insospechadas ramificaciones, y para descubrirnos como seres

lo distinto, con la aportación insólita descubierta por quien, padeciendo nuestras mismas necesidades y anhelos, ha sabido darles otra perspectiva. La razón humana –junto a la imaginación, desde luego– se despliega rompiendo con lo familiar en busca de criterios más anchos de moral y veracidad. «Puede decirse que el desarrollo de la humanidad es el desarrollo del incesto a la libertad.»[21]

Aún el hombre menos susceptible a la sugestión de lo sobrenatural puede encontrar una cierta forma «material» de lo sagrado en la vida humana, es decir en nuestra realidad corporal tal como la simbolizamos en el plano del espíritu. El pensamiento clásico griego y romano, siguiendo influencias orientales llegadas a través del orfismo, opuso de manera a veces radical los niveles biológico y simbólico de la vida, el cuerpo y el alma: el primero era sepulcro y encierro de la segunda. La vida como tal, nuestro breve paso por el mundo, merecía una consideración escasa y a veces despectiva: se probaba la fuerza del espíritu por la facilidad de éste para renunciar llegado el caso a su envoltorio físico, como quien prescinde de un incómodo gabán. La fama y el buen nombre que conseguía el servicio a la colectividad eran lo más valioso de la vida, como el aroma puede ser lo más precioso de la efímera flor. Desde luego, también muchos de los primeros pensadores cristianos compartieron este menosprecio de la existencia terrenal, simple tránsito y campo de pruebas para la auténtica existencia que empieza más allá de la muerte (todavía hay un eco de esta actitud en la famosa «apuesta» de Pascal). Pero también con el cristianismo aparece un nuevo aprecio de la vida, no ya como mero servicio al grupo o a la patria sino como aventura personal, única e insustituible. Lo señaló muy bien Hannah Arendt en la parte final de *La condición humana*, las páginas dedicadas a la acción. El cristianismo asciende la

complejos, únicos e irremplazables» (Alianza ed., p. 28). Sobre la cuestión ha publicado recientemente otro ensayo muy interesante el premio Nobel de Economía Amartya Sen, titulado *Identity and Violence: The Illusion of Destiny*, ed. W. W. Norton, con sabrosos comentarios sobre el «choque de civilizaciones» y la «alianza de civilizaciones» como obvios errores complementarios.

21. E. Fromm, *op. cit.*, p. 109.

vida terrena de cada humano a algo infinitamente precioso porque, dentro de su brevedad menesterosa, es también el *comienzo absoluto* de una aventura que jamás acabará, el inicio significativo de la eternidad individual. Ese carácter originario de una empresa de efectos perdurables, según Arendt, concede también su sello de creación indeleble a la acción humana. Cada uno debería ser capaz de ver sus actos como valederos *para siempre*: puede que haya sido precisamente el más feroz de los críticos del cristianismo, Nietzsche, quien mejor haya aprovechado esta lección cristiana en su doctrina del eterno retorno...

Y sin duda fue Hannah Arendt quien, respondiendo así a la doctrina del ser-para-la muerte de su maestro y amante Heidegger, ofreció la alternativa más creíble y dinámica –pero sin ningún idealismo sobrehumano o sobrenatural– al agobio esterilizador del nihilismo: «El ciclo vital del hombre corriendo hacia la muerte llevaría inevitablemente todo lo humano a la ruina y la destrucción si no fuera por la facultad de interrumpirlo y comenzar algo nuevo, una facultad que es inherente a la acción como un permanente recordatorio de que los hombres, aunque deban morir, no han nacido para morir sino para comenzar».[22] Aquí la palabra crucial, tan sencilla y conmovedora, tan contundente, es *nacer*. Quizá sólo una mujer reflexiva podía aportarla a la filosofía contemporánea, tan invariablemente inhóspita a las mejores intuiciones del sentido común: «El milagro que salva al mundo, al reino de los asuntos humanos, de su normal y "natural" ruina es en último extremo el hecho de la natalidad, en el cual está arraigada ontológicamente la facultad de la acción».[23] Los humanos no venimos al mundo para morir, sino para engendrar nuevas acciones y nuevos seres: somos hijos de nuestras propias obras y también padres de quienes emprenderán a partir de ellas o contra ellas trayectos inéditos. Lo más duradero y tónico de las religiones celebra el año nuevo, la nueva cose-

22. *The Human Condition*, de Hannah Arendt, The University of Chicago Press, 1958, p. 246.
23. Ibídem, p. 247.

cha, la buena nueva de que «entre vosotros ha nacido un niño». La ambigua lección de la vida transformada simbólicamente en espíritu no niega que procedemos del Caos ni que hasta el final deberemos debatirnos contra él, que siempre prevalece: pero también afirma, ingenua y triunfal, que nuestra misión pese a todo es dar a luz.

Elogio de los incrédulos

«... mis favoritos eran los Neminianos,
que practicaban la religión del Nadie (nemi-
ni) porque nadie ha visto a Dios y a nadie le
es dado escapar de la muerte.»

Cyril CONNOLLY, *Enemigos de la promesa*

Frente a la playa donostiarra de la Concha, cerrando a
medias la entrada de la bahía, está –verde y modesta– la isla de
Santa Clara. Como de juguete, con su faro y su mínimo mue-
lle para barcas. El paisaje de mi infancia, de toda mi vida, mi
imago mundi... Tan accesible que cuando yo era joven, pese a
mi nula competencia atlética, solía ir nadando hasta ella.
«¡Cuidado con las motoras!», recomendaba mi madre. Para el
amor, todo son peligros: y tiene razón. Hace años –si no
recuerdo mal– en Santa Clara se cultivaban guindillas picantes
estimables, capaces de competir con las legendarias de Ibarra.
Y eran muy cotizados los percebes que se arracimaban en sus
rocas, de los que me he comido bastantes: ni uno debe quedar
ahora. Tenían sabor a lágrimas, como dijo algún cursi certero.
En fin, que esa isla es hoy y siempre parece haber sido un
lugar acogedor y amable, un rincón de paraíso *pocket size*,
como el resto de mi ciudad. Al menos eso creía yo. Pero este

verano, leyendo anécdotas y viejas historias sobre San Sebastián, tropecé con esta noticia: en Santa Clara se enterraba hace siglos a los blasfemos, los sacrílegos, los herejes, los suicidas y demás ralea. La buena gente del pueblo, esa múltiple cosa horrible, les negaba reposo en el camposanto para exiliarles a nuestro pequeño Alcatraz local. Supongo que antes se habrían atareado en hacerles la vida imposible, como es debido. Se llevaban el cadáver del réprobo en una barca, sin ceremonias, y la jauría permanecía en la orilla para verla alejarse hacia su destino final, mientras gruñían (según dice el cronista y yo no lo dudo): «¡Éste sí que va derechito al infierno!».

Lo saben ustedes igual que lo sé yo: es el maltrato que durante cientos de años ha correspondido a quienes disentían de los dogmas o prejuicios de la mayoría. Sigue pasando ahora en muchos lugares, desde luego, y no sólo como desdén hacia los muertos sino también –sobre todo– como persecución a los vivos. Los comportamientos que atraen primero la sospecha y luego la condena pueden variar: leer demasiados libros, mantener coloquios escabrosos, escrutar los movimientos de las estrellas, diseccionar cadáveres, consumir sustancias prohibidas, no asistir a las ceremonias eclesiales establecidas, gozar carnalmente sin más sacramento que el deseo, etc. Pero el delito a fin de cuentas siempre es el mismo, con unos nombres u otros: se trata del escepticismo militante frente a lo que cree la mayoría, la falta de fe prácticamente demostrada. La fe... pero ¿qué es la fe? Quizá la mejor respuesta a esta cuestión la dio aquel escolar que, según Mark Twain, contestó al maestro: «La fe es creer en lo que sabemos que no hay». Bueno, hijo, puede que no lo haya pero si no crees o finges creer acabarás en las mazmorras de la Inquisición y después serás enterrado en la isla de Santa Clara. ¡Ah, me dicen que ya no es así, que tal intransigencia es cosa del pasado! ¿No? ¿Están ustedes seguros del todo? Miren que la fe cambia de nombre o de objeto, pero quienes la exigen siguen siendo igualmente temibles en su intransigencia...

Quizá una de las mejores descripciones de lo que el gran Octavio Paz habría llamado «las trampas de la fe» es la que ofrece Jean-Marie Guyau en fecha tan temprana como 1885.

Merece la pena citarla en extenso: «Durante un tiempo bastante largo se ha acusado a la duda de inmoralidad, pero podría sostenerse también la inmoralidad de la fe dogmática. Creer, es *afirmar* como real para mí lo que concibo simplemente como posible en sí, a veces incluso como imposible; es pues querer fundar una verdad artificial, una verdad de apariencia, cerrándose al mismo tiempo a la verdad objetiva que se rechaza de antemano sin conocerla. La mayor enemiga del progreso humano es la *cuestión previa*. Rechazar no las soluciones más o menos dudosas que cada cual pueda aportar sino los problemas mismos es detener de golpe el movimiento que avanza; la fe, en ese punto, se convierte en una pereza espiritual. Incluso la indiferencia es a menudo superior a la fe dogmática. El indiferente dice: no me empeño en saber, pero añade: no quiero creer; en cambio el creyente quiere creer sin saber. El primero permanece por lo menos perfectamente sincero para consigo mismo, mientras que el otro trata de engañarse. Sobre cualquier cuestión, la duda es pues siempre mejor que la afirmación sin vuelta de hoja, esa renuncia a toda iniciativa personal que llamamos fe. Esta especie de suicidio intelectual es inexcusable, y lo más extraño de todo es pretender justificarlo –como suele hacerse habitualmente– invocando razones morales».[1]

A mi juicio, sin embargo, hay algo aún peor que la fe y es la *credulidad*. Orwell insistió con perspicacia en separar ambos términos. Aún conviniendo en las objeciones planteadas por Guyau, podemos reconocerle en ocasiones a la fe cierta tónica grandeza. Nuestros conocimientos verificables son casi siempre tan deficientes que quien se siente impulsado a grandes acciones y a iniciativas especialmente arriesgadas o generosas necesita al menos un gramo de fe para lanzarse a la aventura. Es el único modo de poder ir más allá de lo que sabemos o antes de saber del todo. El exceso de fe puede llevar al suicidio intelectual... o al crimen cuando la fe implica perseguir a quienes no la comparten: pero la ausencia total de cualquier

1. *Esquisse d'une morale sans obligation ni sanction*, de J.-M. Guyau, ed. Fayard, París, 1985, p. 66.

atisbo de fe nos paraliza en un marasmo cauteloso. A la credulidad, en cambio, me parece imposible encontrarle ningún aspecto positivo. El crédulo está dispuesto siempre a tragarse lo inverosímil, lo raro, lo chocante... o lo que le resulta más conveniente para halagar su vanidad o conservar sus privilegios. Los crédulos prefieren en todo caso aceptar lo maravilloso o lo truculento a lo que exige un esfuerzo de comprobación y confirma aspectos poco vistosos de la realidad. Suelen creerse dotados de gran imaginación cuando en realidad se alimentan sólo de caprichos y carecen de la auténtica imaginación, que se basa en explorar todos los rincones de lo posible pero sin salirse nunca de ello. Desgraciadamente, los medios de comunicación −por no hablar de las infinitas páginas de la web− están llenas de alimentos-basura para la insaciable credulidad de algunos: milagros, conspiraciones, fantasmagorías, manipulaciones de la historia, sectas secretas omnipotentes, extraterrestres de pacotilla, poderes paranormales y apariciones diabólicas. Cuando no propaganda disfrazada de ciencia para respaldar maniobras siniestras de políticos o explotadores de la miseria ajena: así el establecimiento de jerarquías raciales o sexistas, así los delirios genealógicos del nacionalismo, así las supuestas «armas de destrucción masiva» que sirvieron de falso pretexto a la guerra de Irak. Lo característico de la credulidad es su carácter *acrítico* y su fondo siempre interesado, aunque con frecuencia tenga a largo plazo consecuencias nefastas incluso para los propios creyentes. Si algo debiera combatirse implacablemente por medio de la educación no es tanto la fe sino la credulidad.

Por supuesto, el campo de las religiones abarca todas las derivas imaginables entre la una y la otra: es el precio por buscar explicaciones últimas y absolutas no ya del funcionamiento biológico o social de los seres humanos sino del sentido de su experimento vital. Pero a la credulidad por exceso se contrapone también otra, por defecto: la del cientifismo reductor que despacha como supersticiones sin sentido no sólo las soluciones religiosas sino incluso las mismas *inquietudes* humanas de que provienen. Actualmente, con una apelación voluntariosa a la teoría de la evolución y unas cuantas pinceladas de genética, algunos cándidos creen haberse despertado para siempre de las tinieblas que han oscurecido el progreso. Por supuesto, de este modo pueden desbaratar justificadamente el pseudocientifismo de los creacionistas (incluso de ese creacionismo con estudios elementales que es la doctrina del Diseño Inteligente) y otras incursiones semejantes de mentes clericales en áreas como la astronomía, la psicología, etc. Pero el resto de cuestiones referidas a las pautas morales, por ejemplo, o al carácter simbólico de los principales logros culturales humanos son más reacias a dejarse despejar por medio de ecuaciones y observaciones de laboratorio. De ahí que autores por lo demás tan sugestivos como Steven Pinker se vuelvan alarmantemente inconsistentes al tratar asuntos como la educación, cuya importancia minimiza porque es interpersonal y no genética.[2]

Disculpen que, para aclarar mi punto de vista, recurra a una sobada parábola: supongamos que nos enfrentamos con el debido arrobo y admiración a un cuadro de Velázquez o Rembrandt. Ante su perfección formal y la delicada riqueza de sugestiones que nos transmite el lienzo, quedamos en maravillado suspenso. Entonces, un exaltado susurra a nuestro oído derecho: «¡Esta obra es un auténtico milagro! Ningún hombre común puede haberla concebido y ejecutado. Sólo puede explicarse por una inspiración llegada de los cielos, por el don generoso y enigmático del Ser Supremo que –a través de este artista– nos hace llegar un mensaje sublime para ayudarnos a soportar mejor nuestra pequeñez mortal... y hacer-

---

2. El gran maestro por antonomasia de la incredulidad, Michael de Montaigne, dijo: «*Les savants, moi, je les aime bien mais je ne les adore pas*». En nuestros días hay bastantes personas piadosas que han sustituido las novenas y la lectura de los salmos por la veneración acrítica de la psicología evolutiva. Todos los comportamientos humanos relevantes pretenden explicarse por rocambolescas estrategias directamente llegadas del Paleolítico. Tras décadas denunciando las explicaciones teleológicas o finalistas de los teólogos, otros creyentes pretenden establecer ahora una especie de finalismo *hacia atrás* no menos arbitrario e improbable que el otro. Y eso cuando lo único medianamente claro hoy en teoría de la evolución es que no todo está en los genes... ni siquiera *casi* todo. Para comenzar a despertarse de estos nuevos sueños dogmáticos recomiendo la lectura del sabroso librito *El legado de Darwin*, de John Dupré, ed. Katz, Buenos Aires, 2006.

nos concebir la esperanza de la eternidad». Pero otra voz, más severa y sardónica, susurra a nuestro oído izquierdo: «¡No está mal, no está mal! Aunque, a fin de cuentas, sólo se trata de una superposición de diversos pigmentos de origen vegetal y mineral, distribuidos con pericia sobre una superficie textil, de tal modo que a cierta distancia se adivinen varias formas que se asemejan a objetos y personas. Está comprobado que, a veces, la erosión de las rocas o la caprichosa y cambiante forma de las nubes logra efectos bastante similares». O sea, la primera voz nos dice «*es nada menos que...*» y la segunda «*no es más que...*». En ambos casos, el incrédulo siente que se le escamotea algo esencial, un enigma racional que no admite solución simplificadora, algo que está *más acá* de los dioses pero *más allá* del nivel físico-químico de la causalidad. Una relación de sentido entre los únicos seres capaces de comprender significados, tan lejos de poder ser explicada convincentemente por cualquier «presencia real» divina (y aquí me permito abusar de George Steiner) como por la mera concatenación de reacciones a nivel atómico.

Volviendo otra vez a la prosa filosófica, digámoslo con las doctas palabras de Habermas: «No se discute el hecho de que todas las operaciones del espíritu humano dependan enteramente de sustratos orgánicos. La controversia versa más bien sobre la forma correcta de naturalizar el espíritu. Pues una adecuada comprensión naturalista de la evolución cultural debe dar cuenta de la constitución intersubjetiva del espíritu, así como del carácter normativo de sus operaciones regidas por reglas».[3] Es decir: el espíritu humano, ese reflejo simbólico de la vida que intentamos describir someramente en el capítulo precedente, constituye una irrefutable evidencia para cualquier ser pensante. Pues bien, la fe religiosa –en la mayoría de los casos– convierte al espíritu en una entidad *separable* por medios sobrenaturales del cuerpo e independiente de él en lo tocante a méritos o responsabilidades. Lo cual, por abreviar, resulta poco convincente ante el más benévolo examen racionalista. En el rincón opuesto del *ring*, el cientifismo –o

3. *Entre naturalismo y religión*, p. 9.

sea, la ciencia convertida en ideología y por decirlo así *sacada de quicio*– convierte al llamado «espíritu» en una especie de leyenda idealista que magnifica adaptaciones evolutivas y reacciones fisiológicas: un fábula, vamos, la edificante historieta narrada por un idiota que se pavonea en el escenario del mundo y que a fin de cuentas nada significa... Ambos planteamientos me parecen claramente insatisfactorios porque ninguno de ellos se sitúa en el plano propiamente humano sino en niveles situados voluntariamente por encima o por debajo de él. Pero «el espíritu –dice Santayana– no es un cuentista que tenga un mundo fingido con el que sustituir las humildes circunstancias de esta vida, es sólo la capacidad –que permite desencantarse y reencantarse– de ver este mundo en su verdad simple».[4] Simple, pero no simplificada ni reducida al estilo Jíbaro.

Para dar cuenta cabal de lo humano, la búsqueda de la verdad no puede renunciar desde luego a la objetividad que prescinde de embelecos sobrenaturales pero tampoco a la subjetividad que más allá de constatar hechos, narra vivencias desde dentro: no es lícito refugiarse en los cielos ni soterrarse en la impersonalidad que subyace la relación simbólica que nos caracteriza. Las protestas ante esta posición estrictamente humanista que no renuncia a describir ni a narrar, a observar ni tampoco a expresar, suscitan condenas por ambos extremos de la bipolar credulidad. Los abogados de lo divino denuncian que el hombre se degrada al perder su vinculación con lo más alto, los cientifistas creen que el animal humano se empina demasiado y niega sus vinculaciones materiales. Unos y otros orillan lo más notable del raro prodigio que somos, es decir, personalidades que provienen sin milagro de lo impersonal. Ni nos humilla en realidad perder los parentescos celestiales ni nos condiciona a la baja provenir de combinaciones de aminoácidos: «¿Qué le importaría al espíritu si la metafísica moralista dejara de invadir el campo de la filosofía natural, donde osa hacer conjeturas aduladoras de la vanidad humana? ¿Qué

---

4. *Platonismo y vida espiritual*, de G. Santayana, trad. Daniel Moreno Moreno, ed. Trotta, Madrid, 2006, p. 45.

pasaría si las cosas más reales del universo –esto es, supongo, las más fundamentales y dinámicas– fueran completamente inhumanas? ¿Dejaría por ello lo espiritual de ser espiritual, de contemplar y juzgar a la luz del espíritu cualquier mundo que acierte a existir?».[5] Hay muchos crédulos que están engañados, pero quizá los más crédulos de los crédulos sean los que al salir de la clase de ciencias creen haberse desengañado del todo ya.

Consideremos –¡antes de que se los lleven a enterrar a la isla de Santa Clara!– a los ateos más o menos conscientes de serlo, a quienes como suele decirse «han perdido la fe» (dando por hecho que la fe es algo transitorio que todo el mundo padece en la infancia como los dientes de leche o en la adolescencia como el acné, lo cual no es hacerle ningún favor). Siempre me ha sorprendido bastante que quienes están faltos de fe religiosa se lamenten de tal carencia como de una pérdida valiosa. Es más, muchos ateos ilustres consideran que el primer y más claro argumento contra la fe es que responde con directa franqueza a nuestros más íntimos deseos. Así lo dijo en su día Feuerbach, lo reiteró Nietzsche en *El Anticristo* («La fe salva, luego miente»), lo reiteró Freud en *El porvenir de una ilusión* y, muy recientemente, ha vuelto a confirmarlo André Comte-Sponville en *El alma del ateísmo*.[6] La existencia de Dios es tan deseable que difícilmente puede ser verdadera... ¡resultaría demasiado bonito! Daniel Dennett indica que además de la fe directa y primaria se da la «fe en la fe», la creencia en lo estupendo que debe ser creer, algo tan magnífico que induce a algunos sofisticados a dudar de que la fe sea verdadera, pero hace que resulte también indudable la suerte que tienen los creyentes con sus dogmas. Bueno, sin duda la inmortalidad (recuperar nuestras pérdidas amadas, evitar nuestra perdición) responde a un deseo no sólo humano sino también *humanizador*: saber que somos mortales nos convierte en hombres, negarnos a admitirlo confirma que lo somos.

5. Ibídem, p. 54.
6. *El alma del ateísmo*, de A. Comte-Sponville, trad. Jordi Terré, ed. Paidós, Barcelona, 2006.

Pero, más allá de este primer movimiento sentimental casi instintivo (el instinto de supervivencia prolongado por otros medios), me resulta personalmente difícil aceptar que alguien capaz de razonamientos elaborados y con una mentalidad no sumisa al absolutismo del Poder, por paternal que pueda éste ser, vea en la existencia de un Dios omnipotente a cuyo capricho creador perteneceríamos una perspectiva cósmica apetecible. Soy demasiado orgullosamente demócrata para apreciar a ningún Déspota Sobrenatural, cuyas «bondades» nadie podría discutir. De modo que sentí verdadero alivio y compañía al leer este párrafo del siempre honrado Thomas Nagel sobre lo que él denomina auténtico «miedo a la religión», no en sus evidentes efectos perversos en este mundo sino como visión explicativa universal: «Hablo desde la experiencia, ya que yo mismo padezco fuertemente este temor (a la religión. FS). Quiero que el ateísmo sea verdadero y me incomoda que algunas de las personas más inteligentes y bien informadas que conozco sean creyentes religiosos. No es sólo que no creo en Dios y que, naturalmente, espero estar en lo correcto en mi creencia. ¡Es que ansío que no exista ningún Dios! No quiero que exista un Dios; no quiero que el universo sea así».[7] Conozco este anhelo demasiado bien: si debiera hacernos dudar de nuestras creencias el que satisfagan demasiado explícitamente alguno de nuestros deseos, en mi caso –como en el de Thomas Nagel– éste sería un argumento en contra del ateísmo, no a favor...

Quienes tienen confianza en la necesidad y consuelo de la fe religiosa, crean ellos mismos o no, suelen invocar los preceptos morales como el campo en el que indudablemente la religión es más necesaria. Nos aseguran que en una sociedad como la actual, con valores olvidados o devaluados, la fe religiosa es un refuerzo insuperable de la formación ética. Después de dedicarme profesionalmente a estudiar esta cuestión casi toda mi vida adulta, su criterio no me parece demasiado convincente. Para empezar, ningún aspecto de la divinidad es más cuestionable y contradictorio que el moral. O sea que es difí-

7. *La última palabra*, de T. Nagel, trad. Paola Bargallo y Marcelo Alegre, ed. Gedisa, Barcelona, 2000, p. 144.

cil que alguien con sentido moral pueda considerar convincentemente moral a Dios. Ya lo dijo Bertrand Russell: «Para mí hay algo raro en las valoraciones éticas de los que creen que una deidad omnipotente, omnisciente y benévola, después de preparar el terreno durante muchos millones de años de nebulosa sin vida, puede considerarse justamente recompensada por la aparición final de Hitler, Stalin y la bomba H».[8] De las ambigüedades morales de los textos religiosos, que tan pronto preconizan comportamientos solidarios y renunciativos como atrocidades intransigentes, ya hemos tenido ocasión de hablar antes. No hay ningún criterio *interno* a la propia religión que permita convincentemente discernir entre la superioridad moral de unos u otras, hace falta salir fuera de la fe y elegir desde la razón. Pero hay un punto muy importante, que subrayó convenientemente Spinoza: lo propio de la religión es fomentar la *obediencia*, no la moral autónoma basada en razones o sentimientos. Y la única motivación que en verdad quita su peso moral a un comportamiento es el actuar por mera obediencia... sobre todo si se refuerza con el miedo al castigo divino o la espera de recompensas celestiales. Sumisión, intimidación o soborno... ¡vaya camino para alcanzar la perfección moral! Así se logra meter a la gente en vereda, no hacerla mejor... ni siquiera éticamente madura. Ateniéndonos a la autoridad religiosa más conocida en Europa, la Iglesia Católica tradicionalmente ha condenado la sede de la autonomía moral en la persona –la libertad de conciencia– en nombre precisamente de la obediencia debida. El papa Gregorio XVI, en la encíclica «*Mirari vos*» (1832), fulmina ya «esa máxima falsa y absurda o, más bien, ese delirio: que se debe procurar y garantizar a cada uno la libertad de conciencia». Los pontífices sucesivos, santos varios de ellos (por ejemplo Pío IX, beatificado el año 2000), confirman este criterio dogmático que no se pone en cuestión hasta el Concilio Vaticano II (para ampliar este punto, véase en los apéndices el artículo «La laicidad explicada a los niños»). Como sin libertad de conciencia

8. *Por qué no soy cristiano*, de B. Russell, trad. Josefina Martínez Alinari, ed. EDHASA, Barcelona, 1983, p. 12.

hay inquisición totalitaria, pero no ética digna de tal nombre, no deja de resultar chocante que la misma institución sagrada que tan tarde ha llegado a descubrirla pretenda hoy tener derecho preferente a educar a los niños para que hagan de ella el uso más adecuado. ¡Qué santa desvergüenza! No sólo no es cierto que la religión sea un buen refuerzo de la ética, sino que la verdad es más bien lo contrario. Son precisamente los planteamientos de la ética humanista y laica, vigente en nuestras sociedades gracias al denuedo polémico de tantos librepensadores, los que adaptados a última hora hacen a las doctrinas religiosas más o menos compatibles con la sociedad en que vivimos. Las iglesias que logran más respeto y audiencia son las que mejor acomodan sus pautas tradicionales –por lo común misóginas, antihedonistas, jerárquicas, enemigas de la libertad de pensamiento e investigación, etc.– a la salsa moral de las sociedades democráticas. Quienes tratan de defenderlas sostienen que en realidad su mensaje auténtico siempre fue éticamente «moderno»… ¡hasta cuando quemaban a los herejes que defendían lo que hoy llamamos modernidad! En cambio, las religiones que por atraso histórico o coherencia inamovible se emperran en seguir fieles a lo que siempre fueron (la igualdad de la mujer suele ser su más evidente punto flaco) resultan ya integristas, fanáticas… en resumen: inmorales. Es la religión quien busca el apoyo de la ética, no al revés. Y por tanto sería importante que la ética humanista mantuviera sin complejos su discurso valorativo en cuestiones controvertidas muy actuales (por ejemplo, de bioética, procreación asistida, etc.) sin miedo a coincidir ocasionalmente con planteamientos eclesiales en el rechazo de las majaderías falsamente «progresistas» que la credulidad cientifista (la moral no puede poner cortapisas al desarrollo técnico, cuanto puede hacerse es lícito que se haga, etc.) pretende institucionalizar sin oposición razonable, como ayer hacía la Iglesia con sus más inaceptables dogmas. Aunque el juicio ético –siempre abierto a debate– y el prejuicio religioso –dogmático y dictado desde el púlpito inapelablemente– puedan a veces rechazar o preferir lo mismo, la vía por la que se llega a esa conclusión es lo suficientemente distinta como para que no se deba ceder el campo axiológico por miedo a que le confundan a uno con el párroco.

Si no en cuestiones éticas... ¿es acaso imprescindible la religión para orientarnos en el terreno de la política? No creo que semejante perspectiva cuente hoy con demasiados partidarios sensatos, a la vista de los acontecimientos preocupantes de estos años. Supongo que serán mayoría los que le den la razón más bien a Arthur Schlesinger jr., el antiguo asesor de Kennedy: «El fanatismo religioso es el caldo de cultivo para la mayor amenaza actual a la civilización, que es el terrorismo. La mayor parte de las matanzas en el mundo –ya sean en Irlanda, Kosovo, Israel, Palestina, Cachemira, Sri Lanka, Indonesia, las Filipinas, el Tíbet...– son consecuencia del desacuerdo religioso. No hay personas más peligrosas sobre la tierra que las que creen que están ejerciendo la voluntad del Todopoderoso. Esta convicción es la que impulsa a los terroristas a asesinar al infiel».[9] Pero el terrorismo no es el único daño colateral aterrador, valga la redundancia, de las creencias religiosas exacerbadas aplicadas a la política. También entre ciudadanos de orden pueden causar estragos las leyendas piadosas: «De acuerdo con una encuesta hecha por *Time*, el 53 % de los norteamericanos adultos espera el regreso inminente de Jesucristo, acompañado del cumplimiento de las profecías bíblicas con respecto a la destrucción cataclísmica de todo lo que es malo».[10] Tengo la viva impresión de que esta opinión mayoritaria de los votantes no puede traer buenos resultados a la hora de elegir el presidente de la mayor potencia militar de este mundo... A esta lista de inconvenientes de la religión metida en política podríamos añadir las discordias también a veces sanguinarias de comunidades religiosas opuestas dentro de las democracias europeas y que comprometen hasta extremos alarmantes el concepto necesariamente laico de ciudadanía.

No, si la fe religiosa presta servicios a los creyentes en la modernidad, no será primordialmente como espantapájaros

---

9. Citado por Richard J. Bernstein en *El abuso del mal*, trad. Alejandra Vasallo y Verónica Inés Weinstabl, ed. Katz, Buenos Aires, 2006, p. 200.

10. Ibídem, p. 197.

moral ni como guía de perplejos en política. En cambio puede tener utilidad para servir de armazón simbólica a la visión del mundo de quienes aspiran a algo más que la rapiña económica o el consumo compulsivo y no tienen paciencia o preparación para hacerse con una filosofía racionalmente más sofisticada.

Nietzsche dijo desdeñosamente que el cristianismo era «platonismo para el pueblo» y quizá acertó en todo menos en su desdén, porque no es poca cosa fomentar el número de platónicos en sociedades aparentemente planeadas por y para los cínicos. Esta función del cristianismo –la religión mayoritaria en nuestras sociedades occidentales– no es seguramente un motivo para adoptar esa fe si se carece de ella, pero puede serlo de lamentar en determinadas circunstancias personales su ausencia, tal como expone Roger Scruton: «Sostengo que el declinar del cristianismo implica, para mucha gente, no la liberación de la necesidad religiosa sino la pérdida de conceptos que la alivian y que, al hacerla soportable, abren su conocimiento y su voluntad a la realidad humana. Para ellos la pérdida de la religión es una pérdida epistemológica –una pérdida de conocimiento. Perder tal conocimiento no es una liberación sino una caída».[11] El argumento me parece fundamentalmente atendible en ciertos casos y al menos debería bastar para no engrosar el número de los celosos predicadores de la buena nueva atea en todo momento y ante todo público. Tan recomendable me parece el coraje para enfrentarnos a la mafia clerical en países donde sus desmanes se han padecido demasiado tiempo (España, sin ir más lejos) como repudio la saña de quienes se empeñan en demoler a toda costa las creencias de particulares que encuentran en ellas consuelo, estímulo para la solidaridad y una vía de comprensión en el *puzzle* caótico de los saberes de nuestro siglo. Como en otras ocasiones, es oportuno recordar el dictamen de Madame du Deffand: «Hay que abrirle los ojos a la gente, no sacárselos».

Y al fondo, queramos o no, está la muerte. La «vasta, vaga y necesaria muerte», por decirlo con los precisos y preciosos

11. *Gentle Regrets*, de R. Scruton, Continuum, Londres, 2005, p. 227.

calificativos de Borges. Es la certidumbre de la muerte la que nos hace pensar y nos transforma en filósofos; es el anhelo de inmortalidad lo que nos hace soñar y nos empuja a la fe religiosa. Si acierta en su punto fundamental el psicoanálisis, los sueños son el cumplimiento de deseos. Yo diría que cumplen ante todo nuestro deseo fundamental: la inmortalidad, es decir, encontrarnos más allá de la muerte, sobrevivir una y otra vez a ella, volver a tratar con los seres queridos que oficialmente hemos perdido para siempre. Recuperar lo perdido y salvarnos de la perdición: en sueños es posible y la religión prolonga ritualmente esa ensoñación gratificante, a veces también sobresaltada por pesadillas (infierno, horrores espectrales escapados de la tumba, etc.). La verdadera divinidad, origen de todas las demás, es lo que en el último trasfondo de nuestro psiquismo rechaza morir: como señaló irónicamente Jacques Lacan, la auténtica fórmula del ateísmo contemporáneo no es «Dios no existe» sino «Dios es inconsciente». ¿Proviene el afán de inmortalidad de un amor desmedido por la vida o más bien de un amor insuficiente, de una aceptación condicional de nuestra existencia que no acepta la finitud como parte integrante de ella? Sabemos que Nietzsche denunció vigorosamente esta pretensión como un inaceptable sabotaje a la vida real y sus valores efectivos: «La gran mentira de la inmortalidad personal destruye toda razón, toda naturaleza en el instinto; todo lo que en los instintos es benéfico, propicio a la vida; todo lo que garantiza el porvenir, despierta desde entonces desconfianza. Vivir de modo que la vida no tenga ningún sentido es ahora el sentido de la vida…».[12] Es decir, según Nietzsche, buscar el sentido de la vida en lo inmortal roba a la vida presente todo su sentido instintivo y espontáneo, que es luchar contra la inminencia de la muerte. Si la verdadera vida no es ésta, transitoria y menesterosa, sino otra imperecedera… cuanto emprendemos o defendemos en este mundo –luchando contra el acabamiento de lo que somos y queremos aquí y ahora– carece de auténtica importancia. Y sin embargo… quizá a fin de cuentas tenga

---

12. *El Anticristo*, de F. Nietzsche, trad. Eduardo Ovejero, Obras Completas t. IV, ed. Aguilar, Buenos Aires, 1967, p. 485.

razón –poética razón– William Butler Yeats en su poema titulado precisamente *La muerte*:

«Ni temor ni esperanza dan auxilio
al animal que muere;
un hombre aguarda su final
con temor y esperanza;
muchas veces murió,
muchas resucitó.
Un hombre en su esplendor,
al dar con asesinos
se toma con desdén
el cambio del aliento.
Sabe de muerte hasta los huesos,
el hombre creó la muerte.»[13]

De cualquier forma, al acabar este breve repaso reflexivo por la fe religiosa y sus consecuencias, quisiera dedicar un último homenaje a quienes se enfrentaron con riesgo de su vida a los fanáticos que en el fondo nada saben pero están dispuestos incluso a matar para ocultar el secreto de su ignorancia y su zozobra, que por lo demás todos compartimos. Una rosa pues para Hipatia, que exponía el pensamiento de los filósofos griegos, a la que los primeros monjes cristianos arrastraron y apalearon por las calles de Alejandría en el año 415 d.J.C. Y también flores de gratitud para Etienne Dolet, ajusticiado en la plaza Maubert de París, o para Giordano Bruno, que ardió en la de las Flores en Roma. Y tantos y tantos otros.[14] Quede claro que, si finalmente hay que elegir campo, estoy de su lado y no del de quienes están en posesión de la autoridad divina. Cuando sea mi hora, que me lleven junto a los réprobos de Santa Clara: ya que no tendré paraíso, que por lo menos me acompañe cerca, muy cerquita, la bahía de la Concha...

---

13. Traducción del Taller de Traducción Literaria.
14. Puede consultarse la obra *Héroes y Herejes*, de Barrows Dunham, dos volúmenes, trad. A. Campo y J. A. Matesanz, ed. Seix Barral, Barcelona, 1969. Es una historia de la heterodoxia a través de los siglos, desde Sócrates y Jesús hasta Freud o Einstein, pasando por todo tipo de disidentes de las creencias establecidas. También *Ateos clandestinos*, de Agustín Izquierdo, ed. Valdemar, Madrid, 2003.

Algunas perplejidades sobre lo divino y lo social

«Tu miedo es poderoso
metafísico
el mío un joven empleado
con un maletín

con un archivo
y un cuestionario
cuándo nací
qué medios de vida
qué no he hecho
en qué no creo

qué hago aquí
cuando dejaré de simular
a dónde iré
luego»

Tadeusz RÓZEWICZ, *Miedo*[1]

1. Traducción de Rafael Cadenas.

Buscar la verdad

«No tu verdad: la verdad.
Y ven conmigo a buscarla.
La tuya, guárdatela.»

Antonio MACHADO

Permítanme recordar algo poco memorable: la primera lección pública que pronuncié en mi vida, ante un público lógicamente escaso pero más atento o más cortés de lo que hubiera cabido esperar. La llamo «lección» irónicamente, en realidad fue una simple charla, una ocasión de mostrarme pedante queriendo ser sabio (por entonces yo no era más que un estudiante poco aplicado de último curso) frente a otros alumnos de cursos inferiores o resignados compañeros del mío. Sucedió este mínimo acontecimiento en la Facultad de Derecho de la Complutense, justo enfrente de mi propia casa de estudios, dentro de un aula cultural organizada por un antiguo amigo del colegio que se sintió obligado a invitarme por un erróneo o perverso sentido del compañerismo. El tema de mi disertación fue «El positivismo lógico», abstrusa cuestión de la que quizá entonces aún sabía menos que ahora, por imposible que parezca. Nada recuerdo de lo que dije, salvo que acabé con una cita que por entonces repetía a mansalva del poeta catalán Salvador Espriu, tomada y traducida de *La pell de brau*:

«Las palabras nos hundieron
en el negro pozo del espanto.
Otras palabras nos alzarán
hasta una nueva claridad.»

Considerada sin embargo con la perspectiva de los años, que borra y realza circunstancias respondiendo al engañoso aunque insustituible criterio que nuestros antepasados llamaban «destino», aquella inicial manifestación pública prefiguró de modo suficiente lo que iba a constituir mi trayectoria intelectual posterior. Los recovecos técnicos de la escuela filosófica de Moritz Schlick y Rudolf Carnap nunca me han sido demasiado familiares, ni siquiera demasiado simpáticos o congeniales. Pero elegí hablar de ese tema porque me parecía que encerraba un intento de crítica –desde un racionalismo exigente– de las brumosas propuestas de la metafísica dogmática y ancestral que constituían el noventa por ciento de lo que nos transmitían como pensamiento perenne nuestros más connotados maestros de la academia franquista. Probablemente era injusto en mi radicalismo, aunque –como señaló Jean Cocteau– tal es el privilegio y el deber de la juventud. En cualquier caso, lo más relevante del mensaje que pretendía transmitir estaba precisamente en los versos finales de Espriú, no en los trabajosos razonamientos escolares tomados de Alfred Julius Ayer y demás correligionarios. Ha sido la paradoja fundamental de mi vida teórica, ser un bravo racionalista enamorado del para mí casi ignoto método científico pero encontrar invariablemente las más ajustadas expresiones de la rigurosa concepción del mundo que he creído necesitar en las jaculatorias de los poetas... Así ocurre también en este caso puesto que en esa estrofa del poeta catalán están las voces que han proclamado condensadamente desde entonces mi modesta andadura: «palabras», «espanto» y «claridad».

O sea, las palabras entre el espanto y la claridad. Hundiéndonos en el uno, alzándonos hasta la otra para rescatarnos. Las palabras han sido desde un principio las protagonistas de mi tarea, las herramientas que he intentado pulir y manejar, los mojones indicativos (a veces lanzas con una cabeza enemiga ensartada en la punta, en otras ocasiones seto fragante y florido) que delimitan el territorio por el que me ha tocado moverme. Las he cultivado para expresarme o defenderme, las he intentado enseñar a otros para que les sirviesen como lupas o azadas, nunca como cepos. Siempre fluyendo y girando, las palabras, entre el negro pozo del espanto y la liberadora claridad. Pero ¿no puede acaso haber palabras claras y espantosas, claramente espantosas? En cierto sentido parece que la respuesta debe ser afirmativa: algunas de las cosas cuya nombradía nos resulta más nítida son precisamente las que más nos aterran (sobre todo la Cosa por antonomasia, la Innombrable que todo directa o indirectamente señala). Como asegura el hermoso verso de Paul Celan, «los que dicen la verdad, dicen las sombras». La lucidez y el conocimiento representan demasiadas veces cualquier cosa menos un consuelo: al contrario, inquietan y trastornan. Ya en el «Eclesiastés» se afirma que quien aumenta la ciencia humana, aumenta su dolor. Después de todo, lo único que sabemos con total certeza es el marchito camino de nuestra finitud y su acabamiento. Como dice el poeta navarro Ramón Eder en un aforismo que es una obra maestra del humor negro: «El fin justifica los miedos». Nada tiene pues de raro que tantos rechacen la clarividencia demasiado agobiante y prefieran acogerse al más español y quijotesco de todos los dictámenes: «de ilusión también se vive».

Y sin embargo, aunque en ocasiones traigan estremecimientos y sobresaltos, siempre he preferido las palabras claras y distintas –por retomar la fórmula del racionalismo cartesiano– es decir las que aspiran a la verdad y pretenden el desengaño, por cruel que pueda resultar en ocasiones. No me guía la intrepidez hacia esta opción, sino al contrario un miedo más intenso que cualquier escalofrío que pueda provenir del conocimiento. Por decirlo de una vez, nada me causa más temor que la falsedad. Coincido plenamente con el apasionado alegato que pronuncia Marlow, el narrador de la inolvidable *El corazón de las tinieblas* de Joseph Conrad, ante su silenciosa audiencia: «Ustedes saben que odio, detesto, me resulta intolerable, la mentira, no porque sea más recto que los demás, sino porque sencillamente me espanta. Hay un tinte de muerte, un sabor de mortalidad en la mentira que es exactamente lo que más odio y detesto en el mundo, lo que quiero olvidar. Me hace sentir desgraciado y enfermo, como la mordedura de algo corrupto. Es cuestión de temperamento, me imagino».[1] Por mi parte, creo que en este rechazo hay algo más que una cuestión de temperamento. Realmente la mentira, es decir la falsedad voluntariamente asumida y propalada, tiene un parentesco necesario con la muerte: o lo que es lo mismo, proviene de ella y nos acerca a ella. Proviene de la muerte porque mentimos a los demás y a nosotros mismos por debilidad mortal, por apocamiento y temor ante personas o circunstancias que no nos consideramos capaces de afrontar; pero la mentira nos acerca más tarde o más temprano a la muerte que tratamos de esquivar, porque falsea los precarios remedios que podríamos buscar para los peligros que nos acechan. Recuerdo ahora el diálogo entre Audrey Hepburn y Cary Grant en *Charada*, la deliciosa comedia negra de Stanley Donen. Ella dice que todo el mundo miente y se pregunta quejosa por qué miente tanto la gente. Experto en la administración de falsedades, Cary Grant le responde: «Porque desean algo y temen no conseguirlo diciendo la verdad». Le falta añadir que en última instancia, la que cuenta, aún menos probabilidades tienen de conseguirlo mintiendo. Aunque seguramente no hay una salvación definitiva en ninguna parte, sólo en la verdad es posible hallar de vez en cuando las salvaciones parciales, provisionales, que alivian e iluminan nuestra desasosegada existencia. De ilusión también se vive, en efecto, aunque sea poco tiempo: pero las mentiras son siempre, más bien antes que después, el sello antivital de nuestra destrucción.

La búsqueda de palabras que aspiran a la claridad verdadera nos rescata del negro pozo espantoso de la mentira en el que nos precipita la muerte, gran agusanadora de nuestra condición. Ya sé que este planteamiento suena anticuado en el

---

1. *El corazón de las tinieblas*, de Joseph Conrad, trad. Sergio Pitol, Universidad Veracruzana, México, 1996, pp. 71-72.

panorama filosófico actual, en el que prevalece lo que quizá con excesiva indignación llamó Claudio Magris «el gelatinoso *posmodernismo*, donde todo es intercambiable por su contrario y la morralla de las Misas Negras se pone al mismo nivel que el pensamiento de San Agustín».[2] Esta doctrina establece el crepúsculo de la clásica concepción de la verdad como adecuación entre lo que pensamos, lo que decimos y lo que hay en el universo independiente de nuestros gustos y caprichos. Lo que refrendaba antaño la verdad o falsedad de una aseveración era su concordancia con los hechos, inamovibles en su terca presencia. Pero a partir de Nietzsche –nos informan los posmodernos– tenemos que resignarnos a admitir que no hay hechos sino sólo interpretaciones (lo cual por cierto no está tan lejos como el propio Nietzsche creyó de lo que a su vez había explicado ya Kant). E incluso el hecho de que no haya hechos sino interpretaciones no pasa también de ser una interpretación más, añadida a las precedentes... Lo que se establece entonces como verdad, según este criterio (o ausencia de él, más bien) es el acuerdo siempre provisional entre interpretaciones concurrentes, agrupadas en tradiciones culturales o hermenéuticas. Evidentemente discrepo de este planteamiento o, si se prefiere, de esta interpretación de la realidad.

En alguno de mis libros, como *Las preguntas de la vida*, y sobre todo en el capítulo «Elegir la verdad» de *El valor de elegir*, he propuesto una reflexión que se aleja en puntos sustanciales de la opinión posmoderna. Supongo en ella que hay diversos campos de verdad según niveles distintos de consideración de lo real –el de las ciencias experimentales, el de los estudios históricos, el de la literatura, el de la mitología, el del juego, etc.– y que la falsedad más peligrosa estriba en tratar de sostener la verdad correspondiente a uno de esos campos en el terreno de otro. Lo cual no impide que la verdad objetiva en el plano adecuado sea algo no sólo posible sino intelectualmente imprescindible para una mente sana. Los posmo-

---

2. »Microcosmos», de Claudio Magris, trad. J. A. González Saínz, ed. Anagrama, Barcelona, 1999, p. 150.

dernos proponen el acuerdo más amplio posible como única forma operativa de verdad, pero me parece que chocan con la propia entraña del lenguaje que compartimos, tal como ha señalado Hans Albert: «Podría resultar muy difícil, en el marco de una lengua que –como la lengua humana– tiene una función representativa, renunciar a la idea de una representación adecuada, una idea que es totalmente independiente de aquélla de un posible consenso».[3] Quizá una de las mejores parábolas sobre la verdad sea el cuento de Hans Christian Andersen titulado *El traje nuevo del Emperador*. Y también allí se revela lo imprescindible para que la verdad pueda ser descubierta. En esa historia, el Emperador se miente a sí mismo por vanidad, los sastres estafadores por afán de lucro, los cortesanos por la rutina del halago o quizá por la malicia que espera sacar provecho de cualquier debilidad del poderoso. Por diferentes razones, todos coinciden y están de acuerdo: según la doctrina posmoderna, su consenso es preferible y más sólido que la verdad... Pero sólo el niño es capaz de ser *objetivo* porque no tiene intereses en el asunto, ni quiere obtener poder sobre nadie: por lo tanto ve y dice la verdad, que el rey va desnudo. ¡Imposible confundir su revelación con el establecimiento «cultural» de ningún otro consenso! El niño sólo se pone de acuerdo con la realidad y con su experiencia, es decir, con lo que descubre mediante la interacción que mantiene con lo existente. Su único interés es conocer, no pretende conocer a través de sus intereses como todos los demás... Una muy bella y muy significativa parábola, cuya moraleja es que para conocer la verdad debemos ser como niños y no como posmodernos.

Por lo demás, creo firmemente que nuestras verdades (y nuestros conocimientos) siempre se nos parecen, pero no por razones culturales o hermenéuticas sino evolutivas. Nuestros sentidos, decantados a través del proceso biológico y también histórico que llamamos evolución, son la mejor prueba de que existe un mundo de realidades en cuyo conocimiento adecuado nos va un interés vital. Y obviamente la adecuación de tales noticias sensoriales tiene elementos fundamentales que para

---

3. *Racionalismo crítico*, de Hans Albert, ed. Síntesis, Madrid, 2002, p. 60.

nada dependen de la tradición o cultura a la que el sujeto pertenece (de hecho, los sentidos de otros muchos animales funcionan como los nuestros y por la misma razón de supervivencia). Sin embargo, también la capacidad de nuestros sentidos nos indica que no estamos hechos para conocerlo todo o cualquier cosa, sino sólo aquello que concuerda con nuestra escala ontológica. Por eso la multiplicación de nuestro conocimiento científico por medio de las prótesis tecnológicas es la aventura más fascinante y también más arriesgada de nuestra especie. Si queremos ir más allá, fuera de este marco evolucionista, me atrevería a confesar que la definición de la verdad que más me gusta en el fondo es la auténticamente ontológica de Manlio Sgalambro: «*Ho definito qualche volta la verità come il mondo senza l'uomo*».[4]

En el terreno de la realidad física, el método científico que trata los sucesos semejantes siempre de igual forma y los ordena bajo un paradigma único de explicación es sin duda el camino más ajustado que los humanos hemos tenido para acumular verdades significativas. Sin embargo su utilidad es mucho menor cuando lo que nos preocupan son las cuestiones morales. Esto es lo malo: el método científico sirve para dirimir problemas que nos angustian mucho menos que otros inasequibles a sus bien fundadas respuestas. Las grandes batallas entre los hombres no son por opiniones contrapuestas sobre geología o física nuclear: los matemáticos no cometen atentados contra quienes no saben sumar. «Los temas que realmente mueven a la gente, que la llevan a participar en piquetes, a meterse en política y a lanzar bombas son precisamente la clase de cuestiones que jamás decidirá la ciencia. Y, sin embargo, son los temas en que somos más propensos a posicionarnos con firmeza y a defender lo que creemos verdadero.»[5] A fin de cuentas, para evitar el peor de los fanatismos, necesitamos también respuestas aproximadamente racionales

4. «He definido a veces la verdad como el mundo sin el hombre.» En «Dialogo teologico», ed. Adelphi, Milán, 1993, p. 21.
5. *La importancia de la verdad*, de Michael P. Lynch, ed. Paidós, Barcelona, 2005, p. 108.

en estos campos y el tipo de racionalidad científica no nos sirve o, por lo menos, no nos basta. A lo largo de los siglos, numerosas doctrinas religiosas o mitológicas brindaron interpretaciones poco consistentes del universo exterior, pero aportaron esclarecimientos ricos en sentido del mundo interior de nuestras apetencias, deberes y temores. Como bien dice Ernest Gellner, «los sistemas de creencias del pasado eran técnicamente falsos y moralmente consoladores. La ciencia es lo contrario».[6] Supongo que tal es el motivo de que ciertos movimientos regresivos busquen cobijo en explicaciones seudocientíficas como el llamado «Diseño Inteligente» para encontrar alternativa al desencantamiento generalizado de lo real llevado a cabo por la ciencia. Quizá reclamar a toda costa consuelo sea intelectualmente pueril, pero sin duda no lo es la búsqueda de una orientación hacia la mejor forma de convivencia o hacia el uso más humano de la libertad, temas poco sumisos a las pautas científicas de investigación.

La cuestión importante, en cualquier caso, es si podemos aspirar en el plano de los valores y los ideales a alguna forma de claridad contrastada, es decir de verdad, comparable en cierta medida a la que en su terreno ofrece el método científico. El relativismo –otra ideología actualmente muy frecuente– asegura que es imposible llegar en asuntos morales a ninguna forma de objetividad inobjetable, por decirlo así. Este logro resulta impensable porque –a diferencia de las verdades científicas, iguales para todos si se sigue el método adecuado– los valores e ideales se nos dice que están condicionados sociológica y aún antropológicamente. Es decir, las verdades obtenidas por la ciencia provienen de la racionalidad que compartimos, mientras que los códigos éticos dependen de nuestra adscripción a tal o cual grupo social. De este modo, el relativismo torpedea en la línea de flotación la perspectiva ética misma, al cortocircuitar su proyecto nuclear de llegar a comprender las valoraciones ajenas, que pretende ascender los motivos del otro a razones comunes... o señalar al menos

6. *Posmodernismo, razón y religión*, de Ernest Gellner, trad. R. Sarró Maluquer, ed. Paidós, Barcelona, 1994, p. 79.

por qué pueden ser descartados como tales. Según los relativistas más concienzudos, se realiza esta crítica desde la voluntad de ampliar y flexibilizar el pluralismo axiológico pero a mi juicio, en realidad, así se hace naufragar cualquier auténtica posibilidad de compromiso moral a escala universal, la única que puede ser atendida en nuestro mundo globalizado. Resulta lamentable (por no decir: indignante) que puedan globalizarse los intereses pecuniarios de los especuladores, las tarjetas de crédito o el tráfico de armas... pero no las apreciaciones que calibran, ensalzan y condenan los comportamientos humanos tanto individuales como colectivos. Lo cual veta, por supuesto, cualquier forma de legislación internacional que pueda ser aceptable por el común de los ciudadanos cosmopolitas.

Reconozcamos que no hay algo análogo a la causalidad física de los científicos que venga a prestarnos ayuda en el mundo moral: compartimos los acontecimientos del mundo exterior de modo necesario mientras que los procesos valorativos responden a una órbita interior que sintoniza sólo con quien cada cual elige. Hace tiempo señalé la diferencia entre lo racional –es decir, nuestro mejor modo de entendérnoslas con las cuestiones objetivas referidas a hechos y procesos materiales– y lo razonable, que se refiere a cómo tratar con sujetos y causaciones digamos espirituales. Este último proceso suele ir en primera persona, según estableció Bernard Williams, mientras que el otro admite la tercera: es la diferencia entre «¿cómo debo vivir?» y «¿qué debemos aceptar como verdadero?». A mi juicio, lo razonable no implica sin embargo la mera subjetividad sino que también acepta parámetros sometidos a verificación intersubjetiva. Tratar con sujetos obliga a escuchar sus motivaciones y a intentar incorporar la parte asumible de sus valores en la razón común que pretendemos establecer. Como dijo William James, «en la escala de los bienes, hay que atribuir el grado más elevado a los ideales que *triunfan al precio de los menores sacrificios*, es decir aquéllos cuya realización comporta la destrucción del menor número posible de otros ideales. Puesto que es necesario que haya una victoria y una derrota, el filósofo debe desear la victoria del partido más abarcador, aquél que, incluso en la hora del triunfo, tendrá en cuenta los valores de los vencidos».[7] Sin duda se trata de algo muy difícil de apreciar y argumentar, pero me parece sumamente relevante para potenciar ciudadanías que quieran huir tanto del fanatismo como de la apatía relativista.

Vuelvo al comienzo, a mi comienzo. Palabras, claridad, espanto... Pese a todas las insuficiencias de mi trayectoria, que ahora repaso y conozco demasiado bien, la busca de la verdad y su reivindicación siguen pareciéndome dignas del más civilizado esfuerzo. Lo afirmo no ya como filósofo sino sobre todo como educador... porque la búsqueda, defensa, ilustración, difusión y controversia de la verdad es lo que asemeja a la filosofía y a la educación. Incluso me atrevo a decir que tengo serias dudas de que hoy la auténtica filosofía pueda ser otra cosa que la reflexión sobre las verdades de nuestro conocimiento, la cual ha de preceder y servir de base imprescindible a cualquier tarea educativa. Sin verdad no hay auténtica educación, desde luego: pero tampoco merecería la pena que nos esforzásemos en que la hubiese.

7. *La volonté de croire*, de William James, trad. L. Moulin, ed. Les Empêcheurs de penser en rond, París, 2005, p. 207.

Laicismo: cinco tesis

El debate sobre la relación entre el laicismo y la sociedad democrática actual (en España y en Europa) viene ya siendo vivo en los últimos tiempos y probablemente cobrará nuevo vigor en los que se avecinan: dentro de nuestro país, por las decisiones políticas en varios campos de litigio que previsiblemente adoptará el próximo gobierno, y en toda Europa, a causa de los acuerdos que exige la futura Constitución europea y por la amenaza de un terrorismo vinculado ideológicamente a determinada confesión religiosa. En cuestiones como ésta, en que la ceguera pasional lleva a muchos a tomar por enemistad diabólica con Dios el veto a ciertos sacristanes y demasiados inquisidores, conviene intentar clarificar los argumentos para dar precisión a lo que se plantea. A ello y nada más quisieran contribuir las cinco tesis siguientes, que no pretenden inaugurar mediterráneos sino sólo ayudar a no meternos en los peores charcos.

1) Durante siglos, ha sido la tradición religiosa –institucionalizada en la iglesia oficial– la encargada de vertebrar moralmente las sociedades. Pero las democracias modernas basan sus acuerdos axiológicos en leyes y discursos legitimadores no directamente confesionales, es decir, discutibles y revocables, de aceptación en último caso voluntaria y humanamente acordada. Este marco institucional secular no excluye ni mucho menos persigue las creencias religiosas: al contrario, las protege a las unas frente a las otras. Porque la mayoría de las persecuciones religiosas han sucedido históricamente a causa de la enemistad intolerante de unas religiones contra

las demás o contra los herejes. En la sociedad laica, cada iglesia debe tratar a las demás como ella misma quiere ser tratada... y no como piensa que las otras se merecen. Convertidos los dogmas en creencias particulares de los ciudadanos, pierden su obligatoriedad general pero ganan en cambio las garantías protectoras que brinda la constitución democrática, igual para todos.

2) En la sociedad laica tienen acogida las creencias religiosas en cuanto *derecho* de quienes las asumen, pero no como *deber* que pueda imponerse a nadie. De modo que es necesaria una disposición secularizada y tolerante de la religión, incompatible con la visión integrista que tiende a convertir los dogmas propios en obligaciones sociales para otros o para todos. Lo mismo resulta válido para las demás formas de cultura comunitaria, aunque no sean estrictamente religiosas, tal como dice Tzvetan Todorov: «Pertenecer a una comunidad es, ciertamente, un derecho del individuo pero en modo alguno un deber; las comunidades son bienvenidas en el seno de la democracia, pero sólo a condición de que no engendren desigualdades e intolerancia» *(Memoria del mal)*.

3) Las religiones pueden decretar para orientar a sus creyentes qué conductas son *pecado*, pero no están facultadas para establecer qué debe o no ser considerado legalmente *delito*. Fue el ilustrado dieciochesco Cesare Beccaria, en *De los delitos y las penas*, quien estableció por primera vez esta distinción fundamental para el funcionamiento democrático del Estado moderno. Y a la inversa: una conducta tipificada como delito por las leyes vigentes en la sociedad laica no puede ser justificada, ensalzada o promovida por argumentos religiosos de ningún tipo ni es atenuante para el delincuente la fe (buena o mala) que declara. De modo que si alguien apalea a su mujer para que le obedezca o apedrea al sodomita (lo mismo que si recomienda públicamente hacer tales cosas), da igual que los textos sagrados que invoca a fin de legitimar su conducta sean auténticos o apócrifos, estén bien o mal interpretados, etc.: en cualquier caso debe ser penalmente castigado. La legalidad establecida en la sociedad laica marca los límites socialmente aceptables dentro de los que debemos movernos

todos los ciudadanos, sean cuales fueren nuestras creencias o nuestras incredulidades. Son las religiones quienes tienen que acomodarse a las leyes, nunca al revés.

4) En la escuela pública sólo puede resultar aceptable como enseñanza lo *verificable* (es decir, aquello que recibe el apoyo de la realidad científicamente contrastada en el momento actual) y lo civilmente establecido como *válido para todos* (los derechos fundamentales de la persona constitucionalmente protegidos), no lo inverificable que aceptan como auténtico ciertas almas piadosas o las obligaciones morales fundadas en algún credo particular. La formación catequística de los ciudadanos no tiene por qué ser obligación de ningún Estado laico, aunque naturalmente debe respetarse el derecho de cada confesión a predicar y enseñar su doctrina a quienes lo deseen. Eso sí, fuera del horario escolar. De lo contrario, debería atenderse también la petición que hace unos meses formularon medio en broma medio en serio un grupo de agnósticos: a saber, que en cada misa dominical se reservasen diez minutos para que un científico explicara a los fieles la teoría de la evolución, el Big Bang o la historia de la Inquisición, por poner algunos ejemplos.

5) Se ha discutido mucho la oportunidad de incluir alguna mención en el preámbulo de la venidera Constitución de Europa a las raíces cristianas de nuestra cultura. Dejando de lado la evidente cuestión de que ello podría entonces implicar la inclusión explícita de otras muchas raíces e influencias más o menos determinantes, dicha referencia plantearía interesantes paradojas. Porque la originalidad del cristianismo ha sido precisamente dar paso al vaciamiento secular de lo sagrado (el cristianismo como la religión para salir de las religiones, según ha explicado Marcel Gauchet), separando a Dios del César y a la fe de la legitimación estatal, es decir ofreciendo cauce precisamente a la sociedad laica en la que hoy podemos ya vivir. De modo que si han de celebrarse las raíces cristianas de la Europa actual, deberíamos rendir homenaje a los antiguos cristianos que repudiaron los ídolos del Imperio y también a los agnósticos e incrédulos posteriores que combatieron al cristianismo convertido en nueva idolatría estatal. Quizá

el asunto sea demasiado complicado para un simple preámbulo constitucional...

Coda y final: el combate por la sociedad laica no pretende sólo erradicar los pujos teocráticos de algunas confesiones religiosas, sino también los sectarismos identitarios de etnicismos, nacionalismos y cualquier otro que pretenda someter los derechos de la ciudadanía abstracta e igualitaria a un determinismo segregacionista. No es casualidad que en nuestras sociedades europeas deficientemente laicas (donde hay países que exigen determinada fe religiosa a sus reyes o privilegian los derechos de una iglesia frente a las demás), tenga Francia el Estado más consecuentemente laico y también el más unitario, tanto en su concepción de los servicios públicos como en la administración territorial. Por lo demás, la mejor conclusión teológica o ateológica que puede orientarnos sobre estos temas se la debo a Gonzalo Suárez: «Dios no existe, pero nos sueña. El Diablo tampoco existe, pero lo soñamos nosotros» (*Acción-Ficción*).

Religión y delincuencia

La decisión del gobierno francés de prohibir en los centros públicos de enseñanza la ostentación de ciertos símbolos religiosos, como el velo islámico, la *kippa* judía, grandes cruces cristianas, etc., ha sido precedida y será sin duda seguida por enconadas polémicas. También en Italia, no hace mucho, hubo un animado debate en torno a la decisión de un juez que ordenó retirar el crucifijo del aula de un colegio, a petición de un padre musulmán. En España, de momento, no tenemos aún tal controversia: se admiten los crucifijos en las clases, los chadores, los escapularios de San Tarsicio... y sobre todo la formación religiosa confesional, administrada con el *placet* del obispado en horas lectivas, evaluable con más peso en el currículo que otras asignaturas científicas y a costa del erario público. Veo difícil que mañana pueda negarse el derecho a impartir su propio catecismo a rabinos e imames. Al lado de tal propaganda, los símbolos externos de fe religiosa son lo de menos...

Lo malo es que con frecuencia hay enseñanzas religiosas (o deberíamos quizá mejor decir: *eclesiales*) incompatibles con la legislación de un país democrático del siglo XXI. En la Biblia, por ejemplo, se encuentran argumentos para castigar la sodomía con la pena de muerte. Y el actual imam de Fuengirola, en un libro titulado *La mujer en el Islam*, predica que el varón debe administrar prudentes castigos corporales a la mujer para dejar claro quién manda en la familia. Denunciado como es lógico ante los tribunales este santo varón, se ha iniciado una discusión jurídica asombrosa acerca de si realmente el Corán recomienda semejante barbaridad o la interpretación del imam es torticera. En el debate se han manejado varias ediciones del libro sagrado de los musulmanes y han intervenido diversos expertos en la doctrina islámica. Semejante modo de abordar la cuestión le deja a uno literalmente estupefacto. Que Mahoma haya dicho una cosa u otra es perfectamente irrelevante desde el punto de vista legal, porque la ley civil que prohíbe tal tipo de agresiones debe estar por encima de cualquier consideración religiosa. Diga lo que diga Mahoma, los maridos no tienen derecho en España a zurrar a sus mujeres, ni los eclesiásticos pueden incitar a su clientela a cometer semejante delito, lo mismo que –diga lo que diga la Biblia– la pena de muerte está excluida de nuestro ordenamiento jurídico y reclamarla para castigar la homosexualidad sería una aberración que no debería quedar impune. Las creencias y prácticas religiosas están amparadas por la libertad ideológica reconocida por la Constitución, pero siempre que no vayan contra las leyes del país, que configuran nuestra cultura democrática laica por encima de cualquier otra consideración eclesiástica o fideísta. Por muy piadoso y lleno de sagradas motivaciones que esté un delincuente, delincuente se queda y como tal debe ser tratado por los tribunales. Felizmente, los jueces han condenado al poco atractivo imam de Fuengirola por sus recomendaciones «piadosas».

El problema no son los velos ni las cruces, sino los dogmas eclesiásticos que vulneran la legalidad e incitan a conductas dañinas o a enfrentamientos con los derechos fundamentales que rigen nuestras democracias europeas. Cada cual puede tener las creencias que prefiera o que le hayan inculcado, y puede exteriorizarlas en su indumentaria como considere conveniente, pero sabiendo que no por ello deja de estar sometido a normas comunes cuyo fundamento no es religioso sino laico y que se sostienen con argumentos basados en la razón humana y no en la fe divina. La tolerancia pluralista es incompatible con las concesiones a la teocracia, sea del culto que sea. La religión es un derecho de cada cual, pero no un deber para nadie... ni mucho menos convierte en aceptable y encomiable lo que transgrede la legalidad.

A fin de cuentas, prohibir los signos religiosos externos en el ámbito escolar significa reconocer que las creencias son *indomesticables* y que siempre guardan una ferocidad latente contra quienes no las comparten. Es decir, obliga a tomárselas demasiado en serio. La verdadera educación frente a las religiones debería introducir un punto irónico en cualquier fe: su objetivo sería formar creyentes capaces de sonreír al identificarse como tales. Pero por lo visto esto resulta imposible porque, como ya advirtió Cioran, «todas las religiones son cruzadas contra el humor».

Nuestras raíces cristianas

La polémica en torno a si debe o no mencionarse destacadamente dentro de la nueva Constitución europea el papel jugado por «las raíces cristianas» en nuestra cultura puede suscitar diversas consideraciones de índole política, histórica y hasta filosófica: sin duda la más melancólica de todas ellas es la constatación de hasta qué punto es general la ignorancia acerca de en qué consisten tales raíces... sobre todo entre quienes las defienden con mayor entusiasmo. Por eso, la actitud más prudente y benévola es recomendar no meterse en berenjenales, apelar a lo que nos une y no a lo que nos separa, aconsejar que no se conviertan los preámbulos de un cuerpo legal ya controvertido por otros motivos en arena de confrontación teológica y, en fin, dejarlo correr. Europa no deberá ocuparse mañana de emprender nuevas guerras de religión sino en curarse de una vez por todas de la religión de la guerra, cosa por cierto bien difícil. Ahora bien, la cuestión teórica de fondo es realmente interesante y quizá no resulte improcedente, más allá de las urgencias de la coyuntura actual, dedicarle una reflexión seria. Tanto más cuanto que tiene mucho que ver con el supuesto «choque de civilizaciones» de que se nos habla y que consiste más bien en un enfrentamiento entre ideologías teocráticas opuestas en el que Europa –precisamente por sus mentadas «raíces cristianas»– debería poder hacer oír una voz distinta e iluminadora.

Si no me equivoco del todo, los partidarios de la mención explícita del cristianismo en la Constitución europea lo que pretenden es reforzar el peso *político* de las iglesias originariamente cristianas (primordialmente la católica) en el asentamiento de nuestras instituciones y en los valores consagrados por nuestras leyes y nuestra educación. Sin duda no faltan razones históricas para ello, pero me pregunto si tal impregnación oficialmente clerical y dogmática de los poderes públicos es la única o siquiera la más relevante consecuencia de la revolución religiosa introducida por el cristianismo primero en nuestro continente y luego en el mundo entero. ¿No será más bien lo contrario? ¿No es lo realmente peculiar de la raíz cristiana la denuncia antijerárquica y anticlerical de la religión establecida como culto legitimador del poder terrenal, la cual ha dado paulatinamente lugar –tras perder su prístina virulencia– a una separación entre el gobierno civil de los ciudadanos y la fe en la verdad salvadora que cada uno de ellos podía alcanzar en su conciencia? Esta disociación falta casi universalmente fuera del ámbito europeo. Yendo un poco más lejos aún: ¿no tiene propiamente una raíz cristiana la secularización e incluso la incredulidad (tan denostadas por nuestros conservadores) de la época moderna?

Los paganos persiguieron a los cristianos por motivos religiosos: les acusaban de ateísmo, ni más ni menos. Sentían irritación y desconcierto ante la secta irreverente que no se limitaba a proclamar a su Dios sino que negaba validez a todos los demás y derribaba con impiedad los altares ajenos, que eran precisamente donde se celebraban los cultos oficiales de la ciudad. Desde luego los cristianos no eran religiosa ni políticamente correctos: el multiculturalismo pagano les resultaba ajeno, incluso pecaminoso. Y es que los cristianos introdujeron en Europa la pasión terrible y excluyente por la *verdad*. Sólo la Verdad es digna de creencia, de fe: una novedad magnífica y feroz. A los paganos no se les había ocurrido «creer» en su divinidades al modo exhaustivo luego inaugurado por los cristianos (Paul Veyne escribió un libro muy interesante al respecto, *¿Creían los griegos en sus dioses?*), más bien los consideraban emanaciones venerables de los lugares y actividades en que transcurría su vida. El afán cristiano por elevar la ilusión a verdad despobló de ilusiones teológicas menos eficaces el espacio social. Gracias a Constantino y al papado la iglesia oficial resistió y asimiló en parte el embate subversivo, pero nunca se recuperó del todo de él. La pasión desmitificadora por la verdad siguió abriéndose camino y pasó de las catedrales a las universidades y de las celdas monacales a los laboratorios. El Dios que era la Verdad acabó con el resto de los dioses y luego la verdad se volvió letalmente contra él.

El concepto de secularización sólo se entiende en el mundo cristiano, como su culminación ilustrada. Como señala en *Straw Dogs* John Gray: «el secularismo es como la castidad, una condición que se define por lo que niega». Sólo la civilización cristiana, ya previamente purgada de divinidades y cultos locales, puede secularizarse. Y concluye Gray: «La consecuencia largo tiempo aplazada de la fe cristiana fue una idolatría por la verdad que encontró su más completa expresión en el ateísmo. Si vivimos en un mundo sin dioses, es a la cristiandad a quien debemos agradecérselo». Las raíces cristianas de Europa tienen hoy su más clara expresión en la ciencia que aniquila las leyendas piadosas, en la separación tajante del poder secular (y de la moral civil) de las injerencias clericales, en la proclamación de derechos humanos a los que se niega la sanción divina (por lo que fueron en sus orígenes condenados por el papado), en la educación general obligatoria que se rehúsa a oficializar como materias científicas las creencias religiosas y rechaza que sea la autoridad de los obispos la que designe a los profesores. Como todos estos avatares resultan un poco difíciles y bastante polémicos de condensar en un prefacio legal, Giscard y compañía parecen haber actuado prudentemente al no recogerlos en la Constitución europea que proponen.

Ahora me parece oír alguna voz indignada que me pregunta: «y entonces ¿qué habría que poner según usted en el preámbulo de la Constitución, para ilusionar trascendentalmente a los europeos que van a acogerse a ella?». Pues nada que mire hacia el pasado, sino más bien algo que apunte –aunque sea con cierta inverosimilitud– hacia el futuro que podemos compartir. Por ejemplo lo que propone James Joyce en su *Ulises* por boca de uno de los protagonistas de la novela: «Nada de patriotismo de cervecería ni de impostores afectados de hidropesía. Dinero gratis, alquileres gratis, amor libre e iglesia laica libre, y estado laico libre». Todo ello con buenas raíces cristianas por cierto, según mi modesto criterio.

La laicidad explicada a los niños

En 1791, como respuesta a la proclamación por la Convención francesa de los Derechos del Hombre, el papa Pío VI hizo pública su encíclica *Quod aliquantum* en la que afirmaba «que no puede imaginarse tontería mayor que tener a todos los hombres por iguales y libres». En 1832, Gregorio XVI reafirmaba esta condena sentenciando en su encíclica *Mirari vos* que la reivindicación de tal cosa como la «libertad de conciencia» era un error «venenosísimo». En 1864 apareció el *Syllabus* en el que Pío IX condenaba los principales errores de la modernidad democrática, entre ellos muy especialmente –dale que te pego– la libertad de conciencia. Deseoso de no quedarse atrás en celo inquisitorial, León XIII estableció en su encíclica *Libertas* de 1888 los males del liberalismo y el socialismo, epígonos indeseables de la nefasta ilustración, señalando que «no es absolutamente lícito invocar, defender, conceder una híbrida libertad de pensamiento, de prensa, de palabra, de enseñanza o de culto, como si fuesen otros tantos derechos que la naturaleza ha concedido al hombre. De hecho, si verdaderamente la naturaleza los hubiera otorgado, sería lícito recusar el dominio de Dios y la libertad humana no podría ser limitada por ley alguna». Y a Pío X le correspondió fulminar la ley francesa de separación entre Iglesia y Estado con su encíclica *Vehementer*, de 1906, donde puede leerse: «Que sea necesario separar la razón del Estado de la de la Iglesia es una opinión seguramente falsa y más peligrosa que nunca. Porque limita la acción del Estado a la sola felicidad terrena, la cual se coloca como meta principal de la sociedad civil y descuida abiertamente, como cosa extraña al Estado, la meta última de los ciudadanos, que es la beatitud eterna preestablecida para los hombres más allá de los fines de esta breve vida». Hubo que esperar al Concilio Vaticano II y al decreto *Dignitatis humanae personae*, querido por Pablo VI, para que finalmente se reconociera la libertad de conciencia como una dimensión de la persona contra la cual no valen ni la razón de Estado ni la razón de la Iglesia. «¡Es una auténtica revolución!», exclamó el entonces cardenal Woytila.[1]

¿Qué es la laicidad? Es el reconocimiento de la autonomía de lo político y civil respecto a lo religioso, la separación entre la esfera terrenal de aprendizajes, normas y garantías que todos debemos compartir y el ámbito íntimo (aunque públicamente exteriorizable a título particular) de las creencias de cada cual. La liberación es mutua, porque la política se sacude la tentación teocrática pero también las iglesias y los fieles dejan de estar manipulados por gobernantes que tratan de ponerlos a su servicio, cosa que desde Napoleón y su concordato con la Santa Sede no ha dejado puntualmente de ocurrir, así como cesan de temer persecuciones contra su culto, tristemente conocidas en muchos países totalitarios. Por eso no tienen fundamento los temores de cierto prelado español que hace poco alertaba ante la amenaza en nuestro país de un «Estado ateo». Que pueda darse en algún sitio un Estado ateo sería tan raro como que apareciese un Estado geómetra o melancólico: pero si lo que teme monseñor es que aparezcan gobernantes que se inmiscuyan en cuestiones estrictamente religiosas para prohibirlas u hostigar a los creyentes, hará bien en apoyar con entusiasmo la laicidad de nuestras instituciones, que excluye precisamente tales comportamientos no menos que la sumisión de las leyes a los dictados de la conferencia episcopal. No sería el primer creyente y practicante religioso partidario del laicismo, pues abundan hoy como también los hubo

---

1. Tomo la mayor parte de estos datos del ensayo «Le radici illuministiche della libertà religiosa», de Vincenzo Ferrone, incluido en el volumen colectivo *Le ragioni dei laici*, ed. Laterza, 2005.

ayer: recordemos por ejemplo a Ferdinand Buisson, colaborador de Jules Ferry y promotor de la escuela laica (obtuvo el premio Nobel de la Paz en 1927), que fue un ferviente protestante.

En España, algunos tienen inquina al término «laicidad» (o aún peor, «laicismo») y sostienen que nuestro país es constitucionamente «aconfesional» –eso puede pasar– pero no laico. Como ocurre con otras disputas semánticas (la que ahora rodea al término «nación», por ejemplo) lo importante es lo que cada cual espera obtener mediante un nombre u otro. Según lo interpretan algunos, un Estado no confesional es un Estado que no tiene una única devoción religiosa sino que tiene muchas, todas las que le pidan. Es multiconfesional, partidario de una especie de teocracia politeísta que apoya y favorece las creencias estadísticamente más representadas entre su población o más combativas en la calle. De modo que sostendrá en la escuela pública todo tipo de catecismos y santificará institucionalmente las fiestas de iglesias surtidas. Es una interpretación que resulta por lo menos abusiva, sobre todo en lo que respecta a la enseñanza. Como ha avisado Claudio Magris (en «*Laicità e religione*», incluido en el volumen colectivo «*Le ragioni dei laici*», ed. Laterza), «en nombre del deseo de los padres de hacer estudiar a sus hijos en la escuela que se reclame de sus principios –religiosos, políticos y morales– surgirán escuelas inspiradas por variadas charlatanerías ocultistas que cada vez se difunden más, por sectas caprichosas e ideologías de cualquier tipo. Habrá quizá padres racistas, nazis o estalinistas que pretenderán educar a sus hijos –a nuestras expensas– en el culto de su Moloch o que pedirán que no se sienten junto a extranjeros...». Ya el ilustrado Cesare Beccaria, en *De los delitos y las penas*, previno contra la tiranía que puede ejercer la familia sobre el individuo, tan terrible y obcecada como la de Estado o la Iglesia. Ante todo debe recordarse que la enseñanza no es sólo un asunto que incumba al alumno y su familia, sino que tiene efectos públicos por muy privado que sea el centro en que se imparta. Una cosa es la instrucción religiosa o ideológica que cada cual pueda dar a sus vástagos siempre que no vaya contra leyes y principios constitucionales, otra el contenido del temario escolar que el Estado debe garantizar con su presupuesto que se enseñe a todos los niños y adolescentes. Si en otros campos, como el mencionado de las festividades, hay que manejarse flexiblemente entre lo tradicional, lo cultural y lo legalmente instituido, en el terreno escolar hay que ser preciso estableciendo las demarcaciones y distinguiendo entre los centros escolares (que pueden ser públicos, concertados o privados) y la enseñanza misma ofrecida en cualquiera de ellos, cuyo contenido de interés público debe estar siempre asegurado y garantizado para todos. En esto consiste precisamente la laicidad y no en otra cosa más oscura o temible.

Algunos partidarios a ultranza de la religión como asignatura en la escuela han iniciado una cruzada contra la enseñanza de una moral cívica o formación ciudadana. Al oírles parece que los valores de los padres, cualesquiera que sean, han de resultar sagrados mientras que los de la sociedad democrática no pueden explicarse sin incurrir en una manipulación de las mentes poco menos que totalitaria. Por supuesto, la objeción de que educar para la ciudadanía lleva a un adoctrinamiento neofranquista es tan profunda y digna de estudio como la de quienes aseguran que la educación sexual desemboca en la corrupción de menores. Como además ambas críticas suelen venir de las mismas personas, podemos comprenderlas mejor. En cualquier caso, la actitud laica rechaza cualquier planteamiento incontrovertible de valores políticos o sociales: el ilustrado Condorcet llegó a decir que ni siquiera los derechos humanos pueden enseñarse como si estuviesen escritos en unas tablas descendidas de los cielos. Pero es importante que en la escuela pública no falte la elucidación seguida de debate sobre las normas y objetivos fundamentales que persigue nuestra convivencia democrática, precisamente porque se basan en legitimaciones racionales y deben someterse a consideraciones históricas. Los valores no dejan de serlo y de exigir respeto aunque no aspiren a un carácter absoluto ni se refuercen con castigos o premios sobrenaturales... Y es indispensable hacerlo comprender.

Sin embargo, el laicismo va más allá de proponer una cierta solución a la cuestión de las relaciones entre la Iglesia (o las iglesias) y el Estado. Es una determinada forma de entender la política democrática y también una doctrina de la libertad civil. Consiste en afirmar la condición igual de todos los miembros de la sociedad, definidos exclusivamente por su capacidad similar de participar en la formación y expresión de la voluntad general y cuyas características no políticas (religiosas, étnicas, sexuales, genealógicas, etc.) no deben ser en principio tomadas en consideración por el Estado. De modo que, en puridad, el laicismo va unido a una visión republicana del gobierno: puede haber repúblicas teocráticas, como la iraní, pero no hay monarquías realmente laicas (aunque no todas conviertan al monarca en cabeza de la iglesia nacional, como la inglesa). Y por supuesto la perspectiva laica choca con la concepción nacionalista, porque desde su punto de vista no hay nación de naciones ni Estado de pueblos sino nación de ciudadanos, iguales en derechos y obligaciones fundamentales más allá de cuál sea su lugar de nacimiento o residencia. La justificada oposición a las pretensiones de los nacionalistas que aspiran a disgregar el país o, más frecuentemente, a ocupar dentro de él una posición de privilegio asimétrico se basa –desde el punto de vista laico– no en la amenaza que suponen para la unidad de España como entidad trascendental, sino en que implican la ruptura de la unidad y homogeneidad legal del Estado de Derecho. Sólo faltaría que tras haber conseguido anular constitucionalmente las desigualdades por sexo o etnia debiéramos restaurarlas por lugar de nacimiento y se convirtiera en relevante para los derechos ciudadanos haber nacido en Murcia o en Gerona. Repitámoslo una vez más, con cierto sonrojo por lo obvio: no es lo mismo ser culturalmente distintos que políticamente desiguales. Pues bien, quizá entre nosotros llevar el laicismo a sus últimas consecuencias tan siquiera teóricas sea asunto difícil: pero no deja de ser chocante que mientras los laicos «monárquicos» aceptan serlo por prudencia conservadora, los nacionalistas que se dicen laicos paradójica (y desde luego injustificadamente) creen representar un ímpetu progresista...

En todo caso, la época no parece favorable a la laicidad. Las novelas de más éxito tratan de evangelios apócrifos, profecías milenaristas, sábanas y sepulcros milagrosos, templarios –¡muchos templarios!– y batallas de ángeles contra demonios. Vaya por Dios, con perdón: qué lata. En cuanto a la (mal) llamada alianza de civilizaciones, en cuanto se reúnen los expertos para planearla resulta que la mayoría son curas de uno u otro modelo. Francamente, si no son los clérigos lo que más me interesa de mi cultura, no alcanzo a ver por qué van a ser lo que me resulte más apasionante de las demás. A no ser, claro, que también seamos «asimétricos» en esta cuestión... Hace un par de años, coincidí en un debate en París con el ex secretario de la ONU Butros Gali. Sostuvo ante mi asombro la gran importancia de la astrología en el Egipto actual, que los europeos no valoramos suficientemente. Respetuosamente, señalé que la astrología es tan pintoresca como falsa en todas partes, igual en El Cairo que en Estocolmo o Caracas. Butros Gali me informó de que precisamente esa opinión constituye un prejuicio eurocéntrico. No pude por menos de compadecer a los africanos que dependen de la astrología mientras otros continentes apuestan por la nanotecnología o la biogenética. Quizá el primer mandamiento de la laicidad consista en romper la idolatría culturalista y fomentar el espíritu crítico respecto a las tradiciones propias y ajenas. Podría formularse con aquellas palabras de Santayana: «No hay tiranía peor que la de una conciencia retrógrada o fanática que oprime a un mundo que no entiende en nombre de otro mundo que es inexistente».[2]

2. En *Diálogos en el limbo*, ed. Tecnos, Madrid, 1996, p. 87.

Educación cívica: ¿transversal o atravesada?

Como cada cual aprende cuando puede y por lo general a su costa, vivo últimamente maravillado al descubrir con motivo de nuestro informe sobre la reforma de los medios públicos audiovisuales cómo se fabrican algunas grandes noticias. En este caso, por los titulares habidos alguien diría que nuestra conclusión más importante ha sido exigir al Estado que pague la deuda acumulada por TVE. ¡Ahí es nada, zarandear a la Administración para que afloje varios miles de millones! Desde los tiempos pueriles en que me identificaba con las hazañas de Super Ratón, héroe predilecto de aquellos tebeos compensatorios, nunca había vuelto a sentirme tan poderoso. Lástima que como es lógico nadie nos haya preguntado jamás si el Estado debe pagar o no las deudas que avala: hubiera sido una estupenda ocasión para proclamar que no, que no debe soltar ni un duro por mucho compromiso que tenga y que se j... que se fastidien los morosos que confiaron en su respaldo. ¡Mueran Sansón y todos los filisteos! Como suele pasar, la realidad es menos heroica y nuestras auténticas recomendaciones en el informe sólo apuntan por el contrario vías alternativas a la prolongación indefinida de tales endeudamientos...

Escarmentado por esa experiencia en carne propia, no menos que de las grandes noticias inexistentes me asombro ahora también de los asuntos relevantes pasados por alto o que sólo se mencionan en letra pequeña y como de paso. Tomemos como caso práctico ejemplar el informe recientemente emitido por el Consejo Escolar del Estado. Me apresuro a confesar que de tal documento sólo conozco las informaciones que han aparecido en media docena de periódicos, por lo que puede que mi alarma –de la que enseguida hablaré– se deba a un conocimiento insuficiente de lo acordado. Del informe en cuestión, no vinculante pero de obvia relevancia como orientación pedagógica a los legisladores, se ha destacado sobre todo el dictamen acerca de la asignatura de religión, al que se llegó tras una reñida votación sólo dirimida por el voto de calidad de la presidenta del Consejo. Según lo concluido, el Consejo pide al Gobierno que la asignatura de religión salga del currículo escolar, que no sea evaluable a efectos académicos y que no tenga por tanto alternativa en el horario lectivo. Además este organismo consultivo, el más alto de la comunidad educativa no universitaria, aprobó una enmienda solicitando (si se dan determinadas circunstancias) la ruptura del Acuerdo entre el Estado Español y la Santa Sede de 1979, fundamento argumental del mantenimiento de la asignatura de religión confesionalmente enfocada en nuestro ordenamiento de enseñanza básica y secundaria.

A mi entender, este dictamen del Consejo Escolar es perfectamente razonable y lo único notable es que haya sido alcanzado con tanta oposición y por tan estrecho margen. No se pone en cuestión el derecho que tienen los padres que lo deseen de dar a sus hijos instrucción religiosa, sino la conveniencia de convertir el adoctrinamiento confesional en un rubro más de la preparación académica de los alumnos. Y de que tal labor catequística –añado yo– deba ser financiada por el Estado pero gestionada por las autoridades religiosas correspondientes. Lo más chocante de todo resulta que, en el caso de la religión católica, esta inclusión en el currículo de una variante más o menos científicamente barnizada del catecismo venga obligada por el Concordato con la Santa Sede, de inequívoca raigambre franquista. ¿Por qué un Estado moderno debe organizar aspectos de su enseñanza según tratados firmados con otro Estado? ¿No sería pintoresco, por ejemplo, que un acuerdo firmado con Cuba nos obligara a redefinir nuestro ordenamiento sindical? Se trata de una cuestión de principio que afecta al sentido mismo de la enseñanza pública y que por tanto nada tiene que ver con el debido respeto a las crcencias de cada cual garantizadas constitucionalmente. Tampoco depende de que se recojan más o menos firmas en apoyo del adoctrinamiento confesional, de igual modo que millones de firmas contra la libertad de culto religioso no serían democráticamente aceptables para abolirlo. Hacer comprender tales principios debería ser precisamente una de las tareas de la imprescindible educación cívica de nuestros escolares. Y aquí precisamente llega la noticia del acuerdo más alarmante tomado por el Conocjo Escolai, que no ha merecido titulares tan destacados ni comentarios editoriales tan acerbos como la decisión que atañe a la asignatura de religión. Según lo informado por la prensa, en algunos casos sólo de pasada, el Consejo ha aprobado una enmienda propuesta por CCOO, a partir de la cual manifiesta su opinión contraria a la existencia de un área específica de educación para la ciudadanía (como propone el Ministerio de Educación) y establece que el tratamiento de los valores deberá llevarse a cabo de forma transversal en todos los niveles y etapas del proyecto educativo. A mi juicio, este dictamen –aprobado por una mayoría más amplia– es de mucha mayor trascendencia que el anteriormente comentado y desde luego merecedor de un debate de más serio calado. Sin embargo, salvo error por mi parte, ha pasado sin despertar polémica por nuestros medios de comunicación, tan voluntariosa y meritoriamente propensos a ella.

¿Qué es eso de una educación cívica «transversal» y no específicamente tematizada y argumentalmente reflexiva? Perdónenme lo tajante, pero es un cuento chino. Me temo que la medida supone diluir esta dimensión esencial de la formación democrática en atisbos inconcretos y comportamientos ejemplarizantes difuminados a través de la práctica escolar, al albur de la indudable buena voluntad de profesores no específicamente preparados para esa tarea y cuya principal preocupación es desarrollar con bien el programa que les corresponde en otras materias. Sin duda, que en la escuela reine un clima general de respeto y ahínco de los valores constitucionales es algo educativamente importante (y lógico, ¿no?) pero que en modo alguno sustituye la transmisión concreta de su fundamento, desarrollo histórico e implicaciones actuales. La educación ciudadana no consiste en mostrar los comportamientos sociales adecuados –algo así como un «Manual de urbanidad para demócratas»– sino en explicar y debatir las razones por las que deben ser precisamente ésos.

Establecer el temario de una asignatura de educación ciudadana o de un área en el currículo que la desarrolle no es tarea fácil y contraría las habituales pautas de la pereza suicida («todas las opiniones son igualmente respetables»), los prejuicios que conspiran contra cualquier diseño unitario del país que compartimos y el pánico a establecer criterios opuestos al sacrosanto «cada cual a su bola» que es por el momento la única fórmula aceptada contra la visión totalitaria e integrista de la sociedad. Planea ominosa sobre los educadores la sombra de la «Formación del Espíritu Nacional» franquista, tan aborrecida como acatadas son las formaciones de espíritus nacionales que se profesan en no pocas autonomías. Sin embargo, sólo mediante una educación cívica puede justificarse por ejemplo la exclusión del currículo escolar de la asignatura confesional de religión, que nada tiene que ver con la hostilidad hacia las creencias sino con el papel de éstas en una comunidad democrática. Porque en ésta la religión no es algo meramente íntimo y secreto, sino que puede ser manifestada y reivindicada en el espacio público; pero se inscriben en tal espacio público a título privado, aceptando el pluralismo y su desvinculación del ordenamiento político neutralmente laico. También esa educación cívica puede servir para justificar racionalmente que sostener unos medios de comunicación públicos no es una falta de respeto al contribuyente sino darle la oportunidad de que sea propietario, junto a los demás, de cadenas de televisión o radio como ésas que según la iniciativa privada sólo pueden poseer los plutócratas. En fin, cosas así... en las que consiste la democracia contemporánea.

Uno se pasa la vida oyendo diatribas, no muy bien argumentadas, contra el nocivo «individualismo» juvenil. Los mismos teólogos e ideólogos que las propalan son por lo visto contrarios a intentar remedios escolares que distingan la autonomía moral de las personas de la insolidaridad o la despreocupación por lo social que nos vincula. Como dijo hace tiempo Marcel Gauchet «nuestros modos de educación y de escolarización, ciegamente, fabrican individuos cada vez más indiferentes a lo colectivo, y por tanto a lo político. [...]. La verdad de la pedagogía hoy es que tiende a fabricar ciudadanos incívicos». No veo que tal perspectiva preocupe radicalmente ni siquiera a quienes con mayor truculencia suelen deplorar sus efectos cotidianos.

Fanáticos sin fronteras

Mala racha llevamos con las reacciones suscitadas por el conflicto de intolerancia frente a permisividad suscitado por las caricaturas mahometanas publicadas en un periódico danés.[1] Nuestros mentores ideológicos estaban un poco adormilados y el estruendo feroz que les ha despertado ha sido tan súbito que no les ha dado tiempo a despejarse. Jean Daniel nos informaba en estas mismas páginas de que él acepta la blasfemia siempre que vaya acompañada de buen gusto y dignidad artística: es de los que sólo disfrutan los *strip-teases* cuando se realizan con música de Mozart, que para eso estamos en su aniversario. Sami Nair se empeña en que se trata de una

1. La historia fue del siguiente modo: el año 2005, el escritor danés Kâre Blutigen, autor de un libro para niños titulado *El Corán y la vida del profeta Mahoma*, comunicó a un periodista del *Jyllands-Posten* (el diario más leído de Dinamarca) sus dificultades para encontrar un dibujante que ilustrase su obra (por temor a represalias, dada la prohibición religiosa existente en algunas ramas del Islam contra la representación de imágenes del Profeta). El periódico convocó a más de veinte dibujantes a enviar trabajos sobre este tema, de los que en septiembre de 2005 publicó doce. Una de las caricaturas representaba a un barbudo (supuestamente Mahoma, cuyo rostro no conocemos) con una bomba escondida en el turbante. Inmediatamente, algunos líderes musulmanes daneses se movilizaron en diversos actos de protesta y algunas amenazas. Al no ser escuchados por las autoridades, que defendieron el derecho a la libertad de expresión del periódico y los caricaturistas, se llegó a una queja oficial de diversos diplomáticos representantes de naciones islámicas en Dinamarca y también de llamadas al boicoteo de productos procedentes de ese país en sus respectivos *estados*. En febrero del 2006, hubo numerosas manifestaciones de protesta en países europeos e islámicos, quema de banderas danesas, destrucción de embajadas, numerosos disturbios e incluso muertos. Las autoridades danesas y de la Unión Europea pidieron excusas, etc.

235

provocación de la extrema derecha, explicación que padece el doble defecto de que no viene a cuento (¿acaso debe carecer de libertad de expresión la extrema derecha?) y de que es falsa (mejor informado, el corresponsal de *El País*, Antonio Caño, aclara –6-II-06– que el *Jyllands Posten* es «una publicación de centro derecha, seria y respetada»). El presidente Zapatero, junto con el premier turco Erdogan, comunican al universo su reprobación de las insultantes caricaturas (por cierto, ¿oiremos a nuestro mandatario comentar la excarcelación dentro de unos meses del *serial killer* Henri Parot diciendo que «puede ser perfectamente legal, pero no es indiferente, y debe ser rechazada desde el punto de vista moral y político»?). El flamante premio Cervantes Sergio Pitol opina que los insultos a Mahoma son enormemente irreverentes y agresivos, lo que me recuerda que John le Carré consideró la *fatua* contra Salman Rushdie como consecuencia de la arrogancia irresponsable del escritor (cuando conozco los dictámenes de ciertos escritores comprometidos sobre problemas concretos, me hago partidario del arte por el arte). Por supuesto, diversos teólogos, algún cardenal y algún gran rabino, han hecho oír su solidaridad gremial con los piadosos y feroces ofendidos: todas las iglesias conservan cierta envidiosa nostalgia de las fes que aún tienen fanáticos como cuerpo de guardia, porque sólo se resignan a inspirar respeto cuando ya no pueden inspirar miedo... ¡ah, los buenos tiempos! Etc., etc.

Desde luego, también hemos escuchado a muchos defender con vehemencia la sacrosanta libertad de expresión. Y hablar de que no debe utilizarse para faltar al respeto debido al prójimo. ¿Por qué lo llaman respeto cuando quieren decir miedo? Uno respeta mucho más a otro cuando le hace bromas o críticas, incluso de mal gusto, porque le considera un ser civilizado que no va a asesinarle por ello... que cuando guarda pío silencio y baja los ojos ante quien considera un loco furioso, capaz de partirle la cabeza a hachazos. Pero tampoco tengo claro dónde está la falta de respeto de esas caricaturas. Ya sé –me lo dijo Cioran– que todas las religiones son cruzadas contra el sentido del humor, pero me niego a creer que mil quinientos millones de musulmanes tengan forzosamente que sentirse ofendidos por ellas: sería tomarles a todos por imbéciles, lo que me parece sumamente injusto. Si yo fuera musulmán, hipótesis ahora improbable pero nunca se sabe, consideraría el dibujo de Mahoma con una bomba escondida en el turbante como una sátira contra quienes utilizan bárbaramente su doctrina para justificar atentados de inspiración política. Y me preguntaría, como hizo el semanario jordano *Shihano*, «qué perjudica más al Islam, esas caricaturas o bien un secuestrador que degüella a su víctima ante las cámaras». Desgraciadamente no tendremos ya respuesta ni debate, porque el semanario fue de inmediato cerrado y su director despedido. Sin embargo, como escribe en «Charlie-Hebdo» Tewfik Allal, portavoz de la asociación del Manifiesto de las libertades (creada en 2004 por franceses de cultura musulmana) «hay ciertamente mucha gente que piensa lo mismo en tierras del Islam, pero no tienen derecho a decirlo: es a ellos a quienes falta más gravemente la libertad de expresión». Quizá esas caricaturas no ofenden ni a todos los musulmanes ni a quienes viviendo en teocracias no comparten esa religión pero tienen que disimular: al contrario, quizá expresan el más secreto y sincero pensamiento de tantos que están hoy reprimiendo por temor sus ganas de desahogarse intestinalmente sobre los mahomas de pacotilla que les oprimen...

Pero lo que me extraña, lo que no he leído ni oído a nadie aunque esté implícito en bastantes comentarios, es que lo amenazado en nuestras democracias no es sólo ni a mi juicio principalmente la libertad de expresión. No, lo que nos estamos jugando es precisamente *la libertad religiosa.* Y ello por una doble vía. En primer lugar, porque la libertad religiosa en los países democráticos se basa en el principio de que la religión es un derecho de cada cual, pero no un deber de los demás ciudadanos ni de la sociedad en su conjunto. Cada cual puede creer y venerar a su modo, pero sin pretender que ello obligue a nadie más. Tal como ha explicado bien José Antonio Marina en su reciente *Por qué soy cristiano,* cada uno puede cultivar su «verdad privada» religiosa, pero estando dispuesto llegado el caso a ceder ante la «verdad pública» científica o legal que debemos compartir. La religión es algo íntimo que puede expresarse públicamente pero a título privado: y como todo lo que aparece en el espacio público, se arriesga a críticas, apostillas y también a irreverencias. Hay quien se muestra muy cortés con todos los credos y quien se carcajea al paso de las procesiones: cuestión de carácter, cosas del pluralismo. En segundo lugar, hay personas cuya convicción en el terreno religioso no es una fe en algo sobrenatural, sino un naturalismo racionalista que denuncia como nefastas para la humanidad las supersticiones y las leyendas convertidas en dogmas. Tienen derecho a practicar su vocación religiosa como los demás y son tan piadosos como cualquiera... a su modo. Voltaire o Freud son parte de nuestra historia de la religión ni más ni menos que Tomás de Aquino. Con el valor añadido de que sus creencias racionalistas han colaborado con el fundamento de la democracia moderna, la ciencia y el desarrollo de los derechos humanos en mucha mayor medida que los artículos de fe de cualquier otra iglesia. Las algaradas multitudinarias en las teocracias islámicas están prefabricadas sin duda por sus dirigentes, como las manifestaciones por un Gibraltar español que organizaba cada cierto tiempo el régimen de Franco. Pero lo que pretende el imán Abu Laban en Dinamarca, o los feligreses de la mezquita de Regent Park londinense, que se manifiestan con pancartas en las que se lee «Prepararos para un *verdadero* holocausto» o «*Liberalism go to hell!*», es acabar con la libertad religiosa de las democracias y sustituirla por una especie de politeocratismo en el que deberán ser «respetados» (léase temidos) los integristas intocables de cada una de las doctrinas y no tendrán sitio los que se oponen por cuestión de honradez intelectual a todas ellas. Es algo de lo que no faltan signos inquietantes también en las reclamaciones intransigentes de otras confesiones.

Quienes hemos tenido que convivir con fanáticos de tendencias criminales (valga el pleonasmo) nacionalistas, sabemos por experiencia que no hay peor política que darles la razón a medias. Por supuesto, ello no es óbice para que no deba recomendarse la prudencia y la delicadeza en las relaciones con los demás: no es recomendable zaherir a los vecinos, ni reírse del peluquín del jefe si se le va a pedir aumento de sueldo. Para los casos litigiosos están las leyes y los tribunales, a los que puede acudirse cuando alguien considera que el ultraje sufrido va más allá de lo tolerable. Pero por lo general nada es más imprudente que seguir las atemorizadas reglas de una prudencia meramente temblorosa. De modo que, mientras me dejen, me atengo mejor al credo propuesto por el ex situacionista Raoul Vaneigem: «Nada es sagrado. Todo el mundo tiene derecho a criticar, a burlarse, a ridiculizar todas las religiones, todas las ideologías, todos los sistemas conceptuales, todos los pensamientos. Tenemos derecho a poner a parir a todos los dioses, mesías, profetas, papas, popes, rabinos, imanes, bonzos, pastores, gurús, así como a los jefes de Estado, los reyes, los caudillos de todo tipo...».[2] Amén.

2. Vaneigem, Raoul. *Le mouvement du libre-esprit*, L'or des fous editeur, 2005. Prólogo.

La globalización de Dios

Me enteré de la muerte de mi primer Papa una tarde, al llegar al colegio. ¿Qué tendría yo, once años? Algo así. El profesor nos hizo sentar en los pupitres sin quitarnos los abrigos y proclamó: «Ha muerto Su Santidad Pío XII. Hoy no tendréis clase, en señal de duelo». Desde luego, a los once años los duelos sin clase son menos: no recuerdo ninguna angustia especial, más bien una sensación de alegría inesperada, gratuita y que me volví a casa hecho unas pascuas. (Me pregunto qué habrán sentido estos días pasados mis contemporáneos de once años. Y sobre todo quisiera saber que recordarán de tanta agonía y funeral papales dentro de... cuarenta y cinco años, por ejemplo.) Semanas después, en una revista a la que mi madre era adicta y en la que yo aprendí bastante francés –Paris Match– aparecieron unas fotografías escandalosas, inmisericordes, de la agonía atroz de quien fue en el siglo Eugenio Pacelli, obtenidas por un médico felón. Comenzaba la nueva era en la que lo más santo sería lo más espectacular y ya no habría nada obsceno salvo aquello cuya imagen nadie quisiera comprar...

Muchos años después, en Varsovia, tras una charla en el Instituto Cervantes, un periodista local me preguntó qué opinaba de la defensa que Juan Pablo II hacía de los derechos humanos. Pretendiendo ser amable le dije que celebraba mucho este cambio de actitud de la Iglesia, dado que en el siglo XVIII –cuando la Convención francesa los proclamó inauguralmente– el Papa los había condenado de la manera más tajante. Esta observación histórica desencadenó un cierto revuelo en algunas cabezas mitradas: nada menos que el arzobispo de Lublin se tomó la molestia de lanzarme un anatema que fue coreado por cierta prensa beata y contestado por otros articulistas, de modo que durante varios días me estuvieron llegando a España recortes de prensa que me hicieron lamentar más que nunca no conocer la lengua polaca. Llegué a la conclusión de que entre los derechos humanos por fin eclesialmente reconocidos uno de los asumidos con menor entusiasmo era el de recordar que ciertas conquistas de la dignidad humana se hicieron remando contra el Cielo o al menos contra sus representantes más distinguidos...

Por supuesto, no voy a cometer la impertinencia de juzgar a Juan Pablo II como Papa. Me parece dolorosamente evidente que si algún día ocupara la sede vaticana un pontífice a mi gusto, una de dos: o habrían llegado los tiempos del Anticristo o yo habría vuelto por fin al redil. No quiero cometer la misma ingenuidad de aquellos izquierdistas y ateos que hace años protestaban teológicamente contra la beatificación de Monseñor Escrivá, como si los demás santos lo fuesen a su entera satisfacción. Tampoco parece ya oportuno insistir más en el derroche mediático que ha rodeado la agonía y los funerales del Papa, ni en el contraste entre el desaforado culto a la personalidad del pontífice desaparecido y la inocultable mengua de influencia de la doctrina católica en las conductas efectivas de nuestros conciudadanos, incluso en países tan estentóreamente católicos como el nuestro. De todo ello me quedo con una pincelada estética que me hizo notar un amigo, porque demuestra hasta qué punto tenía razón Wilde cuando decía que la naturaleza imita al arte: en la serie de variaciones que pintó Francis Bacon sobre el retrato de Inocencio X de Velázquez, hay uno que le representa distorsionado con la boca abierta (creo que se llama «Papa aullando» o algo semejante) y que se parece de modo sobrecogedor a las últimas fotografías de Juan Pablo II en la ventana de sus aposentos, tratando de hablar a la multitud reunida en la plaza de San Pedro.

Pero hay algo que sí me parece que debe ser destacado. Oímos hablar hasta la náusea por todas partes de crisis de los valores y algunos han pretendido ver en las multitudes congregadas en los días pasados en Roma (sobre todo en los numerosos jefes de Estado y representantes sociales llegados desde el mundo entero) algo así como un comienzo de la ansiada regeneración espiritual de la humanidad. Por poco que valga, quiero testimoniar mi insignificante discrepancia. Y lo digo tras haber leído varios textos teóricos escritos por Woytila, tanto su encíclica sobre las relaciones entre la razón y la fe como algunas de sus reflexiones vocacionalmente filosóficas. Pues bien, cuanto de carismático y arrollador pudiera tener la personalidad del Papa desaparecido brilla por su ausencia en lo que de su pensamiento hizo público: se trata de especulaciones doctrinales escolarmente retrógradas, declaradamente opuestas no ya a la Ilustración volteriana sino a toda la modernidad intelectual a partir de Descartes. Un retorno sin complejos, desde luego, pero también sin demasiadas luces al tomismo medieval menos flexible... hasta el punto que le hace a uno sospechar que si el propio Santo Tomás de Aquino –que tuvo bastante de rupturista en su día– regresara hoy a la Sorbona sería inmediatamente descalificado por alinearse demasiado en la *via modernorum*. De acuerdo, ya sé que el Papa no tiene ninguna obligación de ser un ensayista a la moda. Pero, si tanto interesan los valores en nuestro tiempo, ¿pueden acaso sustentarse y justificarse en una argumentación que ignora el despliegue histórico del pensamiento y las transformaciones radicales de la sociedad? ¿Es admisible que baste con poseer un físico atractivo y potente para que todas las razones queden arrumbadas como irrelevantes o perversas?

En efecto, este Papa viajero hacia cuyo postrer adiós tantos han viajado ha contribuido sin duda a la globalización de Dios, como anhelo epidérmico y espectacular de una referencia de armonía universal que no entra en detalles ni analiza la causa de los enfrentamientos, cuando no apoya las actitudes más dogmáticas que bloquean los avances efectivos que hacia ella pudieran darse. No pongo en cuestión su buena fe, ni la de quienes le rinden homenaje: pero no puedo dejar de creer –cada cual tiene sus creencias, aún los más incrédulos– que no es buena fe, sino una buena razón lo que de veras nos hace hoy falta.

El poder Vaticano

Cuentan las crónicas –pero sólo Alá es verdaderamente sabio y misericordioso– que el portavoz del Vaticano, Joaquín Navarro Valls, dejó entender ante los periodistas cierto malestar a causa de que el presidente Rodríguez Zapatero no asistiese a la misa multitudinaria que el Papa iba a celebrar durante su reciente visita a Valencia. Les comentó que tanto el sandinista Daniel Ortega, el polaco Jaruzelski y el mismísimo Fidel Castro no dejaron de estar presentes en esa ceremonia cuando el pontífice anterior visitó sus respectivos países durante sus mandatos. Un periodista le repuso que en cambio ni el francés Chirac ni el presidente de Estados Unidos asistieron a la celebración religiosa en semejantes circunstancias, incidentes que el señor Navarro Valls confesó noblemente no recordar (sólo Alá guarda registro de cada hoja que cae y de cada suspiro que escapa del pecho humano). Por mi parte me permito añadir que no deja de ser significativo que los autócratas poco piadosos no falten a ese tipo de citas confesionales si les interesa, mientras que gobernantes creyentes excusen su presencia institucional en ellas aunque quizá personalmente hubieran querido ir. No es cuestión de la fe de cada cual ni de cortesía para con el ilustre visitante del Vaticano, sino de respeto a la libertad de conciencia de los ciudadanos a quienes los dirigentes democráticos representan y los otros no.

El Papa ha pasado día y medio en Valencia, rodeado de una sobredosis de información hagiográfica en prensa, radio y televisión que algunos desafectos hemos considerado estomagante (pero sólo Alá es merecedor de la verdadera gloria y de la mayor alabanza). A todo el mundo, queramos o no, nos han tratado como a feligreses obligatorios. Sólo faltaba que el presidente del Gobierno, con ganas o sin ellas, hubiera tenido que asistir a la misa papal como representante de unos votantes españoles cuyo ochenta por ciento, por lo menos, no pisa la iglesia ni los domingos. ¡Y encima se enfadan! Seguramente Benedicto XVI habrá dicho cosa interesantísimas en sus piadosas arengas a la multitud enfervorizada, aunque los medios de comunicación no han sabido transmitirnos de ese valioso archivo más que lugares comunes propios del calendario zaragozano y su reiterada insistencia en que el matrimonio es la unión indisoluble de un hombre y una mujer (en cuanto al número de mujeres Alá tiene un criterio más amplio, bendito sea su nombre). Por lo visto de lo que se trataba, por vía negativa, era de desautorizar las uniones entre homosexuales, asunto cuya legislación corresponde a las autoridades civiles y no a los curas. Según éstos se trata de una cuestión moral y hace poco el representante de la conferencia episcopal afirmó que el Parlamento no es una autoridad moral. Claro que no, es una autoridad política: pero tampoco los obispos o el Papa son autoridades morales, sino religiosas, que no es lo mismo. De modo que al uno le corresponde decir lo que es legal, a los otros lo que es pecado y sólo Alá es verdaderamente grande.

Para enfatizar las obligaciones que tienen los gobernantes hacia el Papa se nos recuerda de vez en cuando que además de su rango espiritual es nada menos que un jefe de Estado. Y es verdad, el Vaticano tiene oficialmente categoría de Estado. ¿Vamos a tomárnoslo en serio? Si fuera así, tendríamos que destacar que se trata del único Estado teocrático europeo y que incumple abiertamente derechos humanos fundamentales, como la no discriminación por causa de religión o sexo. ¿Debería el presidente Zapatero haber reprochado al Pontífice estos usos antidemocráticos, como se le suele pedir que haga cuando trata con mandatarios de otras autocracias? Porque ya puestos a dar lecciones cívicas y éticas, no es el matrimonio de homosexuales lo peor que se ve por el mundo... De modo que será preferible a partir de ahora que cada cual permanezca en su casa y Alá en la de todos, como suele decirse.

El pellizco

Me lo contaron hace años unos amigos italianos, que estuvieron de visita en San Sebastián. Tras una jornada de playa y variedad de gratos paseos, cenaron suculentamente en un asador de la parte vieja donostiarra. Muy satisfechos, con el dulce arrobo de la buena comida bien regada y algunas copas más como remate, salieron a la tibia hermandad de la noche, entre calles estrechas y acogedoras. Se sentían no propiamente en la gloria, sino bastante cerca de ella. Entonces, llegó la mismísima gloria. De repente, sobrecogedoramente, comenzaron a oír un coro que se les antojó celestial: entonaba nada menos que el «*Va pensiero*» de la ópera *Nabucco*, el clamor de los prisioneros por la libertad perdida y la nostalgia de la patria. ¡Allí, en las callejas remotas de la pequeña capital vasca! Eran voces maravillosas, arrebatadoras, mágicas, nada que ver con el berrear de los borrachos a altas horas de la madrugada. Mis amigos, más italianos entonces que nunca, se creyeron poseídos por algún embrujo digno de Ariosto. Y sintieron que todo era posible, que el infinito siempre está cerca, cercándonos...

No pretendo destripar este modesto milagro explicando brevemente sus requisitos: otra cena en un restaurante vecino, ésta de los miembros del admirable Orfeón Donostiarra, que celebraban –también con un buen yantar y bastantes copas– alguno de sus innumerables éxitos. Después, ya en la calle, varios entonaron el coro de *Nabucco* con que tantos aplausos habían cosechado sobre el escenario. El resto es historia, la que acabo de narrarles. Lo importante de la anécdota es que de vez en cuando lo maravilloso puede asaltarnos la vida: por azar, por arte, por una de esas coincidencias que embrujaban a Jung, a veces porque hemos bebido o fumado algo estupendo, se abren las puertas que nos separan del fondo de las cosas y *conectamos*. Por un instante, todo parece ser como siempre debiera ser, pleno, intenso, gravemente alegre: después se desvanece poco a poco, pero nos queda el ramalazo tonificante de lo que hemos sentido durante ese momento. Y ayuda a vivir, vaya que si ayuda.

Los aficionados a los toros hablan del «pellizco»: es un algo más que habilidad o arte que ponen ciertos toreros en las suertes y que transmite a los espectadores el latigazo que el alma siempre espera para lanzarse al ruedo de la vida. Así lo describe Hemingway en *El verano peligroso*, viendo una verónica de Antonio Ordóñez: «No es la impresión que provoca el llanto... sino la que hace que el cuello y el pecho se pongan en tensión y los ojos se empañen al ver que algo que uno creía muerto y concluido vuelve a la vida en la propia presencia». Pero a quien no le gusten los toros no debe preocuparse, porque este pellizco puede conseguirse de muchas otras maneras. Salta con un verso, con una sonrisa o una caricia, al escuchar que alguien dice «no» o «sí» justo cuando y como es debido... es un regalo precioso pero multiforme y quizá no tan raro como suele creerse. Si no me equivoco, también las emociones que suelen llamarse «religiosas» con mayor propiedad pertenecen a este género: el de lo que dábamos por muerto pero no lo está y vuelve para traernos más vida.

El pellizco es la salvación momentánea, lo que nos rescata. En uno de sus majestuosos momentos inspirados dice Víctor Hugo que el tigre «lleva su piel marcada por la sombra de la jaula eterna». En esa jaula eterna estamos todos encerrados, fieras y humanos. De vez en cuando llega el pellizco, para que comprendamos por un instante que los barrotes son sólo sombras y que nuestro destino es abierto, como cuanto cubre el resplandor del sol.

Paleólogos

Reconozco que me ha extrañado un poco que personalidades que condenaron sin paliativos la «provocación» de las llamadas caricaturas de Mahoma en una revista danesa (así por ejemplo el presidente Zapatero) se hayan apresurado ahora a defender al Papa en la marejada que ha levantado su sermón de Ratisbona. Después de todo, las caricaturas iban claramente dirigidas contra quienes utilizan el Islam para justificar el terrorismo mientras que la cita del emperador Manuel II Paleólogo hecha por Benedicto XVI suena a censura general a los métodos proselitistas de esa religión (como el jerarca bizantino no es referencia habitual en los discursos del siglo XXI parece tomar a la gente por imbécil tratar de convencerla de que el Papa lo trajo a colación aún discrepando radicalmente de él). Sin duda el Pontífice tiene derecho democrático –no reconocido, por cierto, en los medios de comunicación vaticanos al resto de los publicistas– a opinar lo que le parezca oportuno en estas oscuras materias. Y las reacciones desaforadas de algunos radicales islámicos son muestra deplorable de su incapacidad de respetar no ya la libertad de expresión sino la libertad religiosa de los demás. Una lástima, sin duda. Aunque no por ello la doctrina expresada por el Santo Padre haya de convertirse en luz y guía de Occidente, como tratan de hacernos creer algunos de los talibanes católicos o asimilados que últimamente padecemos.

Me dicen que Ratzinger es una cima de la teología y aún la filosofía contemporáneas y yo, claro está, no lo pongo en duda. Pero me da la impresión de que el hombre tiene sus días mejores y peores, como todo el mundo. No sé cómo sería antes de verse iluminado por el Espíritu Santo, porque no conozco sus obras previas, pero lo que nos viene llegando de su inspiración pontifical últimamente deja bastante que desear: en Ratisbona, sin ir más lejos, estuvo tan profundo como un cenicero y tan sutil como un ladrillazo. Me refiero a los resultados, desde luego, porque su intención seguro que era buena. Insistió el Papa en ese foro universitario sobre la confluencia en el cristianismo entre la fe bíblica y la filosofía griega, de la que brota lo que hoy llamamos Europa. Para completar la imagen habría que añadir la jurisprudencia romana, pero aún así el asunto tiene muchos matices que se pasan interesadamente por alto.

Los griegos, por ejemplo, nunca aplicaron criterios de «verdad» y «falsedad» al terreno religioso: eso fue un rasgo definitorio de la razón monoteísta que introdujeron los cristianos en su batalla ideológica contra el paganismo. Como primer resultado acabaron con el tolerante pluralismo politeísta, pero siglos después sufrieron las consecuencias de esta exigencia de verdad aplicada a la teología en su propia doctrina: los científicos positivistas que niegan los dogmas religiosos en nombre de la razón son precisamente los herederos directos de los intransigentes cristianos que derribaron los altares de los olímpicos... Lo peligroso de la razón es que, una vez suelta, no puede ser constreñida a la celebración del sano «orden natural» como quisieran los piadosos. No hace prisioneros, no respeta tutelas teológicas ni de ningún otro tipo. Verbigracia, el Papa tacha de «irracional» la teoría de la evolución porque no admite la hipótesis del Creador divino, confundiendo lo racional en el sentido de «comprensible por la razón» y lo racional entendido como «dirigido por una Razón», que es la acepción que a él le interesa por prurito profesional. Benedicto XVI protesta ante la razón moderna que excluye lo divino de sus premisas, considerando que las sociedades religiosas se ven gravemente atacadas por ella y que es incapaz de abordar el diálogo entre las culturas. Llega tarde, pues ese movimiento subversivo no tiene marcha atrás. Sin embargo, siempre será más fácil a largo plazo que los humanos nos entendamos a partir de la razón que a partir de la fe porque creencias cada cual tiene la suya, pero la razón es común (por eso en cada momento hay una sola civilización dominante mientras que se contraponen diversas culturas con iguales pretensiones de validez).

Según parece el discurso de Ratzinger y su defensa de la razón como *ancilla theologiae* tuvo como principal objetivo marcar diferencias con la concepción musulmana de la divinidad: Alá es absolutamente trascendente y no está «domesticado» por categorías racionales. De aquí podría derivarse que esa línea cultural –representada a efectos prácticos inmediatos por Turquía– es inasimilable en el contexto de la Europa unida. Como tampoco soy experto en el Islam ignoro hasta qué punto esto es así, aunque Avicena, Averroes y el nihilista Omar Jayán (desde luego no muy creyentes) manejaban a mi juicio los mecanismos lógicos y la capacidad razonante tan adecuadamente por lo menos como cualquier cardenal. Pero en cambio lo que conozco de primera mano, porque está respaldado por los pensadores religiosos que más me interesan (para asumir las categorías de Aristóteles o Hegel no me hace falta ninguna divinidad), es que hay una concepción de Dios dentro del cristianismo tan trascendente como pueda serlo la que más: un Dios para el que la necesidad no existe y para quien todo es posible, que no se siente atado por la coacción del «dos más dos son cuatro» o por las muy decentes convenciones morales (¡ordena a Abraham el sacrificio de su hijo Isaac!) y ni siquiera por la irreversibilidad del tiempo que hace irrevocable el pasado. Es sin duda el Dios de Lutero, el de Pascal, el de Kierkegaard y Dostoievski o el de León Chestov. Fue precisamente Chestov –un pensador *extraordinario* en el sentido más literal del término– quien planteó en el mismo título de su obra principal el enfrentamiento entre *Atenas y Jerusalén*, mucho antes de que Leo Strauss retomara el dilema en una conferencia famosa en Nueva York. De modo que recordemos que en el cristianismo, además de Roma y Bizancio, también existen Worms, París, Copenhague, Kiev, etc.

Pero naturalmente no pretendo aquí discutir de teología, Dios me libre. Lo que intento señalar es que la concepción de la razón que maneja Benedicto XVI es vieja, anticuada: como diría Bachelard, tiene la edad de los prejuicios. El Papa también es un Paleólogo, en el sentido etimológico del término. Por supuesto los islamistas que organizan algaradas o cometen desmanes en protesta por sus palabras no son en modo alguno más razonables ni cuentan con mejores argumentos en su haber. Ahora parece que el uno y los otros hacen esfuerzos por limar asperezas, lo cual es muy buena noticia para quienes creemos que los humanos están hechos para entenderse, no por razones de altruismo sino de prudencia. Pero también resulta evidente, como ha señalado Carlo Augusto Viano, que «en general, en el mundo contemporáneo, las religiones se configuran como amenazas relevantes a la posibilidad de encontrar formas de convivencia entre grupos que tienen historias diversas y que pertenecen a etnias y culturas diferentes» (en «*Laici in ginocchio*», ed. Laterza). Como muchos de nosotros, creyentes o no, Viano se lamenta de la aceptación global del punto de vista beligerantemente religioso y de la falta de instrumentos intelectuales en la sociedad europea para combatir las pretensiones dogmáticas contrapuestas de las iglesias. Que sólo suelen coincidir, por cierto, en su compartido aborrecimiento del laicismo democrático, es decir del conjunto de medidas institucionales (sobre todo educativas) contra la imposición de medidas clericales en el ámbito de lo público y común.

Mientras llegan otras alianzas planetarias más ambiciosas, ¿no sería bueno al menos propugnar un «pacto laico», según la expresión que inventó Jean Baubérot hace más de quince años? Es decir, crear un ámbito nacional y sobre todo internacional tanto para católicos como para protestantes, para musulmanes, judíos o budistas y para ateos de toda laya, en el que se respetaran normas de convivencia comunes sin barniz religioso alguno, cimentadas en los principios fundamentales que sirven de base a las democracias de cualquier parte del mundo. Para ello, claro está, sería necesario recuperar el sentido político de nuestros valores ciudadanos de convivencia, porque como ha dicho muy bien Régis Debray «no hay ejemplo, con o sin democracia, en que una desmoralización de lo temporal no se haya traducido en una repolitización de lo espiritual».

Don Quijote y la muerte

«Pero vivir es siempre la aventura
a que nos mueve el otro, un riesgo impune
donde apostar con ganas a un destino
más favorable que la muerte...»

Jenaro TALENS, *El espesor del mundo*

Cada obra literaria, además de su sentido evidente, cuenta con algún otro implícito, a veces pretendido por su autor y otras inadvertido por él aunque no escape a la perspicacia del lector crítico. En ciertos casos, es dicho lector quien proyecta osadamente un nuevo significado supletorio sobre la obra, desde su propia experiencia histórica, desde sus anhelos o desde sus prejuicios. Algunos libros se prestan más que otros a esta superposición de hallazgos y parecen provocar la inventiva fabuladora o reflexiva de quienes los frecuentan a lo largo de los años. En general, sin embargo, este proceso tiene su límite y en un punto dado el consenso de los usuarios culturales da por cerrado el *affaire* interpretativo de la pieza literaria de que se trate. Salvo en lo tocante a las llamadas «obras clásicas». Rotular así un libro significa que ha de permanecer inagotablemente significativo y abierto a todas las posibles miradas para siempre. Podrá representar –al menos virtualmente– todo para todos y algo distinto para cada uno, como aspiró a ser San Pablo ante su difícil parroquia. En una palabra, llamar «clásico» a un libro implica que su caso nunca será cerrado y que su significado siempre permanecerá en renovada cuestión.

La crónica cervantina de Don Quijote es nuestro clásico por antonomasia y uno de los más indiscutibles de la literatura universal. Su nombre figura en todas las quinielas de excelencia o, como decimos los hípicos respecto a los caballos favoritos antes de una carrera, nunca dejamos de encontrarle en la *short list*. De modo que proponer una clave interpretativa de tal obra –que siempre será otra más, en la mayoría de los casos repetición más o menos travestida de algo ya dicho y sea como fuere un ladrillo añadido a la construcción inacabable de una torre de Babel sin Dios que la fulmine– parece juntamente un empeño ocioso, narcisista pero casi inevitable. A lo que más se asemeja es a esa firma seguida por nuestra nombradía y dirección postal que añadimos tras todas las que ya se han estampado y antes de las innumerables que habrán de seguirla en uno de esos libros para visitantes que se nos ofrecen a la entrada de ciertos monumentos turísticos o museos de renombre. Un gesto compulsivo e irrelevante, oscuramente satisfactorio para quien lo lleva a cabo e intrascendente para el resto del universo. Permítanme que yo lo cometa ahora, con la vacua impunidad que esta ocasión me presta.

A mi entender, el sentido nuclear de la gran novela cervantina se encierra en unas pocas palabras que Sancho Panza pronuncia afligido al final de la misma, junto al lecho en que agoniza quien ha sido durante tan largo trecho y con tan adversa fortuna señor de su albedrío: «No se muera vuesa merced, señor mío, sino tome mi consejo y viva muchos años; porque la mayor locura que puede hacer un hombre en esta vida es dejarse morir, sin más ni más, sin que nadie le mate, ni otras manos le acaben sino las de la melancolía». Tal es la cifra y el mensaje del libro todo: el momento en el que Sancho por fin ha comprendido la misión aparentemente absurda del caballero andante, revelación que le llega precisamente cuando Don Quijote la abandona y se resigna a morir. Comprende Sancho que todo el empeño quijotesco ha consistido en una prolongada batalla contra la necesidad mortal que agobia al hombre: un no dejarse morir, un resistirse a la parálisis de lo rutinario, lo realista, lo poco a poco aniquilador. Era tanta aventura quijotesca un capricho, pero un capricho indomable; pura demencia, si es que admitimos que la cordura estriba en reconocer y acatar la necesidad, pero una demencia salvadora de nuestra humanidad, de nuestra categoría de seres activos, simbólicos y portadores –al menos ante nuestros ojos– de significado. Don Quijote es el santo patrono y el mártir de la invención humana de propósitos para la vida.

Si no somos insignificantes, si lo que nos caracteriza es la libertad y lo que nos condena es la necesidad, la verdadera locura consiste en dejar de cabalgar y echarse a morir. Que cada cual perezca por causa de algo exterior, del mal encuentro que finalmente todos hacemos antes o después según la advertencia de Spinoza, de la conspiración inoportuna de lo que no somos y de lo que se nos enfrenta: pero nunca aceptemos morir de simple renuncia a vivir como humanos, víctimas de la enfermedad del «no hay más remedio» y a manos de la letal melancolía, porque tal dimisión es la verdadera locura, la locura sin enmienda ni perdón, la locura cuya verdad no miente pero nos desmiente y aniquila. De aquí el entusiasta peán con el que don Miguel de Unamuno, que podría compartir con Elías Canetti el honroso calificativo de «enemigo de la muerte» que se arrogó este último, celebra el momento de iluminación final del escudero, el *satori* de Sancho Panza: «¡Oh, heroico Sancho, y cuán pocos advierten el que ganaste la cumbre de la locura cuando tu amo se despeñaba en el abismo de la sensatez, y que sobre su lecho de muerte irradiaba tu fe; tu fe, Sancho; la fe de ti, que ni has muerto ni morirás! Don Quijote perdió su fe y murióse: tú la cobraste y vives; era preciso que él muriera en desengaño para que en engaño vivificante vivas tú». (*Vida de Don Quijote Sancho,* parte II, cap. LXXIV.)

Para negarnos a la muerte, hay que elegir una empresa, una cruzada, un propósito que se quiera invulnerable y que nos haga deambular sobre la faz de la tierra –a nosotros, que nos sabemos mortales, que lo único cierto e inapelable que conocemos es nuestra mortalidad irrevocable– como si fuésemos inaccesibles a la muerte. Según Kant, el proyecto moral humano no consiste en llegar a ser felices sino en hacernos dignos de la felicidad; pero Cervantes lee la misma página entendiendo que el proyecto moral humano no estriba en convertirnos en inmortales sino en vivir como si mereciésemos la inmortalidad, como si nada en nosotros estableciese complicidad con la muerte o le rindiese vasallaje. La saludable locura quijotesca opta por la caballería andante, pero otros muchos vitales desvaríos alternativos son imaginables y no menos eficaces... mientras el letal desengaño no nos despierte de ellos. La mayoría serán éticos (o sea que consistirán en alguna formulación de eterno deber de pelear contra el mal) y todos los que lo sean, vaya lo uno por lo otro, han de resultar intrínsecamente placenteros. Lo formuló muy bien otro heredero de Don Quijote con inequívocas trazas de Sancho Panza, Gilbert Keith Chesterton, cuando escribía en una de sus novelas: «Combatir el mal es el origen de todo placer y hasta de toda diversión» (en *La taberna errante*). Identificar el mal y romper lanzas contra él, llámese la fiera apetito insatisfecho o hechicería, injusticia o prepotencia, carencia, aburrimiento o esclavitud: en eso consiste el verdadero contento del hedonista insumiso y creador. Y su diversión también, desde luego: ¿ha señalado alguien alguna vez que, con todos sus quebrantos y frustraciones, el loco Don Quijote siempre da la impresión al lector de divertirse prodigiosamente acometiendo sus menguadas hazañas? Por eso mismo también nos resulta divertida la gran novela a los lectores...

Queda, claro está, la identificación criminal de la melancolía por Sancho: es lo que nos mata desde dentro, sin colaboración ninguna de mano ajena, cuando enloquecemos de cordura. Creo que no hay peor lectura del *Quijote* que esa primero romántica y después contemporánea que lo convierte en un libro melancólico. No, no lo es: en verdad el objetivo de la historia –no el objetivo de Don Quijote ni el de Sancho Panza, sino el objetivo de Cervantes– es denunciar y combatir la melancolía. Porque la melancolía es la enfermedad mortal que nos aqueja, en el sentido literal del término: la enfermedad propia de quienes se saben mortales y, desde el realismo de la necesidad, comprenden lo inútil de todos los esfuerzos humanos. Hagamos lo que hagamos siempre será insuficiente y siempre quedará demasiado por hacer: la conspiración injusta del universo terminará siempre por abrumarnos de modo que tanta pena no vale la pena. El melancólico no es que tenga los pies sobre la tierra, como quisiera, sino que los tiene ya hundidos en la tierra, clavados en ella y apresados hasta la inmovilidad· la melancolía nos obliga a vivir con un pie en la tumba. El humorismo cervantino desafía la melancolía y propone a un personaje delirante y bravo que se enfrenta a ella, intentando enmendar el mundo, conquistar el amor perfecto, denunciar la conspiración brujeril que nos somete al peso abrumador de las cosas y practicar con elegancia la más alta forma de amistad.

La broma de la parábola estriba en que no es la crónica de un fracaso, sino de un éxito palpable y tenaz: Alonso Quijano se convierte en Don Quijote para escapar a la melancolía mortal, al *demon du midi* que le amenaza en su mediana edad, y lo consigue. Mientras se mantiene quijotesco, vive y hace vivir con intensidad a su alrededor, aunque fracasen sus empeños... porque lo que cuenta es el ánimo que le mueve y no los resultados, que siempre se vuelven antes o después contra nosotros. El proyecto ético no fracasa cuando no puede vencer al mal –como quieren los indigestos rentabilizadores de la virtud– dado que siempre habrá viejos y nuevos males a que enfrentarse... a Dios gracias. El verdadero, el único fracaso de la ética es no poder vencer a la pereza paralizadora... y nuestro hidalgo es cualquier cosa menos perezoso. Don Quijote no muere de quijotismo sino de renunciar finalmente a serlo y volver al alonsoquijanismo melancólico. Y de esa forma el estrafalario caballero que fue y que la nostalgia de Sancho Panza reclama se convierte en parangón del esfuerzo humano, no en su ridiculización ni en su denuncia. Cervantes no escribe su novela para burlarse de Don Quijote sino para burlarse de los que se burlan de él.

Por tanto, la sutileza de esta burla escapa tanto a quienes lúgubremente dramatizan su aciago destino de buen caballero y maldicen al mundo por ser tan rematadamente malo como a los que sólo son capaces de reírse a carcajadas de los trances grotescos en que se ve envuelto el ingenioso e ingenuo hidalgo. De esta última forma reaccionaron siempre muchos ante la novela y, aunque preferibles a los de la melancólica o indignada lectura contemporánea, estimo que se pierden buena parte de su deleite. Nada tengo contra la risa, desde luego, porque acierta en lo fundamental: el *Quijote* es una obra festiva y no un lamento fúnebre sobre la condición humana. En el primer volumen de su espléndida autobiografía, Bertrand Russell refiere cómo en su infancia escuchaba admirado las grandes risotadas de su abuelo lord John Russell, solemne ministro de la Reina Victoria, cuando en sus ratos de ocio leía la novela de Cervantes. Esa sana hilaridad honra al digno caballero, pero no a su perspicacia. La respuesta humorística que comprende mejor la condición quijotesca debería ser más tenue en su manifestación y más honda en su alcance. De igual modo, cuando en la playa un niño pequeño nos comunica que está levantando una muralla de arena para contener al mar y después comprueba desolado la ruina de su edificación, nosotros no lanzamos una carcajada ni mucho menos nos echamos a llorar: sabemos que está padeciendo la destrucción de Jerusalén pero también reinventando las avenidas radiantes de París o los fieros rascacielos de Nueva York. Ante su empeño glorioso, ante su no menos glorioso fracaso, sonreímos. Ese niño es todavía Don Quijote y nosotros somos ya Sancho Panza al final de la novela: comprendemos su desconcierto y su pasajero desánimo pero queremos con todas nuestras fuerzas que prosiga. Por eso sonreímos, para animarle y animarnos. Es una apuesta por el largo plazo y también por el valor de lo inmediato, de más hondo calado que la sencilla y bendita risotada o el pedante sollozo.

De igual modo también ha de ser sonriente nuestro mejor homenaje a la perennidad del genio de Cervantes. Porque, como señaló Nicolás Gómez Dávila, «en literatura la risa muere pronto, pero la sonrisa es inmortal».

Despedida

Heme aquí junto a tu sepultura,
Hermengarda,
para llorar carne pobre y pura
que nadie de nosotros vio pudrirse.

Otros vendrían lúcidos y enlutados,
sin embargo yo vengo borracho,
Hermengarda, yo vengo borracho.
Y si mañana encuentran la cruz
de tu tumba caída en el suelo
no fue la noche, Hermengarda,
ni fue el viento.
Fui yo.

Quise amparar mi ebriedad en tu cruz
y rodé por el suelo donde reposas
cubierta de margaritas, triste todavía.

Heme aquí junto a tu tumba,
Hermengarda,
para llorar nuestro amor de siempre.
No es la noche, Hermengarda,
ni es el viento.
Soy yo.

LÊDO IVO, *Vals fúnebre para Hermengarda*

259

Índice